Product & Service Platform Development Strategy

제품·서비스 플랫폼 개발전략

이국환 김성호 공저

JINSAEM 진샘미디어

머리말

4차 산업혁명, 디지털 대전환 또는 플랫폼이라고 하는 말을 너무나도 흔하게 듣는 것 같다. 4차 산업혁명은 2016년 세계경제포럼인 다보스포럼에서 의장인 클라우스 슈밥이 처음 사용하면서 크게 주목받았고, 차세대 산업혁명으로 인공지능, 사물인터넷, 로봇기술, 드론, 자율주행차, 가상현실 등을 언급하면서 '초연결', '초지능', '초융합'으로 대변되고 있다.

코로나 이후 비대면이 늘어나면서 4차 산업혁명 기술이 하루가 다르게 급속히 발전하면서 메타버스로서 기존의 가상·증강·혼합 현실이 진짜 현실 속에서 더욱 가까이 다가오고 있다. 거기다 기존의 오프라인 상의 서비스가 이젠 디지털 플랫폼 상의 서비스로 익숙해져 가고 있다. 모든 것이 사람을 위한 것이다.

기술보국(技術報國)이란 말이 생각난다. 치열한 기술 경쟁의 환경 속에서 우리 일상생활을 풍족하고 편리하게 해주는 모든 제품(상품)과 플랫폼 서비스는 우수한 품질과 고객 감동의 만족도를 갖추어야만 한다.

기술은 빠른 속도로 변하고 있다. 이러한 첨단기술이 적용된 생각지도 못한 획기적이며 새로운 제품들과 플랫폼 서비스가 나타나고 있다. 우리들이 친숙하게 접하는 생활용품부터, 가전제품(TV, 냉장고, 세탁기, 에어컨, 공기청정기, 식기세척기 등), 첨단정보통신제품(스마트폰 등), IT 및 IoT(사물인터넷) 응용기기, 반도체뿐만 아니라 전기자동차, 전기전자분야, 기계부품 및 전장분야, 로봇, 드론(무인비행기), 광학기기, 소재분야, 첨단산업인 항공우주산업에 이르기까지 여기에 폭넓게 적용되는 핵심기술은 바로 '제품개발' 관련 기술인 것이다. 4차 산업혁명의 시대에 있어 제품개발은 기존 방식과는 다른 창의적이며 차별화된 제품개발이 되는 시대가 되었다.

따라서 본 저서에서는 창의적 아이디어의 창출과 고객들이 원하는 획기적 편의성과 유용성 그리고 고객 감동을 줄 수 있는 제품과 서비스 콘셉트Concept를 선정하여 새롭고 독창적이며 최적의 제품개발 및 서비스개발의 방법론을 제공하려고 한다.

다시 말하자면 창의적 신제품/서비스 개발론 이라고 할 수 있다. 또한 고객의 니즈Needs를 파악하고 고객을 만족시키는 커뮤니케이션하는 과정을 거쳐야 하기에 제품 및 서비스 개발 플랫폼Product & Service Development Platform이라고도 할 수 있다.

여기서 언급하는 제품개발은 창의적 아이디어 발굴을 위해 저자가 직접 개발한 하이브리드 브레인스토밍Hybrid Brainstorming을 비롯하여 한층 업그레이된 CTQ Critical To Quality 분석, 트리즈TRIZ, 기능분석Function Analysis 등을 비롯한 다양한 창의적 방법론을 활용한 창의적 제품 및 디자인, 플랫폼 서비스 비즈니스를 위한 아이디어 발굴부터 이를 구체화시키는 제품기획과 콘셉트 선정 및 정립, 제품사양의 확정 및 시장분석, 특허출원, 기술의 수준 및 완성도 분석, 특허를 중심으로 하는 제품설계 및 개발, 시제품 제작 및 시험 · 평가 · 검증, 신뢰성 시험 및 현장시험, 제품의 양산, 제품 출시, 마케팅까지의 전주기를 기술하고 있다.

21세기 혁신가인 스티브 잡스Steve Jobs의 창의적이며 혁신적인 3가지 제품 아이팟iPod, 아이폰iPhone 그리고 아이패드iPad는 전 세계의 문화와 생활 패턴을 확 바꾸는 혁명을 가져왔다. 아이폰으로 대변되는 스마트폰Smart Phone이 새로운 수많은 플랫폼 서비스와 비즈니스를 창조했다. 혁신적 제품이 이루어낸 결과이다. 따라서 제품개발은 전통적 방식이 아니라 창의적 제품개발과 제조 플랫폼을 결합하여 나오는 것이다.

본 저서는 제품개발 및 서비스개발에 있어 창의적 방법 개발에 중점을 두고 저술하였다. 특히, 창의적 제품개발론을 주제로 하여 혁신적 제품을 창출하기 위한 창의적 아이디어 창출과 전개에 있어 저자의 오랜 기간 동안 축적해 온 학문적 바탕과 연구개발과 기술사업화 실무를 기반으로 직접 연구하고 개발한 독창적인 사례와 특허를 제시하며 사례연구Case Study를 통하여 자세한 설명과 해설을 하였다.

이 저서에서 보여주는 사례는 모두 저자의 연구개발과 제품개발의 창출물이고 결과물이며 연관 특허이다. 그래서 고유의 독창성이 있고 차별성이 있는 저서라는 자부

심도 가지고 있기에, 이 책에서 제시하는 제품개발과 서비스개발 플랫폼을 숙독하고 이해하여 잘 적용하고, 응용해서 활용한다면 제품개발과 플랫폼 서비스 비즈니스 즉 기술 및 플랫폼 서비스 사업화에 아주 큰 도움을 주리라 확신한다.

이 책을 출간하는 데 있어 도움을 주신 진샘미디어 사장님, 이사님 그리고 편집부 관계자들에게 감사를 드린다.

2022년 5월

저자 공학박사 이국환

공학박사 김성호

차례

CHAPTER 04

개발 플랫폼의 활용과 사례

CHAPTER

01

개발 환경의 변화

1 개발 방식의 변화

1.1 제품 개발

4차 산업혁명 시대의 전개와 확장을 접하며 제품개발력 강화에 대처하기 위해 노력하며 변화를 시도하는 기업들이 많아지고 있다. 대처방안 또한 종합적이고 유연성을 갖는 적극적인 형태를 취하고 있다. 대표적인 예가 TQM Total Quality Management(전사적 품질경영 또는 종합적 품질경영으로, 제품이나 서비스의 품질 뿐만 아니라 경영과 업무, 직장환경, 조직 구성원의 자질까지의 폭넓은 품질개념), TPM Total Productive Maintenance(종합적 생산보전, 생산성과 품질의 향상을 꾀하는 생산보전 방법으로 설비고장을 없애고 설비효율을 극대화 하는 것을 목표로 한다), PLM Product Lifecycle Management(제품수명주기관리, 제품설계로부터 최종 제품 생산에 이르는 전체과정을 일관적으로 관리해 제품 부가가치를 높이고 원가를 줄이는 생산 프로세스이다) 등이다. 그리고 CAD Computer Aided Design(컴퓨터 지원 설계)에 의한 설계 효율화, VE Value Engineering(가치공학, 원가절감과 제품가치를 동시에 추구하기 위해 제품의 개발에 있어서 설계, 생산, 유통, 서비스 등 모든 경영활동의 변화를 추구하는 경영기법으로 가치분석이라고도 한다)에 의한 제품의 원가절감 Cost down, 기술정보관리(EDB Engineering Database 구축), 설계관리 Design Management 능력의 강화에 의한 업무 효율화와 활성화, 상품 기획력 강화 등이 적극적으로 전개되고 있다.

근래에는 "개발기간 단축, 높은 품질"이라는 종합적인 목표를 이루기 위한 혁신 활동이 늘어나고 있다. 이를 위해 개발·설계 부분의 대처만으로는 불충분하게 되었으며, 관련 부문의 역량이 집결하는 체제 team-work가 형성되어야만 비로소 가능해지게 되었다.

그렇다면 우리의 환경은 왜 이와 같은 종합적인 개발체제를 요구하는지 부터 알아보기로 한다. 우선 그 만큼 제품의 성능, 품질과 더불어 사용성, 편의성을 비롯한 다양성에 있어 소비자의 눈높이가 높아지면서, 국내에서 뿐만 아니라 글로벌 경쟁이 심화되고 있다는 것이다. 또한, 디지털 플랫폼 서비스가 확장되면서 제품 경쟁력이 서로 비교되고 있다. 기존의 시장이 전통적인 오프라인 구매뿐 아니라 온라인 구매와 병행되는 상황이다. 이런 시장 상황의 변화와 트렌드trend에 대응하기 위하여 기업은 제품개발력 강화와 소비자를 감동시키는 여러 대처 방안에 총합적, 적극적이며 탄력적으로 대응하고 있다.

기술개발에 있어서는 융복합기술이 적용되어 전통적으로 분류된 산업 간의 장벽을 뛰어넘고 그 틀을 깨는, 산업기술이 서로 결합된 새로운 신기술, 혁신 제품들과 서비스들이 또한 빠르게 나타나고 있다.

따라서 글로벌화로 인한 무한경쟁 시대와 혁신성이 부각되는 개발환경을 맞아 다음과 같은 대처가 필요하다.

① TQM, TPM, 6시그마, PLM, CAD 등에 의한 설계 효율화와 공정 자동화와 품질 향상
② VE 등에 의한 제품의 원가절감, 기술정보관리, 설계관리
③ 개발력의 극대화 및 연관 능력의 강화에 의한 업무 효율화와 활성화
④ 상품기획력 강화
⑤ 선행연구 개발과 효율적 R&D Research and Development(연구개발) 관리
⑥ 시장 지배력이 높은 원천 특허(IP Intellectual Property: 지식재산권) 확보와 특허 전쟁에서의 선점

따라서 4차 산업혁명 시대는 "높은 품질, 원가절감, 개발기간 단축"이 요구되면서 한편으로는 창의적 · 혁신적 · 신개념적 제품과 플랫폼 서비스가 시장을 선도하면서 주도하고 있다고 해도 과언은 아니다.

1.1.1 1990년대와 2000년대에 요구되는 환경

1990년대에 들어서면서 제품은 점차 복합화 되어 가고 있었다. PC Personal Computer가 단독으로 사용되다가 팩스FAX, Facsimile 기능이 합해졌고, TV와 VCR이 하나로 서로 연결되었으며, TV를 PC 모니터로도 시청할 수 있게 되었다. 그러나 2000년대에 들어서는 스마트폰이 2007년 처음 출시되면서 디지털 플랫폼 시장이 도래하였고, 스마트폰과 관련된 연계 산업이 또한 활성화되었다. 이 외에도 여러 제품들이 급속도로 융복합 되어졌다. 소비자층을 차별화시킨 제품과 서비스가 다양한 고객층(10대를 겨냥한 상품이나, 20대, 30대를 위한 상품, 중 · 장년층을 상대로 한 상품 등을 비롯한 서비스)을 흡수하며 새로운 시장을 만들어 가는 추세이다.

반면, 제품 수명 life cycle과 납기 lead time는 짧아지고 있다. 과거 전자제품을 사면 10년은 사용해야 된다고 하던 말은 잊혀진지 오래되었고, 제품 수명도 매우 짧아졌다. 선행연구와 R&D, 제품과 서비스 기획 및 설계 단계에서부터 소비자 요구 반영이 필수이며, 혁신적이며 창의적인 제품의 발굴, R&D, 비즈니스 모델 BM을 고려해야만 한다.

2007년 미국 스티브 잡스 Steve Jobs에 의해 스마트폰의 출시로 스마트폰 앱을 활용한 플랫폼 서비스가 혁신을 일으키며 문화와 생활 생태계를 변화시키고 있다. 환경에 대한 규제가 심해지면서 오존층 파괴의 주범이란 냉매의 대체 등은 이미 오래 전부터 논의되어 왔던 사안이며, 절전형 제품의 개발요구, 환경파괴를 극소화하는 친환경 제품 등은 기본적 사항이 되어졌다. 이밖에 UR(우루과이 라운드), WTO(세계무역기구) 등의 타결로 세계는 무한 경쟁의 시대에 접어들게 되어, 개발력을 갖추지 못한 기업은 자연 도태될 수밖에 없는 상황에 이르렀다.

2000년대에 요구되는 개발 환경은 다음과 같다.

① 융복합된 제품, 스마트한 제품 등 다양한 종류
② 제품의 수명 life cycle과 납기 lead time의 단축
③ 환경규제 강화, 탄소중립, 친환경 제품의 요구
④ 무한 경쟁과 글로벌 시대

1.1.2 제품 개발상 비용 측면의 요구되는 환경

기업이 어떤 제품을 만들고, 그것을 판매할 때에는 "이익"이라는 요소가 반드시 필요하다. 표면적으로 나타나는 산출식으로, "이익=판매가−총비용"으로 나타낼 수 있지만, 이익이 나는 제품(상품)이 되기 위해서는 총비용에 대한 철저한 분석이 필요하다. 늘어나는 상품의 갖가지 특성에도 불구하고, 소비자 요구(품질은 높고 가격은 저렴한)와 기업의 요구(잘 팔리고, 흑자가 나는 상품)를 만족하기 위해서는 "상품이 어떻게 만들어져야 하고, 어떻게 설계되어야 한다."라는 기획·설계 단계에서부터 앞에서 설명한 소비자와 기업 간의 요구를 고려하지 않으면 안 되는 것이다.

그러나 아주 저렴하게 만들어진 상품이라 하더라도, 전혀 팔리지 않으면 그것은 회사에 커다란 짐이 될 것이고, 아주 잘 팔리는 상품이라 하더라도 비용(제조비용을

포함한 총비용)이 판매가를 넘어선다면 이 또한 적자가 발생되어 낭패일 것이다.

다음 그림 1.1에서는 2000년대 요구되는 개발 환경과 개발 방식의 트렌드 trend(추세)이며, 급격한 변화를 보여주고 있다.

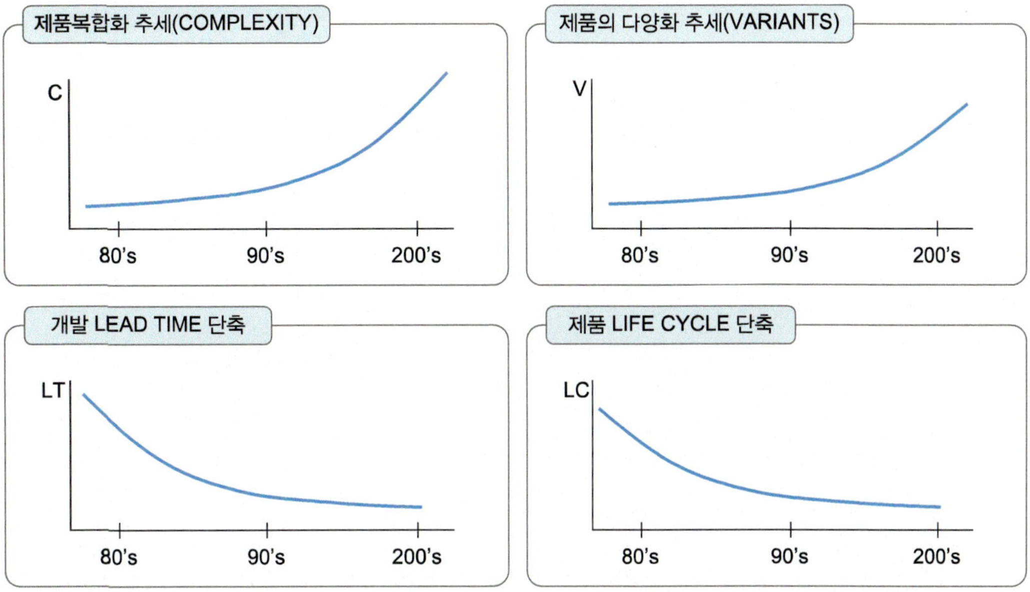

그림 1.1 2000년대에 요구되는 변화와 환경

그림 1.2에서와 같이 제품이 개발되면서 밟아 나가는 각 단계에서 에러 error가 검출될 때 수반되는 비용의 비율을 분석한 결과, 최초 제품의 개념을 잡아가는 초기 콘셉트 concept(개념) 단계에서 발생되는 비용은 생산단계의 비용에 비해 무려 1,000배 이상 낮은 것으로 나타났다.

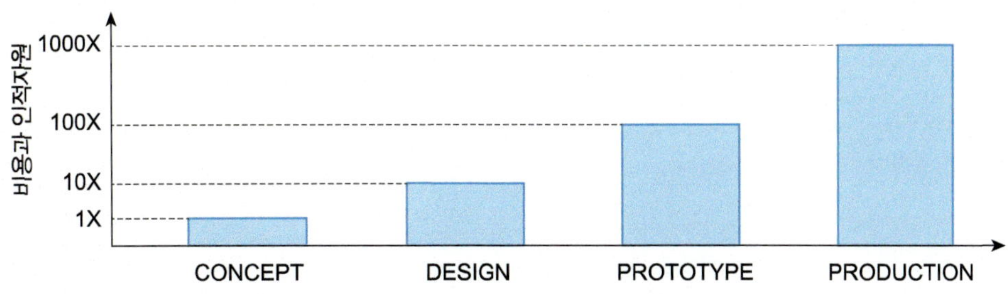

그림 1.2 개발 프로세스(Process, 과정) 상에서의 비용과 인적 자원
출처 : Mentor Graphics Corp. Market Research

이는 제품을 만들어 가는 과정에서는 설계를 쉽게 수정할 수 있지만, 이미 금형과 회로 제작이 진행되고 난 뒤의 수정은 지금까지 만들어진 제품의 폐기비용뿐 아니라 생산시스템의 변형 등, 직·간접비용이 기하학적으로 늘어나게 된다는 것이다.

반면, 제품단가의 결정은 설계가 완료되는 상세 설계 단계에서 95%가 결정된다는 놀라운 사실을 그림 1.3에서 알 수 있다. 다시 말해 이 단계에 접어들면 제품비용을 낮추려 해도 더 이상 낮출 수 없는 지경에 이르게 된다는 것이다. 그동안 기업에서 TFT[1] 활동 등을 통해 수익개선 활동을 전개해 왔으면서도 실제 경영상에서는 이렇다 할 성과를 보지 못했음을 지적해 주는 자료이기도 하다.

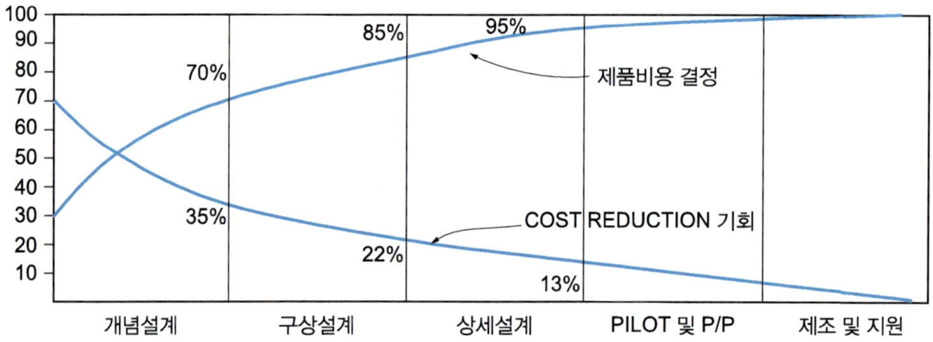

그림 1.3 개발 과정(Process) 상에서의 발생경비와 삭감(원가절감) 기회
출처 : EDS 자료

1.1.3 제품 개발 과정(Process)의 변혁

전통적으로 제품 개발에 있어 개발자나 설계자는 최초의 설계개념 또는 설계안을 구상하고, 설계 과정에서 완성도를 높이기 위해 추가나 삭제를 한다. 복잡한 제품(상품)일수록 끊임없는 설계변경이 불가피하게 발생된다. 소비자의 끊임없는 요구는 계속되고, 경쟁업체의 좋은 기술이 반영된 제품도 계속 등장하기에 비교·분석 후 자체적으로 차별화된 기술이나 기능을 추가해야 한다. 따라서, 개발 및 설계는 하나 혹은 그 이상의 개발팀이 상호협조하에 설계를 진행, 평가, 확인하게 되는데, 과거 직렬적 serial으로 진행되어 왔던 제품 개발 방식으로는 신속하게 대처하기가 어렵다.

동시공학 C.E: Concurrent Engineering의 제품개발 환경에서는 동시화, 일관화, 직접화로

1) TFT(Task Force Team) : 업무(과제)를 해결하기 위해 임시적(일시적)으로 운영하는 혁신적인 팀

설계자가 필요한 시점에 필요한 정보 및 도구를 활용할 수 있도록 제공함으로써 시간 경쟁력을 확보하고, 정보 흐름을 원활하게 함으로써 설계되는 동안 원가나 업무의 진행 체크, 제품의 확실성, 소비자 인지 등을 확인할 수도 있다. 그리고 결정 과정을 조직화하고 체계화함으로써 설계시 왜 특정 대안이 선택되었는지를 다시 한번 확인할 수 있다. 그러나 아무리 완벽한 설계 결정일지라도 설계에 대한 요구는 항상 따르기 마련이므로, 추진 중인 상품개발 과정에서 반드시 고려되어야 한다.

제품개발팀은 시나리오를 통한 설계 선택 과정인 트레이드 오프 trade off[품질(신뢰성, 성능, 기능 등), 비용, 납기 등의 밸런스를 잡으면서 신뢰성 설계를 하는 것] 분석을 통해 모든 가능한 선택사항을 세밀히 분석, 평가한 후 선택함으로써, 더 일관성 있고 지속적인 설계 결정을 할 수 있다. 또 이렇게 함으로써 설계가 진행되어 감에 따라 변화의 수를 계속 감소시켜 나갈 수 있다.

1) 창의적 개발 및 설계

그림 1.4와 그림 1.5에서는 종래의 직렬식 설계 방식과 최근의 창의적인 병렬식 개발과 설계 방식을 비교하며 설명하고 있다.

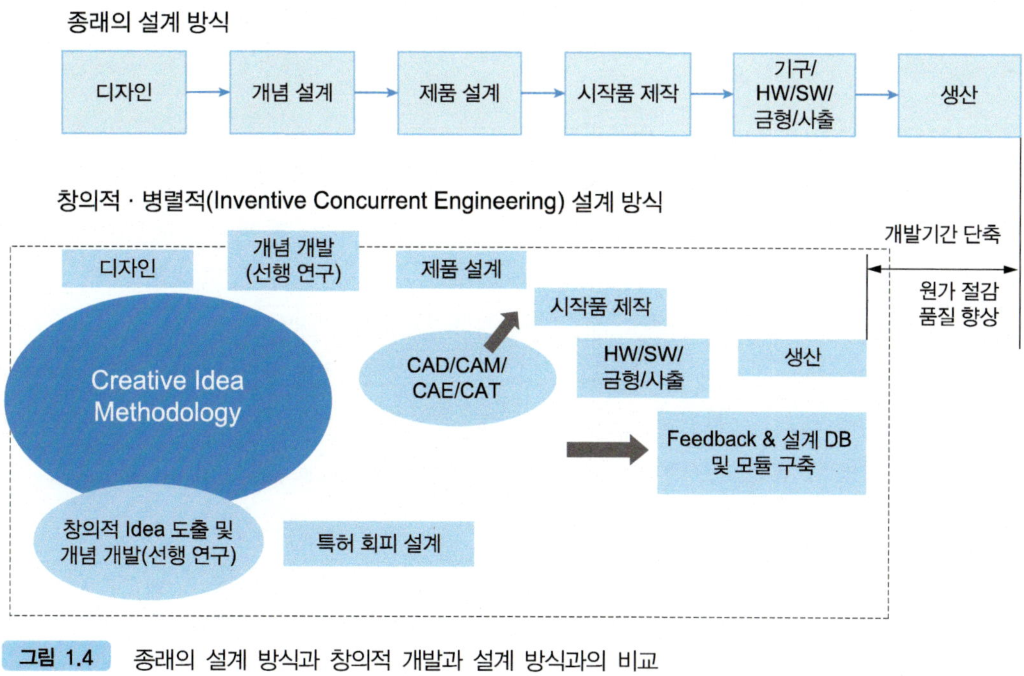

그림 1.4 종래의 설계 방식과 창의적 개발과 설계 방식과의 비교

2) 개발 및 설계 방식의 비교

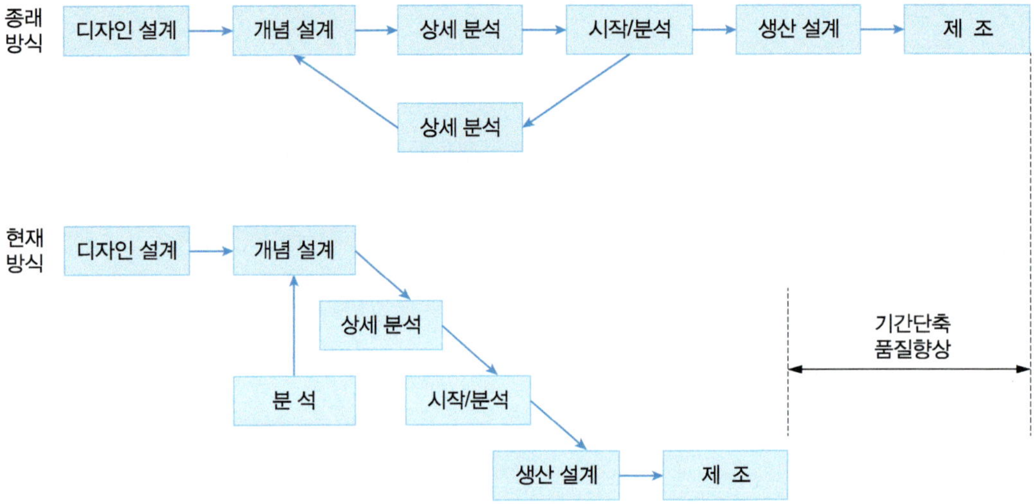

사례 : 미국 HP - 개발기간 60% 단축
일본 미쓰비시(三菱) - 개발기간 단축(147일 → 73일)
US AIR FORCE - 개발기간 40% 단축

그림 1.5 종래 및 현재 동시공학적(C.E : Concurrent Engineering) 제품개발 과정의 비교

1.2 서비스 개발

1.2.1 지식서비스

1) 지식서비스의 정의

지식서비스에 대한 정의나 분류는 아직 명확하지는 않으며, 지식기반서비스, 지식집약서비스 등 다양한 용어와 분류기준이 사용되고 있다. OECD의 경우 연구개발 R&D 활동, 정보통신기술 ICT 투입, 고급 인력의 투입 및 활용도가 높은 서비스업을 지식기반 서비스업으로 분류하고 있다. 구체적으로 정보통신, 금융·보험, 사업서비스, 교육, 의료, 문화 등을 기준으로 하여 지식기반산업으로 분류한다.

2) 서비스산업의 변화

전통적으로 서비스산업은 투입자원, 상품의 형태, 공급사슬 등 여러 가지 면에서 제조업과는 전혀 다른 성격을 갖는다. 서비스상품을 개발하고 소비자에게 제공하는 데 있어 가장 중요한 투입자원은 지식과 아이디어라 할 수 있고, 그 결과물은 형태가 없이 서비스가 제공되는 시점과 공간에서 소비가 이루어진다. 따라서 개별 소비자에게 일회성으로 제공되며 소비와 동시에 사라진다는 특징이 있다.

서비스산업은 사회 경제적, 기술적 환경과 시대에 따라 그 모습과 성격, 거래 방식 등이 변화해왔다. 특히 최근의 서비스산업은 수요 측면의 환경 변화와 디지털 기술의 발전이라는 두 가지 요인에 의해 빠르게 변해가고 있다. 우선, 수요 측면의 요인으로는 인구 구조의 변화로 인한 새로운 소비시장의 형성과 소비 행태의 변화를 들 수 있다. 고령 인구의 증가는 의료, 요양 등 건강 관련 서비스에 대한 수요를 증대시켰고, 저출산으로 인한 노동력의 감소로 인해 여성의 고용이 늘어남에 따라, 가사, 보육 등의 서비스에 대한 수요가 증가하였다. 또한 디지털 기기에 익숙한 MZ 세대의 부상과 1인 가구의 증가는 유통, 콘텐츠, 배송 등 소비의 장을 온라인으로 확대했으며, 개인 중심의 가치 소비를 중시하는 소비 행태로의 전환을 촉진하였다.

한편, 서비스산업은 기술의 발전으로 인해 서비스 자체의 개선을 통해 고부가가치화가 가능해지거나 기존과는 다른 새로운 형태의 서비스를 출현시키기도 한다. 정보통신기술[ICT], 가상·증강현실[VR·AR] 등 기술의 발전으로 서비스의 제공과 소비에 있어 시공간적 제약이 줄어들고, 서비스의 저장과 이전 및 지속적 향유 그리고 대중에 대한 동일 서비스의 동시 제공이 점차 가능해지면서 서비스산업은 획기적으로 진화해 가고 있다. 서비스산업의 진화는 기존 서비스의 개선을 통한 고부가가치화라는 초기 과정을 거쳐, 플랫폼을 기반으로 하는 비즈니스 모델[BM], 기술이나 타 산업과의 결합을 통한 융합형 서비스의 출현으로까지 발전해 가고 있다.

3) 디지털 기술의 영향

5G의 상용화 등 정보통신기술의 발전으로 이미 네트워크 기반의 서비스가 일반화되었으며, 플랫폼을 기반으로 하는 비즈니스 모델들이 발전하였다. 이에 더하여 빅데이터, 인공지능[AI], 블록체인, 실감기술 등 디지털 기술의 발달과 이들 기술 간의 융합은 기존 서비스의 고도화와 더불어 새로운 비즈니스 영역을 창출하는 등 서비스산업의 획기적인 변화와 발전을 가져오고 있다.

이와 같은 기술적 변화 요인으로 인해 기존의 서비스 제공방식의 한계에서 벗어나 다양한 형태의 서비스 제공 방식이 가능해졌다. 대면 거래로 인한 불편함과 시공간적 제약 요인들이 비대면 방식의 서비스가 활성화되면서 해소되고 있고, 공급자 위주의 일방향 서비스 제공에서 수요자와 공급자가 서로 소통하며 피드백과 서비스 품질 개선이 지속해서 이루어지는 양방향 서비스가 가능해졌다. 빅데이터와 인공지능 기술의 발달은 개인별로 차별화된 고객 맞춤형 서비스를 가능하게 하였으며, VR · AR을 활용한 실감 체험형 서비스는 시공간적 제약 요인의 해소를 넘어 새로운 유형의 서비스들을 제공할 것으로 보인다.

1.2.2 서비스산업의 발전 방향

1) 최근 경향

디지털 기술의 발달은 서비스산업의 모습을 변화시켜가고 있으며, 변화 양상도 기술이 진화해감에 따라 다양한 모습으로 진화해가고 있다. 지금까지는 정보통신기술ICT의 발달로 플랫폼을 기반으로 고객들에게 서비스를 제공함으로써 거래비용을 절감하고 소비자 편익을 증대시키는 비즈니스 모델들이 발전해 왔다면, 앞으로는 인공지능, 빅데이터, 실감기술 등을 활용하여 개별 소비자에 특화된 맞춤형 서비스를 제공하는 방향으로 더욱 발전해 나갈 것으로 예상된다. 이와 같은 현상은 유통, 금융, 의료, 교육, 문화, 콘텐츠, 관광, 기타 개인 서비스 등 서비스산업의 거의 모든 분야에서 전개되고 있다.

유통 분야에서는 빅데이터와 실감기술 등을 활용하여 개별 고객의 특징과 선호를 바탕으로 고객 경험을 강화하는 서비스가 발전할 것이다. 금융, 통신, 기타 사업지원 서비스 등에서는 자원의 효율적 활용을 최적화하고 빅데이터를 활용하여 소비자 관점의 맞춤형 서비스를 제공하는 사업들이 추진될 것으로 보인다. 교육, 의료, 사회복지 등의 사회 서비스 분야에서는 고객의 데이터를 분석하여 개별 고객의 수준과 환경에 맞는 고객맞춤형 서비스를 개발 · 제공하고 생애 주기 전반을 관리하는 서비스로 발전해 나갈 것으로 예상된다.

2) 서비스의 융합화

서비스 융합은 구체적으로 단일 제품과 서비스가 결합되거나, 제품의 서비스화, 서비스의 제품화, 그리고 IT/SW 융합 등으로 나눠 볼 수 있으며 이에 대한 내용은 뒤에서 나오는 지식서비스 개발에 대한 내용에서 자세히 설명한다. 그밖에 신개념 서비스로는 플랫폼(경제) 서비스, 공유(경제) 서비스, 클라우드(경제) 서비스 등이 있다.

1.2.3 디지털 서비스의 개발 환경 변화

비즈니스 전문가나 사업가들은 새롭게 변화되는 상황에 맞춰 늘 유연하게 대응하기를 원한다. 그렇기에 개발자는 최대한 빠른 시간 안에 더욱 안전하고 새로운 비즈니스 프로세스를 반영하는 솔루션과 서비스를 제공해야 한다. 그런데 IT 업무 결정권자들에 의하면 디지털 전환 시 어려운 점을 열거할 때 주로 먼저 얘기하는 것이 요구 사항에 맞는 디지털 워크플로우를 제공할 시간이 부족하고 기술과 지식이 충분하지 않다고 한다.

이런 배경으로, 최근에 개발 경험이 거의 없거나 "시민 개발자Citizen Developer"라고 불리는 사용자를 대상으로 한 개발 플랫폼 서비스가 늘어나고 있으며 이러한 경향은 시간 내에 애플리케이션을 만들어내야 하는 전문 개발자들에게도 스트레스를 많이 줄여주고 있다.

이러한 개발 플랫폼은 로우코드 및 노코드 개발 방식으로 기존의 운영 체제에 얽매이거나 확장성 요구와 상관없이 사람들이 애플리케이션이나 서비스를 비교적 쉽게 만들도록 구성되어 있다. 클라우드 기반의 서비스형 플랫폼Platform as a Service 환경에서 구축된 로우코드/노코드 플랫폼은 일반적으로 시각적 프로그래밍을 사용하여 기존 소프트웨어 개발보다 더 빠르게 개발할 수 있어서 이 과정에서 전문 개발자의 생산성을 향상시킬 수 있다.

기업의 디지털 전환을 위한 자동화 도구에 대한 기술투자 비율은 계속 상승세를 타고 있다. IT산업 리서치업체 가트너Gartner는 향후 2년 이내에 대기업의 절반 이상이 로우코드 개발 플랫폼을 채택할 것으로 전망하고 있다. 유니스피어 리서치Unisphere Research라는 조사업체가 324개 조직을 대상으로 설문 조사를 실시한 결과, 최소 76%가 기존 IT 부서 또는 서비스 제공업체가 아닌 따로 개발되어 제공된 애플리케이션을 사용하고 있는 것으로 나타났다.

이런 업무용 애플리케이션을 로우코드 플랫폼을 사용하여 개발하는 기간은 대부분

3개월 이내였으며, 3개월을 초과했다고 대답한 조직은 17%에 불과했다는 사실에서 장점(이점)을 확인할 수 있다. 같은 설문 조사에 따르면 비 IT 개발자는 다양한 배경을 가지고 있지만, 대부분 애플리케이션을 구축하는 현업부서에 있는 파워 사용자와 개발자들이고, 그들을 위한 로우코드/노코드 개발에 대한 과제로는 데이터 보안과 적절한 프로그래밍 기술 학습, 데이터 처리 등이 있는 것으로 조사되었다.

로우코드와 노코드는 두 단어가 함께 자주 인용되어 사용되지만, 두 범주 사이에는 약간의 차이가 있다. 일반적으로 일부 개발 경험이 있는 파워 사용자나 애플리케이션을 신속하게 구축해야 하는 개발자를 대상으로 하는 로우코드 플랫폼은 모델 기반 및 메타데이터 기반 프로그래밍 언어와 같은 선언적declarative 고급 프로그래밍 추상화high-level programming abstraction 및 원스텝 배포를 사용하여 애플리케이션을 신속하게 개발, 배포, 실행 및 관리를 지원한다. 또한, 시각적 개발 환경 및 백엔드 시스템, 데이터베이스, 웹 서비스 또는 API Application Programming Interface(컴퓨터나 컴퓨터 프로그램 사이의 연결)에 대한 자동화된 링크를 제공한다.

그에 반해, 노코드 솔루션은 이러한 추상화를 한 단계 더 진전시켜 코딩이 전혀 포함되지 않는 시각적 드래그 앤드 드롭 인터페이스를 도입하므로 프로그래밍이 필요한 커스터마이즈customize의 관점에선 로우코드 솔루션보다 제한점이 있다. 또한, 꽤 복잡한 개발 도구들을 구성해야 하는 경우 매우 높은 수준의 개발 경험을 요구하기도 한다.

로우코드/노코드 플랫폼이 가장 큰 영향력을 만들 수 있는 곳은 기존 기술이 없고 처음부터 출발하고 있는 기업들이다. 새로운 아이디어를 가진 신생 기업(스타트업start up, 설립연도가 짧은 신생 벤처기업을 뜻함)과 소규모 기업을 생각하면(IT 기업은 제외) 기술력 부족으로 그 아이디어를 사업에 적용하기 어려울 수 있다. 그런 경우 이 기술은 그 아이디어를 유용하게 테스트하고 발전시킬 수 있는 효과적인 도구로 사용할 수 있다.

이렇게 로우코드/노코드 접근 방식은 애플리케이션을 신속하게 출시하거나 내부에서 사용해야 하는 신생 기업과 소규모 기업에 이상적일 수 있지만, 기존 대기업에도 충분히 유용하게 사용될 수 있다. 로우코드/노코드 플랫폼을 사용하면 최소한의 리소스resource 시간을 사용하여 아이디어 검증이 가능하기에 이 과정은 다음에 실제 제품을 출시하는데 드는 선행 기간lead time을 크게 줄일 수 있다. 이 부분은 기업의 일반 비용과 리소스의 활용도에 크게 기여한다. 더 나아가 실제 대기업의 경우는 로우코드/노코드 플랫폼에서 단독적으로 코딩 작업을 최소화하여 애플리케이션을 구축하는 것에 부가가치가 있기보다는 전사적인 디지털 전환을 통해 제공되는 API 카탈로그, 사전 빌드된 템플릿 및 자동화, 인공지능을 최대한 활용하여 그 위에서 로우코드/노코드 플랫폼 상에서 개발된 강력한 애플리케이션을 구축하고 제공하는데 큰 가치와 경쟁력이 있다.

2 기술의 변화

2.1 최근 기술 동향

2.1.1 사물인터넷의 발전

사물인터넷IoT은 기존의 유선통신 기반 인터넷 및 모바일 인터넷보다 진화된 단계의 인터넷을 의미하고 있다. 초기 유선통신 시대에는 PC 같은 사물 간의 연결을 통해서만 데이터 교환이 발생했으며, 매개체로서 사람의 개입이 요구되었다. 그 후 무선통신 기술의 발달로 사람과 사람, 사람과 사물, 사물과 사물로 통신 가능 범위가 확대되고, 나아가 사물 간의 자율적 통신도 가능한 사물통신M2M으로 발전하게 되었다. M2M을 통해 주요 구성 요소 간 센싱, 제어, 정보 교환 및 처리 등이 가능한 지능적 관계가 형성되고, 이것이 서비스 형태로 변환되었다. 사물인터넷IoT은 이러한 M2M의 개념이 무선통신을 넘어 인터넷 구조상에 적용됨으로써, 현실과 가상세계의 모든 정보와 상호작용하는 개념으로 진화된 차세대 인터넷 환경으로 초연결 네트워크를 기반으로 하고 있다.

기술의 발전에 따라 더 넓은 대역폭을 통해 전송 속도가 증가하고 주파수 활용 효율은 높아지고 있다. 특히, Bluetooth, WiFi, Zigbee, NFC 등 근거리 무선통신WPAN 기술의 발전이 사물인터넷 시장의 활성화에 큰 영향을 미치고 있다.

과거 근거리 통신 기술은 10~30 m 정도의 짧은 거리에서 비교적 적은 양의 데이터를 교환하는 것이 일반적이었는데, 최근에는 100 m까지 도달거리가 확장되었고 데이터의 전송량도 획기적으로 증대되어 비디오 관련 응용 서비스의 교환도 가능하게 되었다. 이처럼 무선 네트워크가 고용량 멀티미디어 통신을 위해 고속화되고, 네트워크 커버리지가 확대되면서 대용량 서비스를 안정적으로 제공할 수 있는 기반이 확보되었다.

사물인터넷 서비스가 다양화, 복잡화, 고도화됨에 따라 쏟아지는 이종 애플리케이션에 탑재된 수많은 센서 및 커넥티드 단말로부터 데이터를 수집·통합하고 분배하는 역량이 중요하게 부각될 것이다. 이를 위해서는 저렴하고 보안 및 운용 효율성이 높으며 병목 현상이 발생하지 않는 사물인터넷 전용 네트워크가 필요하다.

미래에는 사물인터넷과 관련한 다양한 가치사슬을 크로스cross로 접목, 데이터를 통합하여 최적의 고객 경험을 제공할 수 있는 애그리게이터aggregator의 역할이 중요해질 전망이다. 가치사슬 내의 수직 확대 및 데이터 통합 솔루션 제공 시장에서 기회를 엿볼 수 있다.

2.1.2 4차 산업혁명 기술

다음은 교육부 미래교육칼럼에 연재된 4차 산업혁명의 주요 기술[2)]에 대한 내용으로 다음과 같은 기술로 요약된다.

1) IoT(Internet of Things)

'IoT Internet of Things'라고 부르는 사물인터넷 기술이다. 사람, 사물, 공간 등 모든 것이 인터넷으로 연결되어 정보가 생성·수집·공유·활용되는 초연결망을 의미한다. 사물인터넷은 기존의 인터넷과 차원이 다른 네트워크이다. 각각의 사물에 센서가 달려 있고 모두 인터넷에 연결되기 때문에, 사람의 개입 없이도 사물과 사물이 서로 연결되고 정보를 주고받을 수 있다는 점이 특징이다. 냉장고, 세탁기, TV, 공기청정기, 보일러, CCTV 등이 스마트폰에 연결돼 집 바깥에서도 쉽게 모니터링이 가능하고, 만약 문제가 발생하면 자동제어도 가능하게 해준다.

사물인터넷의 주요 응용분야: 스마트팩토리(Smart factory)

스마트팩토리는 사물인터넷 기술을 이용해 제품개발, 공급망관리, 자원관리 등 중요한 의사 결정을 스스로 내릴 수 있는 공장을 말한다. 스마트공장이라고도 한다. 4차 산업혁명의 핵심 개념이다.

스마트팩토리는 설계 및 개발, 제조 및 유통 등 생산과정에 디지털 자동화 솔루션이 결합한 정보통신기술ICT을 적용하여 생산성, 품질, 고객만족도를 향상하는 지능형 생산공장이다. 공장 내

2) 최연구, 한국과학창의재단 과학문화협력단장/ 4차 산업혁명과 인간의 미래 저자

설비와 기계에 사물인터넷을 설치하여 공정 데이터를 실시간으로 수집하고, 이를 분석해 스스로 제어할 수 있게 한다. 스마트팩토리는 산업 현장의 생산성 향상을 위해 인공지능AI, 사물인터넷IoT 등 다양한 기술이 융합된 자율화된 공장을 말하는 것이다. 예를 들어 사물인터넷은 대표적으로 센서와 디바이스 간의 통신에 사용되고 있다. 센서에서 다양한 데이터를 수집하고, 이를 게이트웨이나 서버에 전송한 후, 서버는 데이터를 분석하고 분석 결과를 보여주며, 관리자에게 전송한다. 이때, 인공지능, 기계학습 기술이 적용된 서버Cloud는 빅 데이터를 분석하여, 설비의 고장이나 이상을 예측하고, 생산성 향상을 위한 방법을 제시해준다.

[출처] https://wiki.hash.kr/index.php/

2) 빅 데이터(Big data)

빅 데이터는 말 그대로 방대한 데이터를 말하는데, 오늘날 빅 데이터는 다양한 분야에서 이미 활용되고 있다. 예를 들면, 기업은 방대한 양의 고객 소비 패턴을 데이터로 축적하고, 이를 분석하여 상품 추천 서비스나 신제품 개발 등에 활용하고 있다. 지방자치단체들은 교통정보를 이용해 시민들에게 지능형 교통안내 서비스를 제공하고 있고, 경찰청은 과거 범죄 데이터를 분석해 범죄 예방 시스템을 구축하기도 한다.

3) 블록체인(Block chain)

2018년 초, 암호화폐인 비트코인이 큰 사회적 이슈가 되었는데, 바로 이 암호화폐를 가능하게 해주는 원천기술이 블록체인Block chain이다. 블록체인은 블록이라고 불리는 거래 장부를 중앙 서버에 보관하지 않고, 각자 개인 컴퓨터에 분산하고 이를 체인처럼 연결해 공개적으로 보관할 수 있게 해주는 혁신적인 기술이다. 해킹이 불가능하고 중개 기관의 개입 없이도 개인과 개인 간의 거래가 가능한 기술이기에, 「유엔미래보고서 2050」에서는 블록체인 기술이 '미래를 바꿀 10대 기술' 중의 하나라고 평가하였다. 블록체인의 강점인 분산화와 안정성을 활용하면 데이터를 안전하게 관리할 수 있어 개인 간 매매 및 거래, 개인정보관리, 투표관리 등 광범위한 분야에 이용될 수 있을 것으로 예상하고 있다.

암호화폐의 핵심 기술: 블록체인(Block chain)

블록체인은 비트코인과 이더리움 등 암호 화폐에 사용된 핵심 기술이다. 은행 등 제3의 중개기관이 없더라도 블록체인 기술을 이용하면 누구나 신뢰할 수 있는 안전한 거래를 할 수 있다. 블록체인은 암호 화폐뿐 아니라, 온라인 거래내역이 있고 이력관리가 필요한 모든 데이터 처리에 활용할 수 있다. 블록체인 기반의 스마트 계약, 물류관리 시스템, 문서관리 시스템, 의료정보관리 시스템, 저작권관리 시스템, 소셜미디어관리 시스템, 게임아이템관리 시스템, 전자투표 시스템, 신원확인 시스템 등 다양한 활용이 가능하다. 블록체인은 4차 산업혁명의 핵심 기술 중 하나이다. 중개기관이 필요 없는 블록체인 기술을 활용함으로써 인류는 새로운 거래 방식과 조직 운영 원리를 바탕으로 과거 인터넷 기술이 가져온 것 이상의 큰 사회적 변화와 혜택을 누릴 수 있을 것으로 예측하고 있다.

블록체인은 간략히 '분산원장distributed ledger'(分散元帳) 기술이라고 한다. 즉, 거래내역을 기록한 원장을 다수의 사람들에게 분산하여 저장 · 관리하는 기술이다. 자세히 설명하면, 블록체인이란 다수의 온라인 거래 기록을 묶어 하나의 데이터 블록block을 구성하고, 해시hash 값을 이용하여 이전 블록과 이후 블록을 마치 체인chain처럼 연결한 뒤, 이 정보의 전부 또는 일부를 피투피P2P 방식으로 전 세계 여러 컴퓨터에 복사하여 분산 저장 · 관리하는 기술이다.

[출처] https://wiki.hash.kr/index.php/

블록체인 기술을 이용한 NFT

'대체 불가능한 토큰(Non-Fungible Token)'이라는 뜻으로, 희소성을 갖는 디지털 자산을 대표하는 토큰을 말한다. NFT는 블록체인 기술을 활용하지만, 기존의 가상자산과 달리 디지털 자산에 별도의 고유한 인식 값을 부여하고 있어 상호교환이 불가능하다는 특징이 있다. 블록체인의 토큰을 다른 토큰으로 대체하는 것이 불가능한 가상자산을 말한다. 이는 자산 소유권을 명확히 함으로써 게임 · 예술품 · 부동산 등의 기존 자산을 디지털 토큰화하는 수단이다.

NFT는 블록체인을 기반으로 하고 있어 소유권과 판매 이력 등의 관련 정보가 모두 블록체인에 저장되며, 따라서 최초 발행자를 언제든 확인할 수 있어 위조 등이 불가능하다. 또 기존 암호화폐 등의 가상자산이 발행처에 따라 균등한 조건을 가지고 있는 반면 NFT는 별도의 고유한 인식 값을 담고 있어 서로 교환할 수 없다는 특징을 갖고 있다. 예컨대 비트코인 1개당 가격은 동일하지만 NFT가 적용될 경우 하나의 코인은 다른 코인과 대체 불가능한 별도의 인식 값을 갖게 된다.

출처: [네이버 지식백과] NFT (시사상식사전, pmg 지식엔진연구소)

4) 3D 프린팅(3D Printing)

적층 가공additive manufacturing이라고도 부르는 이 기술은, 3D 디지털 설계도나 모델을 기반으로, 원료를 층층이 쌓는 방식의 출력을 통해 입체적인 물체를 만드는 기술을 말한다. 3D 프린터는 디지털 공작기계 중에서 가장 널리 이용되는 기계로 우리 주변에서도 쉽게 찾아볼 수 있다. 기존의 2D 프린팅이 평면 인쇄라면 3D 프린팅은 공간의 축을 더해 입체물을 출력할 수 있는 차이가 있다. 오픈소스로 많이 공유되는 3D 모델링 설계도 파일만 있으면, 누구나 3D 프린터로 휴대폰 케이스나 간단한 생활용품 모형 등을 직접 출력할 수 있다.

5) 자율 주행 자동차(Self-driving Car 또는 Autonomous Vehicle)

자율 주행 자동차Self-driving Car 또는 Autonomous Vehicle를 비롯한 스마트 모빌리티Smart Mobility 기술이다. 자율 주행 자동차는 사람이 운전하지 않아도 자율적으로 주행하는 자동차를 말하며, 초고속 5G 통신, 사물인터넷 등 첨단 기술들이 자동차에 집약적으로 적용된 것이다. 자동차 기술뿐만 아니라 무인비행체 드론이나 전동 킥보드 등 소형 개인 이동수단도 빠르게 발전하고 있어, 언젠가는 거의 모든 교통수단이 지능화될 것이다. 이런 지능화된 모든 이동 수단을 스마트 모빌리티라고 부른다.

6) 인공지능(Artificial Intelligence)

인공지능이란 인간의 언어를 알아듣고, 사람처럼 지각하고 판단하는 기능을 갖는 것이며, 인류가 개발한 기술 중 가장 첨단 기술이라고 할 수 있다.

구글 딥마인드의 알파고처럼 바둑게임에 특화된 인공지능으로 개발되기도 하고, IBM의 왓슨처럼 암 진단 연구 등 의료용 인공지능으로 개발되기도 한다. 현재 의

인공지능(人工知能)AI, Artificial Intelligence이란 인간처럼 학습하고 생각할 수 있는 컴퓨터 시스템을 말한다. 인공지능은 컴퓨터 프로그램을 이용해 인간의 학습능력, 추론능력, 지각능력, 자연어의 이해능력 등 모든 지능적인 행동들을 모방할 수 있다. 인공지능은 4차 산업혁명의 핵심 기술이다. 인공지능 스피커, 챗봇, 숍봇, 외국어 자동번역기, 자율 주행 자동차, 인공지능 로봇 등 인공지능 기반의 다양한 서비스와 제품이 출시되고 있다.

[출처] https://wiki.hash.kr/index.php/

료, 금융, 행정, 법률 서비스 등 다양한 분야에서 인공지능이 개발되거나 사용되고 있는데, 미래에는 우리의 일상생활 거의 모든 곳에 인공지능이 도입될 것이다. 마치 PC를 사용하듯 인공지능 비서나 인공지능 튜터를 사용하는 날이 머지않아 올 것으로 예상된다.

7) AR/VR[3)]

① 가상현실(VR, Virtual Reality)

가상현실은 컴퓨터로 구현된 가상의 공간에서 체험하는 가상의 현실을 말한다. 간략히 브이알VR이라고도 한다. VR 기기에는 구글 카드보드와 데이드림Daydream, 삼성 기어VR, 오큘러스 리프트, 소니 모피어스 등이 있다.

가상현실VR은 "실제와 유사하지만 실제가 아닌 인공 환경"이다. 컴퓨터 등을 사용한 인공적인 기술로 실제와는 유사하지만 실제가 아닌 환경이나 상황을 만들어 사용자의 오감을 자극하며 실제와 유사한 공간적, 시간적 체험을 하게 함으로써 현실과 가상의 경계를 자유롭게 드나들게 한다. 또한 실재하는 디바이스를 이용하여 조작이나 명령을 내리는 등 가상현실 속과 상호작용이 가능하다.

② 증강현실(AR, Augmented Reality)

증강현실(增強現實) 또는 AR Augmented Reality은 사용자가 눈으로 보는 현실 세계에 가상의 물체나 정보를 겹쳐서 보여주는 것을 말한다. 가상현실VR은 현실 세계와 관련이 없이 가상의 공간에서 이미지를 보여주지만, 증강현실은 현실 세계 위에 가상 이미지를 올려서 겹쳐서 보여준다. AR 기기에는 구글 글래스Google Glass 등이 있다. 대표적인 AR 게임에는 포켓몬고Pokémon GO가 있다. 증강현실AR과 유사한 개념으로 가상현실VR과 혼합현실MR이 있다.

증강현실은 실제 환경에 가상의 사물이나 정보를 원래의 환경에 존재하는 사물처럼 보이도록 하는 컴퓨터 그래픽 기법이다. 현실 세계에 실시간으로 부가정보를 갖는 가상세계를 합쳐 하나의 영상으로 보여준다. 실제 환경과 가상의 객체가 혼합된 증강현실 기술은 사용자가 실제 환경을 볼 수 있게 하여 보다 나은 현실감과 부가 정보를 제공한다.

---

3) 출처: https://wiki.hash.kr/index.php/

혼합현실과 4차 산업혁명

혼합현실은 현실세계와 가상세계를 뒤섞어서 보여주는 것을 말한다. 복합현실 또는 융합현실이라고도 한다. 가상현실VR은 현실세계와 관련이 없이 가상의 공간에서 이미지를 보여주고, 증강현실AR은 현실세계 위에 가상 이미지를 올려서 겹쳐서 보여주지만, 혼합현실은 현실세계와 가상세계가 지능적으로 상호작용하면서 혼합된 이미지를 보여준다. 혼합현실의 사례로 마이크로소프트의 홀로렌즈HoloLens와 매직리프Magic Leap 및 인텔의 알로이Alloy 등이 있다.

[출처] https://wiki.hash.kr/index.php/

기존의 가상현실VR은 가상의 공간과 사물만을 대상으로 하지만, 증강현실은 현실세계에 가상의 사물을 합성하여 현실의 효과를 더욱 증가시키는 점이 특징이다. 때문에 단순히 게임과 같은 분야에서만 한정된 적용이 가능한 기존의 가상현실과 달리, 증강현실은 다양한 현실 환경에 응용이 가능하다. 특히, 증강현실은 유비쿼터스 환경에 적합한 차세대 디스플레이 기술로 각광받고 있다.

2.1.3 4차 산업혁명 관련 주요국 정책 개관

표 1.1에서 보는 것과 같이 대부분의 주요국의 4차 산업혁명의 근원은 독일의 인더스트리 4.0으로부터 출발된 제조혁신에 기반하고 있다.

표 1.1 주요국 4차 산업혁명 관련 정책 비교

	한국	독일	미국	일본	중국
주요 정책	스마트 제조혁신 비전 2025	인더스트리 4.0 (2011. 11월)	첨단제조 파트너십 (2012. 11월)	산업재흥전략 (2015. 1월)	제조 2025 (2015. 5월)
추진 조직	정부, 기업, 연구기관	정부, 기업, 연구기관, 노조	정부, 기업, 연구기관	정부, 기업, 연구기관	정부
추진 체계	정부기관 민관합동 스마트공장 추진단 대 · 중견기업	정부기관 글로벌 제조기업 글로벌 IT기업	정부기관 글로벌 제조기업 글로벌 IT기업	정부기관 글로벌 제조기업	정부기관
대응 방향	보급 · 고도화 기반산업, 전문인력 양성 민관 공동대응	자동차, 기계설비 민간 공동대응	IT 기업 중심 민간중심 대응	정부 아젠다 중심 로봇기술 중심	ICT 기술 활용 자국시장 활용

출처: 한국표준협회, 김익성(2018) 인용

2.1.4 4차 산업혁명 관련 유망 분야

다음 표 1.2는 4차 산업혁명 관련 유망 기술 분야로 향후 제품개발 및 관련 서비스에서 고려되어야 할 분야이다. 기존 사업자나 창업자가 접근하기 어려운 분야도 있지만 충분히 검토한다면 일반 사업자나 창업자가 사업아이템이나 이러한 아이템과 접목되는 유사 또는 연관 아이템을 찾을 수도 있다.

사업 추진 시 미리 아래와 같은 유망 분야와의 일치도를 체크해 보고 관련 기술의 동향을 특허조사를 통해 알아보는 것이 가장 현실성이 있을 것이다. 유망 분야로 분류되지만 특허 출원이 아직 미비한 분야가 있을 수도 있다. 사업화 가능성은 사업자에 의해 이러한 방식으로 여러 가지 판단을 해 볼 수도 있을 것이다.

표 1.2 4차 산업혁명 관련 유망 기술 분야

전략분야	기술개발 테마
AI/ 빅데이터 (8)	① 음성인식 SW ② 영상처리 시스템 ③ 인공지능 플랫폼 ④ 인지과학 SW ⑤ 빅데이터 기반 SW ⑥ Cloud Brokering ⑦ Cloud Service ⑧ 기상화/컨테이너
5G (7)	① 초고속단거리 무선통신부품 ② 5G 무선 전송 및 접속기술 ③ 5G 프론트홀 · 백홀 기술 ④ 5G 코어 네트워크 기술 ⑤ massive MCT 기술 ⑥ 무선 접속을 위한 RRH 기술 ⑦ 고속 이동체를 위한 초고속 인터넷 제공 기술
정보보호 (9)	① 생체인증 ② 클라우드 보안 ③ 사물 인터넷 보안 ④ 모바일 보안 ⑤ 스마트 산업제어시스템(ICS) 보안 ⑥ 지능형 자동차 보안 ⑦ 지능형 보안위험 대응 ⑧ 블록체인/블록체인 기반 보안 ⑨ 지능형 영상 보안

전략분야	기술개발 테마
미래형 자동차 (9)	① 운전자용 편의시스템 ② 자율주행차량용 카메라 ③ 정보제공 시스템 ④ 자율주행차량의 Lidar ⑤ 전기자동차 충전인프라 ⑥ 친환경 경량화 부품 ⑦ 전력변환 시스템 ⑧ 전기구동 시스템 ⑨ 에너지 저장/관리 시스템
스마트 공장 (8)	① 스마트 제조 애플리케이션 ② 센서 및 화상처리 기술 ③ 스마트 제조 CPS ④ 제조 빅데이터 분석 시스템 ⑤ 스마트 제조 AR/VR ⑥ 3D 프린팅 제조 시스템 ⑦ 산업용 고신뢰/저전력 네트워킹 ⑧ 스마트 공장 플랫폼
바이오 (9)	① 유전체 분석 및 정보 분석 ② 바이오칩 ③ 분자 진단 ④ 면역화학진단 ⑤ 웰빙 전통식품 ⑥ 건강 기능성 식품 소재 ⑦ 기능성 화장품 ⑧ 아토피개선 화장품 ⑨ 부착형 화장품

표 1.2 (계속)4차 산업혁명 관련 유망 기술 분야

전략분야	기술개발 테마
지능형 센서 (9)	① 광학부품 및 기기 ② 반도체 검사장비 ③ 반도체 공정장비 ④ 반도체 패키징 소재 ⑤ 전력반도체 소자 ⑥ 고주파 반도체 ⑦ SoC 부품 ⑧ 반도체 센서 ⑨ 반도체 화학 소재
AR/VR (7)	① AR/VR 응용 서비스 플랫폼 ② 실사 기반 AR/VR 영상 입력장치 ③ 과업 특화형 개인 AR/VR 디스플레이 도구 ④ AR/VR 서비스용 콘텐츠 ⑤ AR/VR 오감 인터랙션 시스템 ⑥ 공간형 AR/VR 디스플레이 솔루션 ⑦ AR/VR 콘텐츠 제작용 소프트웨어
스마트 가전 (8)	① 피코 프로젝터 ② 스마트 미러 ③ 에어가전 ④ 스마트 콘센트 및 플러그 ⑤ 스마트 비서 ⑥ 융 · 복합형 정수기 ⑦ 스마트키친 디바이스 ⑧ 고효율 난방기기
로봇 (8)	① 인간 친화형 협동로봇 ② 착용형 근력증강 웨어러블 로봇 ③ 산업용 부상방지 및 작업지원 로봇 ④ 물류 로봇 ⑤ 스포츠 시뮬레이터 로봇 ⑥ 노인과 장애인을 위한 근력보조 웨어러블 로봇 ⑦ 소셜 로봇 플랫폼 및 서비스 ⑧ 가전 로봇
웨어러블 (8)	① 스마트 시계 · 밴드 ② 스마트 신발 ③ 스마트 의류 ④ 스마트 패치 ⑤ 생활약자보조 착용기기 ⑥ 실감 · 체험형 웨어러블 디바이스 ⑦ 레저 · 스포츠용 웨어러블 디바이스 ⑧ 휴대형 생체인증기기 시스템
물류 (6)	① 물류 로봇-드론 관제 시스템 ② 소형지게차 기술 ③ 스마트 화물이동정보 모니터링 시스템 ④ 스마트 패키징 시스템 ⑤ 배송물류 지원시스템 ⑥ 스마트 물류창고
안전 (6)	① 센서형 식품 안전관리 시스템 ② 안전사고 대응 지능형 모니터링 시스템 ③ 지능형 화재 안전 대응 시스템 ④ 유해물질 유통 모니터링 시스템 ⑤ 미세먼지 측정 시스템 ⑥ 범죄 대응 시스템
에너지 (15)	① 대기오염 물질처리 소재 및 공정 ② 수처리 공정 전처리 설비 ③ 재활용 폐기물 분리 및 재사용 설비 ④ 연료전지용 M-BOP ⑤ xEMS 시스템 ⑥ 소규모 분산자원 중개 시스템 ⑦ 폐열에너지 활용 시스템 ⑧ 제조업 부생가스 재활용 ⑨ 레독스 플로우 배터리 ⑩ 초고용량 커패시터 ⑪ 이차전지 전해질 ⑫ 건물 일체형 신재생에너지 시스템 ⑬ 태양광 발전 시스템 ⑭ 태양광 공정장비 ⑮ 소형 풍력발전기
스마트홈 (5)	① 생활밀착형 스마트 디바이스 ② 스마트홈 서비스 플랫폼 ③ 스마트 통합형 홈 네트워크 연동기술 ④ 홈/빌딩 지능형 공간 서비스 ⑤ 지능형 HEMS

CHAPTER

02

창의적 아이디어

1 아이디어 도출 방법

1.1 린 캔버스(Lean Canvas)

1.1.1 린 방식의 개념

린 방식의 개념은 린 스타트업Lean Startup에서 소개된 재고 없는 생산 시스템인 JIT Just In Time를 지향한 토요다Toyota 생산방식에서 찾아 볼 수 있다. 이 도요타 생산방식은 인력과 설비, 재고를 적정수준으로 유지하면서 생산효율을 높일 수 있도록 정보를 실시간으로 교환하며 품질을 지속적으로 개선하는 방식을 의미하였다. 이런 의미를 린 스타트업에 적용하면서 새로운 아이디어가 나오고 계획이 세워지면 최소한의 제품을 빠르게 출시하여 고객들의 반응을 본 후, 지속적인 피드백으로 시장에 맞는 최적의 상품을 만드는 전략으로 변형되었다.

이런 의미에서 린 방식의 개념은 새로운 아이디어가 나오면 조금 어설프더라도 최대한 빨리 테스트할 수 있는 최소요건제품[4] MVP; Minimum Viable Product을 출시하고 그런 다음 고객의 반응을 분석하여 발 빠르게 개선한다는 뜻이 담겨 있다고 볼 수 있다. 아이디어의 가설이 잘못되었다고 판단되면 미련 없이 방향을 바꾸고 다시 '만들고, 측정하고, 학습하는Build-Measure-Learn' 과정을 통해 고객으로부터 피드백을 계속 받으며 제품을 개선해 가는 것이다.

1.1.2 린 캔버스 작성

린 캔버스의 목적은 기존 사업에서의 문제점을 찾아내어 그 해결 방안을 새로운 가치 모델로 제시하려는 것이다.

보통 린 스타트업에서 초기에 문제점을 빨리 찾아 해결하기 위한 수단으로 사용한 애시 모리아Ash Maurya가 제안한 린 캔버스Lean Canvas는 다음과 같이 문제, 해결대안,

4) 제품이나 서비스에서 가장 핵심적인 가치인 필수기능을 선정한 다음, 시간과 돈을 적게 들여 빨리 출시하는 제품을 말함

핵심지표, 고유가치제안, 일방적 경쟁우위, 목표 고객, 채널, 비용 구조, 수익원을 중요한 요소로 보았다. 각 중요 요소를 알아보면 다음 그림 2.1과 같다.

1) 문제

기존의 유사한 아이템의 경우 불편한 점이나 개선점을 찾을 수 있는 문제점을 3개 이내로 간결하게 제시한다.

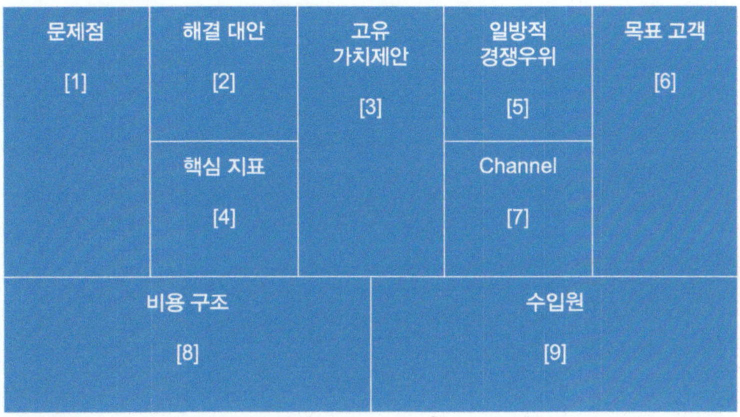

그림 2.1 린 캔버스(Lean Canvas)

2) 해결 대안

문제를 해결할 수 있는 핵심적인 기능이나 방법을 제시하는 것으로 현실성이 있고 구현 가능해야 한다. 이를 위해 인터뷰 등 조사를 실시하거나 관계자들과 브레인스토밍을 실시해 본다.

3) 고유 가치제안

문제점 해결을 통해서 얻게 되는 기존과 다른 점(새로운 가치)이 무엇인지를 어얼리 어댑터 early adopter 등을 통해 확인해 본다. 다시 말하면, 무엇 때문에 사용 가치가 있는 것인지를 알아본다.

4) 핵심지표

가치 제안을 유지하기 위해 관리해야할 특정의 지표를 핵심 지표로 삼고 이를 관리하는데 주로 매출에 영향을 줄 수 있는 항목을 선택한다. 예를 들어, 다운로드 수,

조회 수, 체류시간, 가입증가율, AARRR Acquisition, Activation, Retention, Revenue, Referral 등

5) 일방적 경쟁우위

경쟁자와의 차별성을 말하는데, 예를 들면 기술 우위, 시간 우위, 조직 우위, 가격 우위 등을 예로 들 수 있다.

6) 목표 고객

문제 해결이 되면 그 가치를 가질 수 있는 고객이 누가될 것인가를 생각해 본다.

7) 채널

고객이 가져가는 가치를 어떤 경로로 전달할 것인가를 생각한다. 유형의 제품은 유통 구조가 될 수 있고 무형의 제품은 어플과 같은 온라인 구조가 될 수 있다.

8) 비용 구조

새로운 가치 창출을 위해 들어가는 전환 비용을 의미한다. 즉, 기존의 문제점을 해결하기 위해 들어가는 비용을 생각할 수 있다.

9) 수입원

새로운 가치를 제공함으로써 사업자가 얻게 되는 수익의 근원이 되는 출처를 말한다. 예를 들면, 매출액을 만들어 내는 요인들이 해당된다.

1.1.3 린 캔버스와 비즈니스 모델 캔버스

위에서 설명한 것과 같이, 린 캔버스는 문제점 제시 및 해결에 초점이 맞추어져 있다. 문제점 해결이 곧 기존과의 차별성으로 인한 새로운 가치가 될 수 있다는 것으로 일방적 경쟁우위를 만들어내는 것과 관련이 깊다.

반면에, 비즈니스 모델 캔버스는 목표 고객에 초점이 맞추어져 고객에게 어떤 가치를 제공하고 이를 위해 어떤 인프라 자원을 활용하며 어떤 방법으로 고객에 전달하여 수익을 올릴 것인가가 주요 관심 대상이다.

따라서 그림 2.2에서 보여주는 바와 같이 2개의 캔버스는 보기에 비슷해 보이지만 얻고자 하는 목적이 다르므로 용도에 맞게 활용하는 것이 중요하다.

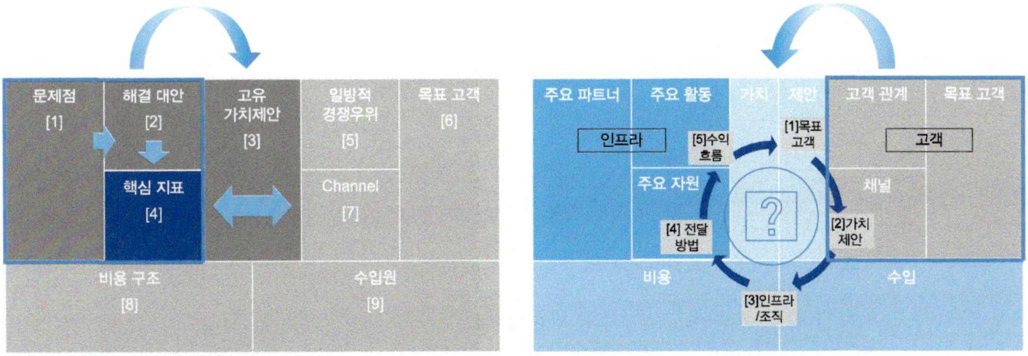

린 캔버스　　　　비즈니스 모델 캔버스

그림 2.2 린 캔버스와 비즈니스 모델 캔버스와의 차이점

1.1.4 고객 지향적 전략

고객 지향적 전략을 구사하기 위해서는 다음을 고려할 필요가 있다.

1) 핵심 고객을 찾아내기

최고의 핵심 고객을 찾아내기 위해서는 다음의 가치관, 역량, 수익 잠재력에 따라 고객 집단을 평가한다. 예를 들어, 마이클 포터 Michael Porter의 다섯 가지 경쟁요인 분석 five forces analysis 같은 기법들을 사용하면 다양한 고객 유형이 가진 상대적 수익성에 대해 쉽게 이해할 수 있으며 핵심 고객을 잘못 선정할 위험도 피할 수 있다.

- 가치관(perspective)

가치관은 경영진이 사업 기회 및 전략적 방향을 고려할 수 있게 투영해주는 렌즈다. 완벽한 제품 디자인에 대한 스티브 잡스 Steve Jobs의 집착은 하나의 유산으로 자리 잡아 애플 Apple의 관리자들이 사업기회를 어떤 방식으로 고려할 지(혹은 고려하지 않을지)에 대한 기본 틀을 제공한다. 핵심 고객을 선정할 때는 반드시 회사의 가치관을 반영해야 한다. 그렇지 않으면 고객을 대하는 직원들의 에너지와 창의력을 끌어내기 어렵다.

- 역량(capability)

여기서 역량이란 한 기업에 내재돼 있는 특화된 자원을 말한다. 어떤 기업들은 기술에 뛰어나고(애플, 구글, 에어버스 Airbus 등), 어떤 기업들은 물류관리에 뛰어나다(월마트, 아마존, 델 Dell 등). 또 최상의 브랜드 마케팅을 펼치는 기업도 있고(랄프로렌 Ralph Lauren, 네슬레 Lestle, 피앤지 P&G 등), 특정 산업에 특화된 역량을 지닌 기업도 있다(HBO와 넷플릭스의 원천 콘텐츠 제작, BHP 빌리턴의 채굴 등). 시간이 지날수록 축적되는 이런 역량은 모방하기 어려운 특성이 있으며 이를 통해 기업은 특정 고객들의 니즈를 타 기업보다 뛰어나게 충족시킬 수 있는 위치를 차지한다.

▪ 수익 잠재력(profit potential)

수익을 가져다주는 고객의 능력을 말한다. 수익 잠재력이란 개념이 반드시 높은 가격을 지불할 수 있는 고객들에게만 해당되지는 않는다. 월마트의 사례처럼 비용에 민감한 고객들이 선호하는 기업이 되면 대량 판매를 통해 상당한 수익의 창출이 가능해 진다.

2) 핵심 고객이 무엇을 중시하는지 파악하기

동일한 시장과 산업 내에서도 핵심 고객마다 서로 중시하는 부분이 다를 수 있기 때문이다. 네슬레의 경우 SNS상에서 제품과 관련된, 혹은 제품 선택에 영향을 미치는 문구들이 어떻게 돌고 있는지 추적하기 위해 '워 룸 war room'을 만들고 분석가들을 그 안에서 일하게 한다. 이 분석가들은 제품 연구와 마케팅 결정에 필요한 정보를 제공하고 자사의 가치 제안이 핵심 고객의 욕구를 얼마나 제대로 충족시키는지 실시간으로 평가하기 위해 고도의 분석 기법을 사용한다.[5)]

3) 고객 파악에 따른 자원 할당하기

핵심 고객을 선정한 후 그 고객이 무엇을 중시하는지를 알아보고 난 후 이를 바탕으로 회사의 자원을 어떻게 분배할 것인지를 결정한다. 이는 어떤 비즈니스 모델을 채택할 건지에 대한 문제와 매우 밀접하다. 가령 네슬레는 '지역적 가치 창출' 구성을 사용해 대부분의 비즈니스를 조직했지만 자사의 두 브랜드인 네스프레소 Nespresso와 뫼벤픽 Movenpick에 대한 전략은 각기 다르다. 이들 두 브랜드의 고객들은 지역에 상관없이 일관된 최상의 브랜드 경험을 원한다. 따라서, 이들 비즈니스는 회사 자원을 전 세계적으로 집중화해 관리하는 '수월성의 국제 표준' 구성에 따라 이뤄진다.

5) 네슬레의 사례: 출처: http://byzun0.tistory.com/65

4) 인터랙티브 관리 프로세스를 구축하기

시간이 지나면 고객의 취향이 바뀔 수 있으며 기존 기술이 신기술로 대체될 수도 있다. 또한, 예상치 못한 경쟁사들이 시장에 진입하고 법규 및 인구 특성도 달라질 수 있다. 다시 말해, 경쟁적 환경의 변화, 특히 핵심 고객의 행동에 영향을 미칠 수 있는 변화에 관한 정보를 끊임없이 모니터링해야 한다는 뜻이다. 이럴 때에는 고객이 중시하는 가치와 고객의 수익 잠재력을 재정립해야 하는지를 살펴봐야 한다. 만약 여의치 않다면 핵심 고객을 바꿀 수도 있는 것이다.

1.2 디자인 싱킹(Design Thinking)

1.2.1 개념

1) 구성 요소

디자인 싱킹 Design Thinking(디자인적 사고)은 본질적으로 그 과정 속에서 반복적이고 유연하게 디자이너와 사용자 간의 협업을 통해 실제 사용자가 생각하고 느끼고 행동하는 방식을 기반으로 아이디어를 실현하는 데 있다.

디자인 싱킹은 다음의 5가지 구성 요소를 통해 복잡한 문제를 해결할 수 있다.

① **공감하기** Empathize: 고객의 니즈를 이해한다. 즉, 관찰, 인터뷰, 체험 등을 통해 사용자의 입장에서 공감하고 영감을 얻는다.

② **문제정의** Define: 이러한 공감이나 영감을 통해 문제를 해결할 수 있게 문제점을 재구성하고 정의한다.

③ **아이디어화** Ideate: 정의 내린 문제를 해결하기 위해서 어떤 형식도 없이 양적으로 다양하게 아이디어를 표출한다.

④ **프로토타입** Prototype: 실습 접근 방식을 채택하는데, 예를 들어 시각화 등 구체화시켜 사용자 입장에서 평가해 본다. 여기서는 린 방식과 유사하게 빠르고 경제적으로 시제품을 만드는 것을 의미한다고 볼 수 있다.

⑤ **테스트**: 문제 해결을 시제품을 통해 고객에 의해 검증받는 것으로 고객의 의견이 반영되어 개선시키는 것이 중요하다.

디자인 싱킹의 이러한 구성과 과정은 린 방식과 매우 유사하지만 다음 그림 2.3과 같이 약간의 차이점이 존재한다.

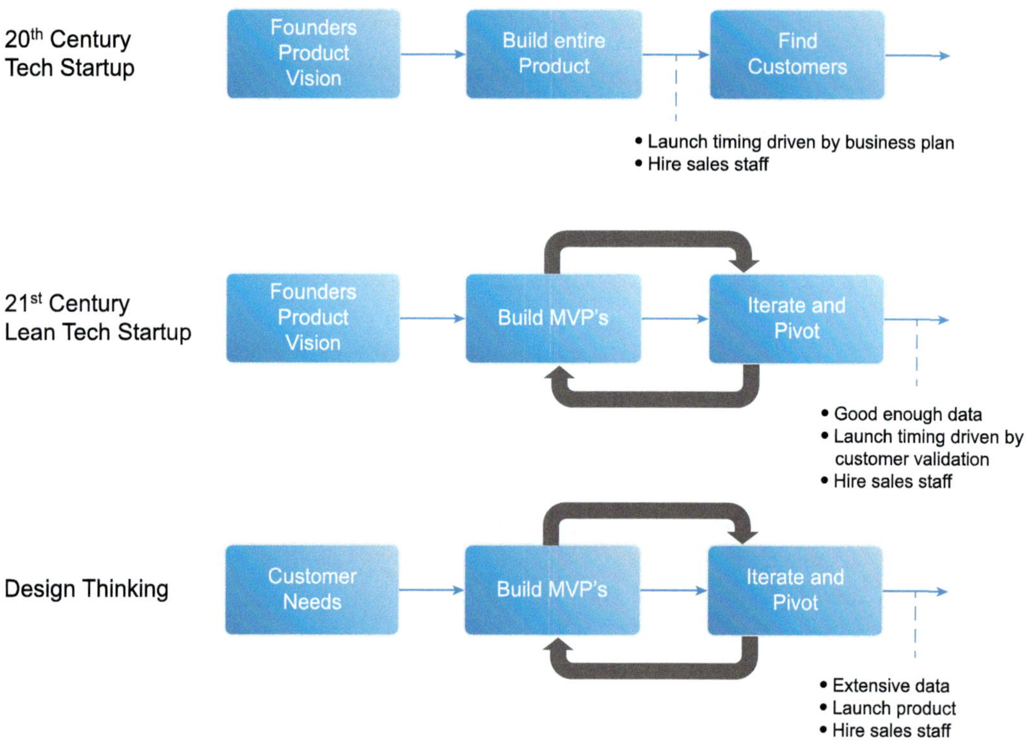

그림 2.3 린 방식과 디자인 싱킹의 차이
출처: https://www.forbes.com/sites/steveblank/2014/07/29/driving-corporate-innovation-design-thinking-vs-customer-development/?sh=7b2e4b63770a

2) 린 방식과 디자인 싱킹의 차이점

고객의 문제와 요구의 이해 없이 어떠한 기업도 R&D를 제대로 할 수가 없다. 그러나 기업 혁신을 늘 생각하는 경영진의 과제는 두 접근 방식의 차이점을 이해하고 어떤 프로세스가 어떤 상황에 가장 적합한지를 결정해야 한다.

예를 들어, 기업은 기술 혁신으로 새로운 고객을 확보할 수 있다. 또 다른 측면에서는 고객의 요구에 의해 새로운 혁신을 찾을 수 있다. 문제는 빠르게 변화하는 시장이나 변화하는 경쟁 환경에 대응하는 데 시간적으로 제한적일 수 있다는 것이다. 다시 말해, 급변하는 시장 환경에 적시에 런칭launching해야 하는 필요성이 있다는 것이다.

1.2.2 디자인 싱킹 프로세스

1) 프로세스의 구성 요소

위에서 설명한 것처럼 디자인 싱킹 프로세스의 구성 요소로는 공감하기 Empathize, 문제정의 Define, 아이디어화 Ideate, 프로토타입 Prototype, 테스트 Test로 나누어 생각해 볼 수 있다.

디자인 싱킹 과정의 첫 번째 단계로 공감하기 Empathize는 해결하려는 문제에 대한 공감적 이해를 얻는 것이다. 여기에는 전문가와 상담하여 사람들을 관찰하고, 참여시키고, 공감하여 그들의 경험과 동기를 이해하고, 관련된 문제에 대해 더 깊은 개인적 이해를 얻을 수 있도록 물리적 환경에 몰입함으로써 우려되는 영역에 대해 더 많이 알아내는 것이다. 공감은 디자인 싱킹과 같은 인간 중심의 디자인 프로세스에서 매우 중요하다.

두 번째, 문제정의 Define 단계에서는 공감 단계에서 생성하고 수집한 정보를 모은다. 여기에서 지금까지 식별한 핵심 문제를 정의하기 위해 관찰한 것을 분석하고 종합화한다. 즉, 문제를 상호 토론을 통해 정의하려고 노력한다.

예를 들어, "우리는 십대 소녀들 사이에서 식품 시장 점유율을 5% 증가시켜야 합니다."와 같이 자신의 소원이나 회사의 필요로 문제를 정의하는 대신 "십대 소녀들이 건강하게 잘 성장하려면 영양가 있는 음식을 많이 먹어야 합니다."라고 문제를 정의하는 것이 훨씬 더 나은 방법이라는 것이다.

이 정의 Define 단계는 팀의 디자이너가 문제를 해결할 수 있도록 하거나 사용자가 최소한의 어려움으로 스스로 문제를 해결할 수 있도록 하는 기능이 중요하다, 따라서, 정의 단계에서는 "회사의 식품 또는 서비스?"라고 질문하여 솔루션에 대한 아이디어를 찾는 데 도움이 될 수 있게 하고 세 번째 단계인 아이디어화 Ideate로 진행한다.

디자인 싱킹 프로세스의 세 번째 단계에서 디자이너는 아이디어 생성을 시작할 준비를 한다. 공감하기 Empathize 단계에서 사용자의 요구를 이해하는 데 주력하고 문제정의 Define 단계에서 관찰을 분석하고 종합하여 토론의 결과로 끝낸다. 이렇게 하면 문제의 정의에 대한 새로운 솔루션을 찾기 위해 "틀에서 벗어난 생각"을 할 수 있고 문제를 보는 다른 방법을 찾을 수 있다는 것이다.

브레인스토밍 Brainstorming, 최악의 아이디어 세션 Worst possible idea과 같이 다양한 아이디어 기술이 있다. 브레인스토밍과 최악의 아이디어 세션은 일반적으로 자유로운 사고를 자극하고 문제 공간을 확장하는 데 사용된다. 아이디어 구상 단계를 시작할 때 가능한 많은 아이디어나 문제 솔루션을 얻는 것이 중요하다. 문제를 해결하는 데 필요한 요소를 찾을 수 있도록 아이디어화 단계가 끝날 때까지 추가적인 다른 아이디어 도출 기술을 사용한다.

이제, 이전 단계에서 생성된 문제 솔루션을 조사할 수 있도록 제품 또는 제품 내에서 발견된 특정 기능의 축소된 버전을 생산한다. 이런 프로토타입은 해당 팀 내에서나 다른 부서에서 또는 디자인 팀 외부의 소규모 사람들과 공유하고 테스트할 수 있다. 이것은 실험 단계이며 목표는 처음 세 단계에서 구별된 각각의 문제에 대해 가능한 최상의 솔루션을 선별하는 것이다. 솔루션은 프로토타입 내에서 구현되며, 사용자 경험을 기반으로 하나씩 조사되고 승인, 개선 및 재검토되거나 거절된다. 이 단계가 끝나면 디자인 또는 개발팀은 제품에 내재된 제약 조건과 현재 존재하는 문제에 대해 더 잘 이해하고 최종 사용자와 상호 작용할 때 실제 사용자가 어떻게 행동하고 생각하고 느낄지 더 명확하게 볼 수 있다.

프로토타입 단계에서 설계자 또는 평가자는 선별된 최상의 솔루션을 사용하여 전체 제품을 엄격하게 테스트한다. 이것은 5단계 모델의 마지막 단계이지만 반복적인 디자인 싱킹의 프로세스에서는 테스트 단계에서 생성된 결과가 종종 하나 이상의 문제를 재정의하고 사용자, 사용 조건 등에 대해 사람들이 어떻게 생각하는지 이해할 수 있게 되고 행동하고 느끼고 공감하게 된다. 이 단계에서도 제품과 사용자를 최대한 깊이 이해하기 위해 변경 및 개선이 이루어질 수 있다.

2) 디자인 싱킹의 비선형적 특성

사용자 테스트에서 한 단계가 다음 단계로 이어지는 것처럼 보이는 직접적이고 선형적인 디자인 사고 프로세스를 설명하였다. 그러나 실제로 프로세스는 보다 유연하고 비선형적인 방식으로 수행된다. 예를 들어, 전체 프로젝트 동안 디자인팀 내의 다른 그룹이 동시에 하나 이상의 단계를 수행하거나 디자이너가 아이디어를 실현하고 문제 솔루션을 시각화할 수 있도록 정보와 프로토타입을 수집할 수 있다. 또한, 테스트 단계의 결과는 사용자에 대한 일부 통찰력을 드러낼 수 있으며, 이는 다시 또 다른 브레인스토밍 세션 Ideate 또는 새로운 프로토타입 개발 Prototype로 이어질 수 있다. 다음 그림 2.4는 디자인 싱킹의 5단계 프로세스를 나타내고 있다.

그림 2.4 디자인 싱킹 5단계 프로세스
출처: https://dt101.tistory.com/1

다섯 단계가 항상 순차적인 것은 아니라는 점에 유의해야 한다. 특정 순서를 따를 필요는 없으며 종종 병렬로 발생하고 반복될 수 있다. 따라서 단계는 순차적 단계가 아니라 프로젝트에 기여하는 다양한 모드로 이해되어야 한다.

특기할 만한 것은 5단계 디자인 싱킹 모델의 특성은 디자인 프로젝트와 모든 혁신적인 문제 해결 프로젝트에서 수행할 것으로 예상되는 5단계 및 적용 모드를 체계화하고 구별한다는 것이다. 그렇지만, 모든 프로젝트에는 개발 중인 제품과 관련된 활동이 포함되면서도 각 단계의 핵심 아이디어는 동일하게 유지된다.

위의 그림 2.4에서 알 수 있듯이 5단계 모델의 주요 이점 중 하나는 후기 단계에서 습득한 지식이 이전 단계로 피드백될 수 있다는 점이다.

1.3 문제해결 방법론 트리즈(TRIZ)

1.3.1 창의적 문제해결 이론

1) 아이디어 발산적 사고 기법

창의력이란 매우 복잡한 개념으로 여러 요소들의 복합적인 작용으로 나타난다. 많은 연구들에 의하면 창의력을 주로 확산적, 독창적 사고의 요소들을 포함하는 지적인 능력의 일부분으로 보는 경향이 있는가 하면, 특수한 인성적 특성으로 보는 경향이 있고, 문제 해결 능력의 한 형태로 보기도 한다. 그러나 최근에 창의력에 대한 정의는 루바트 Lubart, 1994의 "새로우면서도 유용한 산출물을 생성해낼 수 있는 능력"으로

합의가 이루어지고 있다고 볼 수 있다.

창의적 사고 개발 기법은 크게 발산적 사고(확산적 사고, 생성적 사고 등)와 수렴적 사고(초점적 사고, 비판적 사고 등)로 구분될 수 있으며, 이 두 가지는 자전거의 두 바퀴처럼 상호보완적으로 이루어져야 한다.

발산적 사고는 유의미하고 새로운 연결을 만들고 표현하는 사고 과정이나 아이디어(대안, 가능성)를 생성해 내는 사고 과정이라고 정의할 수 있으며, 브레인스토밍, 브레인라이팅, 결부법(시네틱스), 스캠퍼, 육색 사고모 기법, 연꽃기법 등이 이에 해당하는 사고 기법이다.

표 2.1은 아이디어 발산적 사고 기법에 대한 종류와 그 특징적 성질을 보여준다.

표 2.1 아이디어 발산적 사고 기법의 종류와 특징

종류	특징
• 브레인스토밍(Brainstorming) • 마인드 맵(Mind map) • 단어 연상법(Random word) • 스캠퍼(Scamper) (Substitute, Combine, Adapt, Modify-Magnify-Minify, Put to other use, Eliminate, Rearrange-Reverse) • 유추법, 속성열거법 등	• 개방적 사고 • 애매 모호함 • 결합과 개선 • 범주 넘나들기 • 수평적 사고 • 일반인 누구나 가능

2) 아이디어 수렴적 사고 기법

수렴적 사고는 아이디어를 분석하고, 다듬고, 선택하는 사고 과정이나 아이디어(대안, 가능성)를 선택하거나 개발하는 초점화의 사고 과정이라고 정의할 수 있으며,

표 2.2 아이디어 수렴적 사고 기법의 종류와 특징

종류	특징
• PMI(Plus, Minus, Interesting) • P-P-C(Positive, Possibilities, Concern) • 하이라이팅(Highlighting) • 평가행렬(Evaluation matrix) • 공리적 설계(Axiomatic Design) • 트리즈(TRIZ) 등	• 제안된 아이디어의 장점, 단점, 흥미로운 점을 분석 후 집중적으로 평가 • 공통사항으로 그룹핑 • 수렴적 사고로 분리 • 체계적으로 평가 • 수직적 사고

하이라이팅, PMI, P-P-C, 평가행렬법, 쌍비교 분석법 등이 이에 해당하는 사고 기법이다. 표 2.2는 아이디어 수렴적 사고 기법에 대한 종류와 그 특징적 성질을 보여준다.

1.3.2 창의적 문제해결론 트리즈(TRIZ)

1) 트리즈의 개요

구소련의 겐리히 알츠슐러 Genrich Altshuller는 탁월한 창의성이 소수 특정인들의 선천적 능력이 아니라며 기술 발전 역사에서 유추할 수 있는 객관적 법칙을 따라 사고함으로써 누구나 자신의 창의성을 계발할 수 있으리라 믿었다.

이러한 신념에 따라 그는 1946년 이후 수십만 건의 특허 자료를 연구, 분류하여 혁신적인 기술 발전을 이룰 수 있는 사고방법론 Thinking Method 및 표준해법 Standard Solution을 얻어내었다.

여기서 알츠슐러는 여러 가지 유형의 문제 중 "최소한 하나 이상의 (기술적)모순을 가지고 있으며 아직 그 해결방법이 알려져 있지 않은 문제"를 특별히 "창의적 문제 Inventive Problem"라고 하였고 특히 이 문제를 해결하였을 때 혁신적인 문제해결이 이루어질 수 있다고 보았다.

혁신적인 문제해결은 주어진 문제에 내재하는 근본 모순의 제거를 통해서만 얻을 수 있다고 믿은 알츠슐러는 이러한 문제를 풀어가는 방법을 "창의적 문제를 해결하는 방법론 Teoriya Reshniya Izobretatelskikh Zadatch"이라 하였고 러시아 원명의 각 단어 앞 글자를 따서 TRIZ라 부르게 되었다. 트리즈 TRIZ가 가지고 있는 문제해결 도구들은 그 해결책이 획기적이고 객관적이고 실증적인 특허자료를 분석하여 추출한 것이기 때문에 문제해결 및 지식기반 도구 Knowledge Based Tool로서 실증적인 객관성을 가진다.

따라서 트리즈 TRIZ는 다음과 같이 요약할 수 있을 것이다.

> "트리즈 TRIZ는 주어진 문제의 가장 이상적인 결과를 얻어내는데 관건이 되는 모순을 찾아내고 이를 극복함으로써 혁신적 해결안을 얻을 수 있는 방법론이다."

트리즈는 문제 해결을 위해 아래와 같은 특징을 가지며 트리즈의 다양한 도구를 사용하여 문제를 해결한다.

- 문제를 추상화하여 일반적인 문제로 변환한 후 문제를 해결한다.
- 심리적 관성에 의한 오류에서 벗어나게 한다.
- 달성해야 하는 요구조건 사이의 모순을 찾아내어 해결한다.
- 가장 이상적인 해결안을 제시한다.

러시아어 약어인 TRIZ는 영어로는 TIPS Theory of Inventive Problem Solving라고 한다. 발명문제 해결이론으로 출발하여 공학적인 문제 해결의 독창적 이론인 트리즈는 개념 개발 및 설계 단계에서 근본적 문제해결을 위한 효과적인 도구로 인정되어 널리 사용되어지고 있다.

트리즈의 매력은 우수한 특허를 수백만 건이나 관찰하고, 분석한 결과를 바탕으로, 당면한 문제를 개념적으로 해결하는 것이다. 그 결과, 상당수의 엔지니어링 문제가 모순 형태로 묘사될 수 있다는 것을 알게 되었다. 이러한 모순들은 서로 다른 산업들에 걸쳐 계속적으로 발생되고 있으며 이러한 동일한 형태의 모순들은 반복적인 적용을 이용해서 자주 해결되었다.

2) 트리즈와 기존의 문제해결 방법과의 비교

특허 분류를 통해 발명의 수준이 획기적인 개선과 신개념 수준인 40만개의 특허들을 연구하여 논리적인 과학에 기반을 둔 트리즈는 다음과 같은 차별화된 장점을 갖고 있다.

- 과거의 축적된 지식(특허)을 재사용하여 문제를 해결한다.
- 인간의 창의성에는 공통의 문제해결 원리가 존재한다는 가정에서 출발한다.
- 창의성을 개인 차원에서 시스템 차원으로 승화, 구현하는 창의적인 발명기법, 창의적 문제해결 기법이다.

그림 2.5는 트리즈에 의한 문제해결 구조를 도식적으로 표현한 것이다.

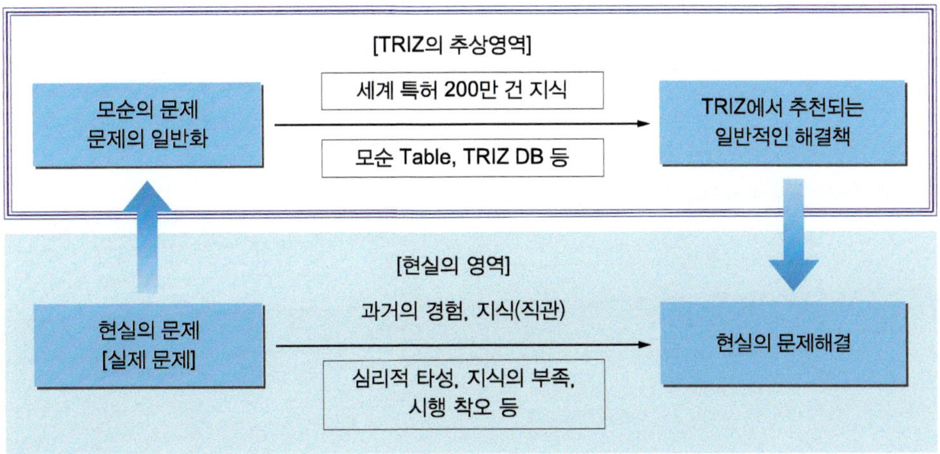

그림 2.5 트리즈에 의한 문제 해결의 구조

또한, 제품 및 시스템의 경우에 있어서 일반적으로 설계 및 개발 과정은 이미 프로세스가 정립되어져 있지만, 기업 및 고객의 가장 큰 니즈는 신상품 기획 및 개념 개발 단계, 즉 선행개발 단계에 있어서의 획기적인 개념안의 창출에 있다는 사실이다.

그림 2.6에서 설계 및 개발 관련 트리즈의 프로세스를 보여준다.

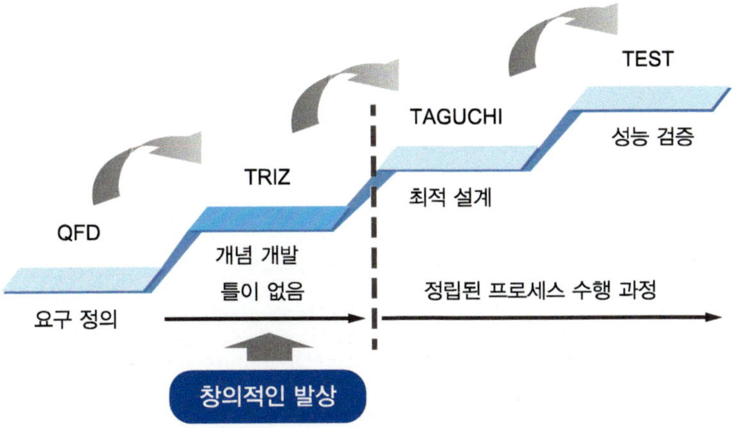

그림 2.6 설계 및 개발에서의 트리즈 프로세스

3) 모순(Contradiction)

트리즈 TRIZ에서의 모순이란 그림 2.7과 같이 주어진 문제를 해결하기 위하여 하나의 공학적 특성을 개선할 경우, 그 시스템의 다른 공학적 특성이 악화되는 관계를 뜻한다.

트리즈의 모순은 크게 기술적 모순과 물리적 모순으로 분류할 수 있다. 여기서 정의된 모순을 제거하는 것이 문제를 해결하는 원천이 된다. 모순이라는 말 자체가 해결이 불가능한 상태를 뜻하지만, 트리즈는 그런 상태를 제거하는 방법을 체계적으로 정리하여 제시하고 있다.

마찬가지로 기술적 시스템의 진화 형태 또는 서로 다른 산업들에 걸쳐서도 반복된다는 것이 발견되었다. 특히 시스템들은 증가된 이상성, 조화, 통제 가능성 및 자유도가 증가하는 방향으로 발전되고 있다.

기술적 모순은 물리적 모순에 의해 나타나는 외형적인 모습이다. 물리적 모순은 기술적 모순에 비하여 보다 본질적으로 문제를 바라본다. 그러므로 시스템의 갈등을 일으키는 문제를 분석할 때 기술적 모순과 물리적 모순 분석을 동시에 수행한다. 그리고 다양한 과학 및 엔지니어링 분야로부터 과학적 효과를 기능별로 정리한 지식 데이터베이스에서 혁신적인 해결책을 얻는데 도움을 받을 수 있다.

모순

모순 : 시스템의 한 특성을 개선하고자 할 때 다른 특성이 악화되는 것

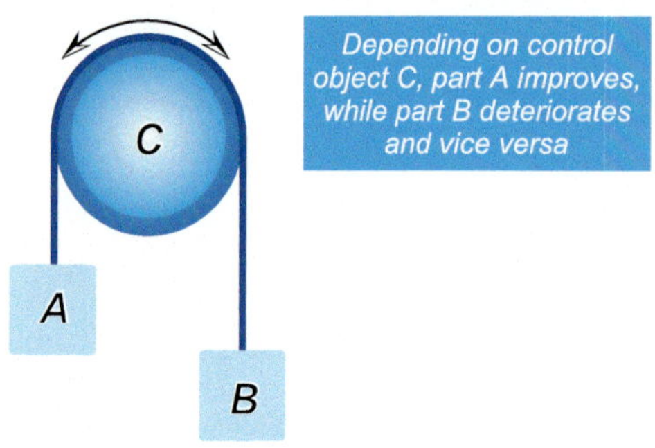

- MP3의 크기를 적게 만들수록, 사용 수명은 짧아진다.
- 책상을 튼튼하게 만들면, 책상이 무거워진다.
- 자동차가 빨리가면, 연료가 많이 소비된다.
- 연구를 많이 할수록 스트레스를 많이 받는다.
- 음식을 많이 먹으면, 살이 찐다.

그림 2.7 트리즈의 모순 정의

① 기술적 모순(Technical Contradiction)과 모순 행렬표(Contradiction Table)

트리즈에서는 문제를 파악하는 하나의 관점으로서 모순 contradiction의 개념을 도입하고 있다. 특히 "어떤 기술시스템의 변수 A를 개선하고자 하면 다른 변수인 B가 악화한다."와 같은 상태를 기술적 모순 TC, Technical Contradiction이라 한다. 마치 놀이터의 시소처럼 한쪽의 특성을 좋게 하기 위해 그 시스템 변수 A를 높이면, 다른 쪽의 시스템 변수 B의 특성은 나빠지게 된다.

즉, 시스템의 한 속성 A를 개선하고자 할 때, 그 시스템의 다른 속성 B가 악화되는 상태를 의미한다. 따라서, 서로 다른 변수들이 충돌하는 것이다. 이러한 변수는 시스템이 두 개의 서로 다른 변수를 가지고 특성이 나빠지거나 좋아지게 된다. 이러한 기술적 모순을 타협하지 않고 해결해 가기 위한 유효한 기법으로서 모순 행렬표 Contradiction Table를 활용하는 일이 많다.

■ 기술적 모순(Technical Contradiction)

하나의 시스템 내에 존재하는 어떤 특성을 향상시키면 다른 특성이 악화되는 것이다. 일반적인 공학적 접근으로는 기술적 모순을 타협과 최적화하는 방법을 쓰지만 트리즈에서는 기술적 모순을 완전히 제거하여 두 가지 특성을 동시에 향상시키는 것이다.

예를 들면, 그림 2.8과 같이 기술적 모순은 시스템의 한 특성 (A)가 좋아지면 다른 한 특성 (B)는 나빠지게 되는 상황이다. 예를 들면 자동차의 속도 (A)가 증가하면 연료 효율 (B)는 낮아진다.

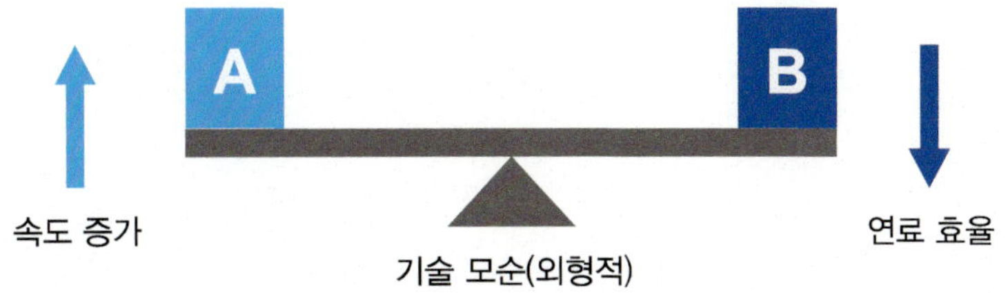

그림 2.8 기술적 모순

기술적 모순은 해결의 한 방법으로 40가지 발명원리 40 Inventive Principles를 모두 사용해서 그 사례들을 보고, 유추사고해서 좋은 개념적인 해결안을 내거나, 표 2.3

과 같은 모순 행렬표를 사용하여 얻어낸 문제 유형에 따라서 사용 빈도가 높은 발명 원리(40가지 발명원리 중 일부)를 먼저 이용하여 기술적인 모순을 해결한 개념안을 얻는다.

■ 모순 행렬표(Contradiction Table)

알츠슐러는 기술적 모순을 표현하기 위한 변수를 수많은 공학적 변수를 일반화된 39개로 집약하여 "39가지 표준특성"이라 하였고, 개선하는 특성도 악화하는 특성도 39가지의 표준특성에 적용하게 하고 있다. 따라서, 모순행렬 Contradiction Table 은 39×39 행렬로 되어 있고(표 2.3 참조), 일반적으로 행 row 측이 개선특성으로 열 column 측이 악화특성으로 되어 있다. 그리고 해결하고 싶은 기술적 모순에 대응한 특성의 행과 열이 교차하는 셀 cell 가운데는 이 모순을 타협하지 않고 해결하기 위한 창의적 발명 원리가 나열되어 있다.

표 2.3 모순 행렬표

악화되는 특성 / 개선하려는 특성	1. 움직이는 물체의 질량	2. 고정된 물체의 질량	…	38. 자동화 정도	39. 생산성
1. 움직이는 물체의 질량		–	…	–	35, 3, 24, 37
2. 고정된 물체의 질량	–		…	–	1, 18, 15, 35
…	…	…	…	…	…
38. 자동화 정도	28, 26, 18, 35	28, 26, 34, 10	…		5, 12, 35, 26
39. 생산성	35, 26, 24, 37	28, 27, 15, 3	…	5, 12, 35, 26	

따라서, 모순행렬의 셀 cell 중에 들어 있는 번호의 발명원리를 그 우선순위별(왼쪽 위에서 오른쪽 아래 방향 순으로 우선순위가 높다)로 참고하여 구체적 아이디어를 발상해 가면 타협하지 않고 해결안에 도달할 가능성이 높다고 할 수 있다. 다음 표 2.4는 39가지 표준특성을 나타낸 것이다.

또한, 40가지 발명원리는 다음의 표 2.5와 같다.

표 2.4 39가지 표준 특성

1. 움직이는 물체의 질량	15. 움직이는 물체의 운동 지속성	27. 신뢰성
2. 고정된 물체의 질량	16. 고정된 물체의 운동 지속성	28. 측정정도
3. 움직이는 물체의 길이	17. 온도	29. 제조정도
4. 고정된 물체의 길이	18. 습도	30. 물체에 작용하는 유해 요인
5. 움직이는 물체의 면적	19. 움직이는 물체가 사용하는	31. 나쁜 부작용
6. 고정된 물체의 면적	에너지	32. 만들기 용이
7. 움직이는 물체의 체적	20. 고정된 물체가 사용하는	33. 조작의 용이성
8. 고정된 물체의 체적	에너지	34. 보수의 용이성
9. 속도	21. 동력	35. 순응성
10. 힘	22. 에너지의 손실	36. 장치의 복잡성
11. 장력, 압력	23. 물질의 손실	37. 제어의 복잡성
12. 형상	24. 정보의 손실	38. 자동화 정도
13. 물체의 안정성	25. 시간의 손실	39. 생산성
14. 속도	26. 물질의 양	

표 2.5 40가지 발명의 원리(주로 공학용, 비공학용으로 해석, 응용)

1. 분할(Segmentation)	18. 진동(Oscillation)	30. 유연한 박막 및 필름
2. 분리, 추출(Extraction)	19. 주기적인 작용	(Flexible Membrane and
3. 국부적 성질(Local Quality)	(Periodic Action)	Thin Films)
4. 비대칭성(Asymmetry)	20. 유용한 작용의 지속	31. 다공성의 재료를 사용
5. 조합(Combining)	(Steady Useful Action)	(Porous Materials)
6. 범용성(University)	21. 빠르게 지나가기	32. 색 변환(Changing Color)
7. 끼워 넣기(Nesting)	(Rushing Through)	33. 균질성(Homogeneity)
8. 평형추(Counterweight)	22. 해로움을 유익함으로 전환	34. 폐기 또는 재생성
9. 예비응력(Preliminary	(Turn a Minus into a Plus)	(Rejection and
Counteraction)	23. 피드백(Feedback)	Regeneration)
10. 기능을 미리 해놓기	24. 중개 물질	35. 물체의 물리적 또는 화학적
(Preliminary Action)	(Mediator, Intermediary)	상태의 변환(Changing
11. 사전 보상(Compensation)	25. 셀프서비스(Self-service)	Properties)
12. 등위성(Equipotentiality)	26. 모방(Copying)	36. 물질 상태변화 이용
13. 거꾸로 하기(Reverse)	27. 고가인 내구성 물질 대신	(Use of Phase Change)
14. 회전타원형(Sphericity)	싸고 수명이 짧은 물질을	37. 열팽창(Thermal Expansion)
15. 다이나믹성	사용(Cheap Short Life)	38. 산화제 사용(Oxidant)
(Degree of Dynamics)	28. 비기계적 방식으로 전환	39. 불활성 환경(Inert
16. 초과 또는 부족	(Redesign)	Environment)
(Excess or Shortage)	29. 공기매체와 유체 이용	40. 복합재료(Composite
17. 다른 차원으로의 전환	(Pneumatics and	Materials)
(Changing Dimension)	Hydraulics System)	

이 모순행렬표를 활용하여 기술적 모순을 타협하지 않고 해결할 수 있는 아이디어를 유추할 수 있으며 아주 편리하고 효과적인 방법이라 할 수 있겠다.

② 물리적 모순(Physical Contradiction)

모순행렬을 사용하여 문제를 해결하는 것은 쉬워 보이나 현실적으로 모순을 모두 만족할 만한 형태로 해결하는 것은 현실적으로 무리이다. 그러한 때에는 별개의 관점에서 모순이라는 문제를 파악해 가는 것도 필요하다. 구체적으로는 기술적 모순의 배후에 담겨 있는 '물리적 모순PC, Physical Contradiction'을 해결해 내어 문제해결을 도모하는 접근이다.

기술적 모순에 비교하여 그 문제의 추상도가 높고 보다 본질적으로 문제를 파악하는 것으로 된다. 즉, 기술적 모순을 더 세심하게 관찰 분석하면 물리적 모순을 찾을 수가 있다.

물리적 모순은 하나의 변수가 배타적 상태(자기대립)에 놓여야만 하는 상태, 즉 어떤 변수 C가 높아야 하지만 동시에 낮기도 해야 하는 경우이다.

하나의 시스템 내부의 한 부분이 목적으로 하는 작동을 하기 위해서 필요한 특징이 다른 작동을 할 때는 그와 반대 되는 특징이 있어야 한다.

예를 들어, 자전거 체인과 같이 동력을 전달하기 위해서는 단단해야rigid 하지만 또 동시에 페달과 뒷바퀴 축 사이를 움직이기 위해서는 유연해야flexible 한다는 점 또는 어떤 부품은 단단해야 하면서 동시에 가벼워야 한다는 것들이 바로 물리적인 모순인 것이다. 물리적 모순을 해결하기 위해서는 분리의 원리를 사용한다.

이것을 그림 2.9와 같이 쉽게 표현할 수 있다.

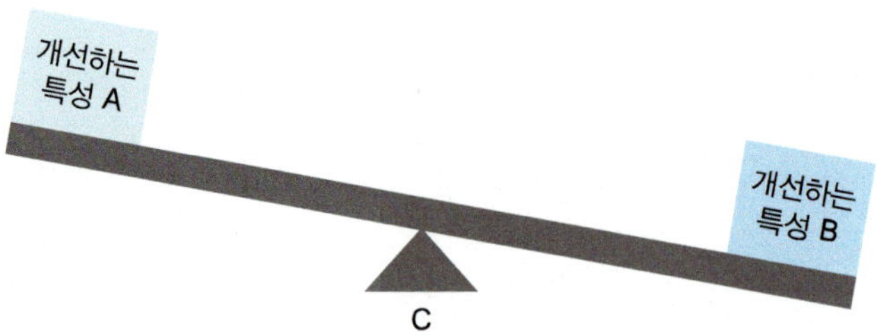

그림 2.9 물리적 모순

하나의 기술적인 변수가 서로 다른 값(A, B)을 동시에 가진다. 즉, 시스템의 한 속성 A의 값이 높아야 하지만 동시에 낮기도 해야 하는 상태를 의미한다. 하나의 시스템 내에서의 어떤 상황에서는 시스템을 구성하는 특성이 향상되어야 하고, 다른 상황에서는 그 특성이 악화되는 것을 의미한다. 이러한 물리적 모순을 타협하지 않고 해결하기 위한 원리로서 다음과 같은 4가지 분리의 원리를 적용한다.

① **시간에 의한 분리** Separation in Time: 개선하려는 특성이 시간에 따라서 다른 시간에서 일어나도록 분리한다.

② **공간에 의한 분리** Separation in Space: 개선하려는 특성이 서로 다른 공간에서 일어나도록 분리한다.

③ **전체와 부분에 의한 분리** Separation in Scale: 시스템의 크기에 따라서 특성을 분리한다.

④ **조건에 의한 분리** Separation in Condition: 시스템이나 특성의 조건에 따라서 분리한다.

이상에서 설명한 기술적 모순과 물리적 모순을 정리하면 다음 그림 2.10과 같다.

기술적 모순은 시스템의 한 속성 A를 개선하고자 할 때, 그 시스템의 다른 속성 B가 악화되는 상태가 되며, 물리적 모순은 시스템의 한 속성 A의 값이 높아야 하지만 동시에 낮기도 해야 하는 상태, 또는 어떤 경우에는 속성 B가 있어야 하지만 어떤 경우에는 없어야 하는 상태 등을 의미하는 것으로 C와 같은 속성이다.

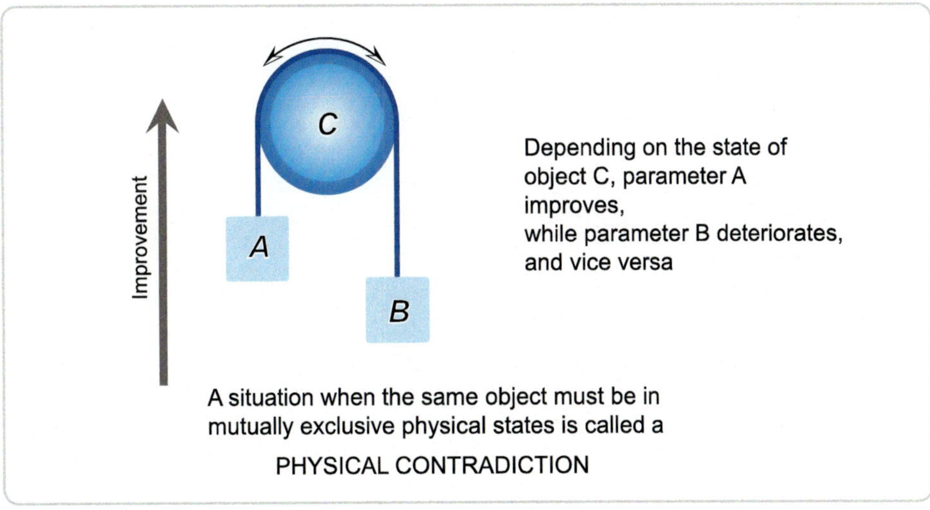

그림 2.10 기술적 모순과 물리적 모순의 속성

4) 트리즈(TRIZ)의 적용

저자는 공학적 트리즈를 활용한 창의적 문제해결 방법론의 범위를 다음의 단계로 확대하여 적용시키고자 한다.

첫째로, 사용자의 필요 needs를 파악한 후 종래기술에 대한 문제점들을 발견하고, 이 문제점들을 발생시키는 모순을 정의한다.

둘째로, 이 모순들을 창의적 문제해결 기법인 트리즈 TRIZ를 활용하여 기술적 모순과 물리적 모순으로 명확히 정의·분석하여, 이에 대한 해결책으로 다양안 개념안들을 도출한다.

셋째로, 도출된 개념안들을 평가기법을 사용하여 여러 면에서 비교분석을 한 후, 이 중에서도 가장 우선순위의 해결책으로 창출된 개념안을 보완하고 시제품을 구체적으로 설계, 개발, 제작하고 이 시제품에 대하여 실험에 의한 검증을 거쳐 성능을 평가하여 기술구현을 확인하도록 한다.

그림 2.11은 공학적 트리즈를 활용한 창의적 문제해결 방법론의 적용 및 응용범위의 설정을 나타내고 있다.

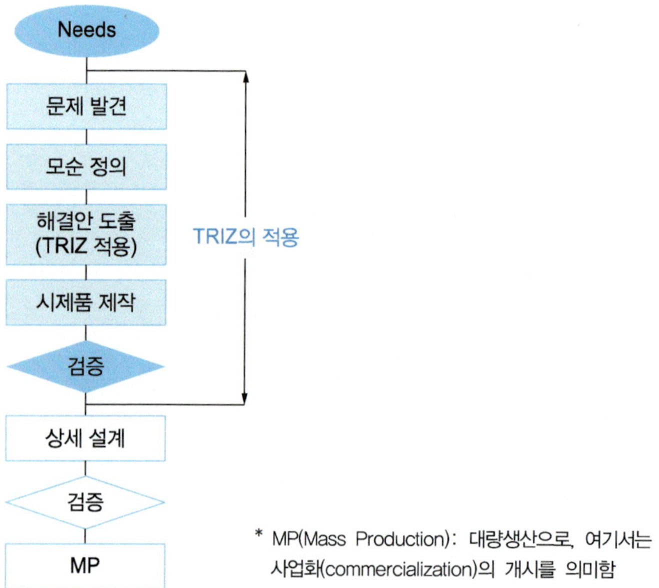

그림 2.11 트리즈의 적용 및 활용 범위

1.4 하이브리드 브레인스토밍(Hybrid Brainstorming)

1.4.1 전통적 브레인스토밍의 원리

1) 개념

전통적인 브레인스토밍은 1938년 미국의 광고회사 BBDO Batten Barton Durstine and Osborn 설립자 중 한명인 알렉스 오스본 Alex F. Osborn, 1888~1966년에 의해 광고 아이디어를 만들기 위한 목적으로 처음 소개되었다. 이는 특정한 주제에 대해 두뇌 brain에서 폭풍 storming이 휘몰아치듯이 생각나는 아이디어를 많이 내놓는 방식이다. 브레인스토밍의 목적은 제안하는 아이디어의 가치를 평가하지 않으면서 가능한 많은 아이디어를 생성하기 위하여 사용된다.

2) 사용되는 4가지 규칙

창의적 사고 계발 기법인 발산적 사고로 가장 일반화되어 광범위하게 사용되는 브레인스토밍 방법에 사용되는 4가지 규칙은 다음과 같다.

① Support(비판금지)

비판하지 말아요.

발상된 어떤 아이디어도 비판하거나 평가해서는 안된다.

② Silly(자유분방)

자유로운 분위기.

아이디어가 비현실적이거나 터무니없는 것일지라도 받아들이면서 자유분방한 분위기를 조성한다.

자유롭고 편안한 마음으로 소통하며 공유한다.

③ Speed(양산, 양의 추구)

많은 아이디어 양산.

좋은 아이디어를 얻기 위해서 아이디어는 질보다 양을 추구한다.

생각나는 대로, 느끼는 대로 많은 아이디어를 생산하도록 한다.

④ Synergy(결합과 개선, 편승 개선)

결합과 새로운 생각.

두 개 이상의 아이디어를 결합하고 조합하여 제 3의 새로운 아이디어 창출 및 개선을 이끌어 낸다. 공감대를 이루어 새로운 방향성을 제시하며 새로운 아이디어를 생성하고 형성한다.

대부분의 아이디어는 자신의 경험과 지식에 한정된다. 그러므로, 전통적인 브레인스토밍은 참여자들의 경험, 학습, 듣고 보고 느끼는 감성과 주관에 의한 자기만의 제한적 사고의 틀에 한정될 수밖에 없으므로 새로우면서도 특히 전문성이 내재한 창의적인 아이디어를 만들어 내기가 쉽지는 않다. 특히, 브레인스토밍 기법이 나온 지 벌써 80년 이상이 지났기에 현실의 환경과 지식의 급속한 발전에 적합한 대안이 필요하다.

1.4.2 하이브리드 브레인스토밍의 원리

1) 개념

전통적 방식과 달리 집단적 토론에서의 다양한 경험과 지식을 공유함으로써 기존의 한정되어진 범주의 아이디어에 이를 접목시키고 응용하여 새로운 아이디어를 만들어 내는 훌륭한 발상의 계기generating point가 되는 것이다.

집단적인 토의·토론에 참가한 구성원들은 자기와는 서로 다른 다양한 경험과 지식을 가지고 있을 수 있다. 그렇기에 가치관에 따라 관점과 생각하는 사고, 보는 시각도 천차만별로 다를 수 있다. 자신의 경험과 지식만으로는 대단한 아이디어가 나오기 쉽지 않거니와, 아이디어 자체도 단순할 수 있기에 하이브리드 브레인스토밍Hybrid Brainstorming에 참석한 다양한 분야의 사람들의 경험과 지식이 합쳐질 때 '미처 생각하지 못한(깨닫지 못한) 참신한 아이디어'가 나오게 된다. 따라서, 사전에 토론할 주제에 대하여 각자가 미리 생각하고, 사고하여 토론 시 제시할 아이디어 등에 대하여 미리 학습한 후 브레인스토밍에 참가하면 전통적인 브레인스토밍 방식에 비해 훨씬 우수한 아이디어를 낼 수가 있다.

저자는 이미 시범적으로 하이브리드 브레인스토밍의 개념으로 1차 브레인스토밍을 한 후, 참가자들이 제시한 아이디어를 참고로 하여 이를 토대로 객관적 근거가 되는 자료 및 과학적 지식, 특허, 기술 등을 검토하고 예측하여 2차 브레인스토밍 등을 후속적으로 시행하였다. 나름대로 획기적이며 창의적인 결과를 도출할 때까지 계속 개선되고 보완된 하이브리드 브레인스토밍을 통해 전통적 브레인스토밍 방식에 비하여 훨씬 우수하고 구체적인 아이디어와 문제해결을 위한 창의적인 개념적 해결책을 얻었다. 또한 이를 더욱 전문적으로 보다 구체화시키면 창의적 문제 해결책을 구현해 실용화 시킬 수 있다.

2) 적용 전개 과정

서로 다른 사고방식과 관념의 영역을 합하여 합집합을 만들고 이를 모티브motive(동기 · 동인)로 하여 그 이상의 사고의 범위를 확장하기에 유용하다. 왜냐하면, 하이브리드 브레인스트밍은 미처 깨닫지 못한 것에 새로운 것을 깨닫게 해주고, 한편으로 또 다른 새로운 것에 대한 영감을 만들어 준다.

전통적 브레인스토밍 방법에 더해 효율성을 제고하기 위해 저자가 제안하는 하이브리드(융합형) 브레인스토밍을 활용한 창의력 계발 방법을 다음에 소개한다. 80년 이상의 오랜 기간 동안 널리 사용되어 온 기본적(전통적)인 브레인스토밍을 개선하여 보완한 '하이브리드 브레인스토밍Hybrid Brainstorming'을 효과적으로 진행하기 위한 절차와 원칙은 다음과 같다.

① 하이브리드 브레인스토밍의 진행 방법

1단계: 팀 또는 집단이 문제를 이해할 수 있도록 간결 · 명료하게 기술한다.

2단계: 30분 정도의 시간을 주어 문제를 해결할 아이디어를 각자 생각하도록 한다.

3단계: 모든 참여자가 자유스럽게 아이디어를 제안한다. 제안된 모든 아이디어를 기록하고, 정리하여 모두가 함께 보면서 공유할 수 있도록 칠판 등에 적는다.

4단계: 가장 좋은 아이디어 4~5개를 참여자 모두가 선택하도록 한다.

5단계: 어떤 아이디어가 문제를 가장 잘 해결할 수 있는지 판단하기 위하여 몇 가지 기준을 정한다. 예를 들면, 다음과 같이 기준을 정한다.

- 고객이 감동해야 한다.
- 가격이 저렴해야 한다.
- 디자인이 멋있어야 한다.

- 사용하기 편리해야 한다.
- 성능이 좋아야 한다.
- 품질이 좋아야 한다.
- 가벼워야 한다.
- 튼튼해야 한다.
- 수명이 오래가야 한다.
- 서로 호환이 잘 되어야 한다.
- 유지 · 보수가 좋아야 한다.
- 생산하기 쉬어야 한다.

아이디어가 제시된 기준을 얼마나 충족시키는지에 따라 각 기준에 대한 점수를 주어서, 각 아이디어에 대한 최종 평가 점수를 계산한다.

6단계: 가장 점수가 높은 아이디어를 가장 문제를 잘 해결할 수 있는 것으로 채택하고, 이를 실행에 옮긴다. 단, 최고 점수순으로 아이디어를 실행하면 문제 해결에 있어 더 좋은 결과를 얻을 수 있다.

7단계: 브레인스토밍을 원활하게 하기 위한 체크리스트Checklist(점검목록표)는 다음 표와 같은 방법으로 수행한다. 체크리스트는 일종의 템플릿Template(어떤 것을 만들 때 안내 역할을 하는 사용상의 형식)이 되므로 대부분의 경우에 있어서, 이를 잘 활용하면 좋은 결과를 얻을 수 있다.

■ 원활한 전개를 위한 체크리스트(점검목록)

① 효율적인 아이디어를 내기 위해서는 필요한 체크리스트Checklist 항목을 표 2.6과 같이 계속 만들어라.

② 탐색하고 스터디할 체크리스트 항목의 정확한 방향을 찾아 퍼즐을 맞추어 가면서 초점에 집중해라.

③ 특히 창의적인 아이디어를 구하기 위해서는 체크리스트 초점을 집중한 항목에 대하여 우선적으로 전문적 지식을 습득하고, 더불어 전문가의 머리를 활용해라. 즉, 전문가의 의견과 자문을 구하면서 반드시 내 것, 우리 것으로 만들어라.

표 2.6 체크리스트

용도	
☑ 현재 그대로이면서 새로운 용도는? ☐ 수정하여 다른 용도로는?	☑ 이것으로 다른 무언가가 되지 않을까? ☐ 어떻게 하면 재활용을 할 수 있을까?
차용 · 응용	
☐ 이에 유사한 일은 없을까? ☐ 과거 이와 비슷한 경향은 없었을까?	☑ 다른 방법을 모방할 수 없을까? ☐ 무언가 다른 아이디어가 응용될 수 없을까?
새롭게 생각해 낸다면?	
☐ 무언가 다른 형태는? ☐ 무언가 다른 기능은? ☐ 어떻게 하면 새로운 관점을 창출할 수 있을까?	☐ 움직임을 줄인다면? ☐ 자연 피조물의 생체기능을 활용하여 새롭게 할 수는 없을까?
대용한다면?	
☐ 다른 부품이라면? ☐ 다른 성분이라면? ☐ 다른 재료라면? ☐ 다른 장소, 사람이라면?	☐ 다른 동력원이라면? ☐ 다른 접근이라면? ☐ 다른 방법이라면? ☐ 다른 기술이라면?
보다 더 줄인다면?	
☐ 낮춘다면? ☐ 좁힌다면? ☐ 가볍게 한다면? ☐ 농축한다면? ☐ 뺀다면? ☐ 중복시킨다면?	☐ 유선형으로 한다면? ☐ 소형으로 만든다면? ☐ 세분화한다면? ☐ 억제한다면? ☐ 짧게 한다면?
보다 더 늘린다면?	
☐ 시간을 늘린다면? ☐ 빈도를 늘린다면? ☐ 강도를 높인다면?	☐ 지속성을 늘린다면? ☐ 높이는, 넓이는, 크기는?

8단계(지속단계): 브레인스토밍 회의가 끝난 후 아이디어를 분류하고 정리하여 팀원(구성원)에게 나누어 주고 여기에 새로운 아이디어를 추가하거나 수정, 보완, 보충해 줄 것을 부탁하고 그것을 다시 모아서 재정리한다.

9단계(더욱 효과적인 하이브리드 브레인스토밍)

ⓐ 포스트 하이브리드 브레인스토밍 Post-Hybrid Brainstorming

포스트 Post(이후) 하이브리드 브레인스토밍 방식의 효율성 및 성과를 더욱 높이기 위해서는 이렇게 정리된 내용에 추가 아이디어나 구체적이고 정확한 자료들을 가지고 2차 브레인스토밍, 3차 브레인스토밍 등 후속 하이브리드 브레인스토밍 회의를 하여 더 좋은 창의적인 아이디어를 얻도록 지속적으로 진행하도록 한다. 포스트 하이브리드 브레인스토밍은 창의적이고 혁신적 결과를 도출 때까지 지속적으로 진행함이 바람직하다.

ⓑ 프리 하이브리드 브레인스토밍 Pre-Hybrid Brainstorming

프리 Previous(이전) 하이브리드 방식은 단체로 모여 아이디어를 논하기 전에 참가자 개개인이 혼자 생각할 시간을 주는 형태로 운영한다. 미국 펜실베이니아대 경영대학원(와튼스쿨)의 크리스티안 터비슈 교수와 카를 울리히 교수가 수행한 다음 실험에 따른 연구 결과, 전통적인 방식보다 하이브리드 과정을 통해 얻어 낸 아이디어가 양적으로는 물론이고 질적으로도 훨씬 우수했다. 「전통적인 방식을 사용한 집단에는 브레인스토밍을 할 수 있는 시간을 30분 주었다. 하이브리드 방식을 활용할 집단에는 10분의 시간을 줘서 개별적으로 아이디어를 생각하게 한 후 팀원들이 모두 모여 20분 동안 의견을 교환하게 했다. 아이디어 평가 결과 하이브리드 방법을 통해 얻은 아이디어의 수준이 전통적인 브레인스토밍을 통해 얻은 아이디어보다 평균 30% 가량 양적으로나 질적으로 높은 점수를 얻었다.」

ⓒ 효과적인 하이브리드 브레인스토밍 Hybrid Brainstorming

더 효과적인 방법으로는 이렇게 정리된 내용에 추가 아이디어나 자료들을 가지고 2차, 3차 등 후속 브레인스토밍 회의를 진행하여 더 좋은 창의적인 아이디어를 얻도록 지속적으로 활동을 진행하도록 한다. 이를 위해, 검색 Searching, 전문가 자문, 협업, 오픈 이노베이션 등 여러 방법과 수단을 통해 전문성(기술, 이론, 전문적 내용 등)을 추가하고 구체화하고 명확화 한다.

1.4.3 하이브리드 브레인스토밍의 적용 예

어떤 문제 problem를 해결하는 최선의 방법은 모든 가능한 해결 방안을 고려하는 것이다. '모든 가능한'이라는 의미는 문제해결에 있어서 생각하고 상상할 수 있는 모든 해결안들을 제시하는 것인데, 그 해결책이 어렵기 때문에 막연하게, 습관적으로 사용되고 있는 것이다. 그렇기 때문에 열린 마음open mind으로 아이디어를 발산하면서 문제해결을 시작하고, 문제에 대한 틀에 박힌 일반적인 해답에 집중되지 않도록 진행을 한다. 기존의 브레인스토밍 기법을 향상시킨 하이브리드 브레인스토밍Hybrid Brainstorming6)은 다음의 사례와 같이 다양한 분야에서 적용할 수 있다.

- 문제의 해결책Solution을 찾으려 할 때
- 문제에 대한 존재 가능한 근본원인Root Cause을 모두 찾으려 할 때
- 해결해야 할 문제가 어떤 것인지 결정하려 할 때
- 팀 또는 집단의 창의성Creativity을 촉진시키려 할 때
- 창의적으로 문제해결Creative Problem Solving을 이루어 나가고자 할 때
- 어떤 개선활동Improvement Action을 해야 할지 결정할 때
- 새로운 비즈니스 모델Business Model, BM을 찾고자 할 때
- 프로젝트의 각 단계에 대한 계획Planning을 수립할 때
- 공정, 제품, 서비스에 대한 개선을 찾으려 할 때
- 공정, 제품, 서비스 등에서 혁신Innovation을 시작하려 할 때

1.5 CTQ 분석(고객요구 분석)

1.5.1 원리

CTQ Critical To Quality는 고객이 가장 중요하다고 생각하는 품질, 특성, 기능 등을 의미하며, 고객이 품질을 결정하는 핵심적인 평가항목이다. 즉 고객감동이다. 카노의 고객만족모델Kano's diagram에 의하면 다음 그림 2.12와 같이 나타낸다.

그림의 가로축 Physically Fulfilled Condition(물리적 충족상황, 충족충분)은 지속하는 상태를 나타내고, 세로축 Satisfied Feeling(만족감, 만족)은 고객만족으로서 고객이 만족하는 품질을 나타낸다.

여기서, 당연품질Must-be Quality은 고객이 구매하여 사용 시 당연한 것으로 인식하는 품질이다. 따라서, 이 품질은 고객이 요구하는 요구품질이라고도 할 수 있다.

6) 이국환, "미래창조를 위한 창의성", 카오스북, 2013.

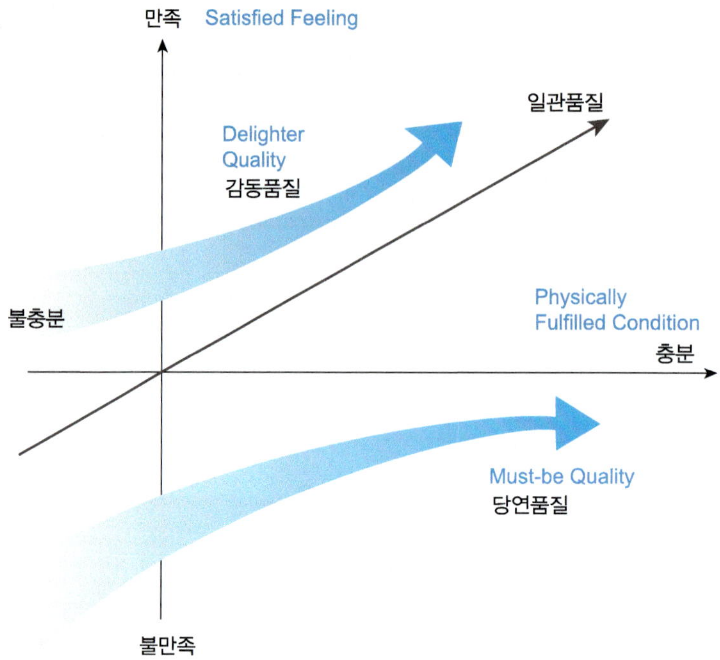

그림 2.12 고객만족모델(Kano's diagram, 카노 선도)

감동품질 Delighter Quality은 고객이 감동하는 새로운 품질로 잠재적인 요구를 만족시키는 품질이다. 이를 매력품질이라고도 한다.

좀 더 세분화해서 고객요구에 따른 품질과 기능을 연계하여 전개해보면 더욱 명확히 알 수가 있다. 이것을 QFD Quality Function Deployment(품질기능전개)라 한다. 품질과 기능은 주요한 설계 변수이며, 이는 소비자의 요구에 따라 반영되어야만 한다.

시장 Market과 사용자(고객, 소비자)가 원하는 CTQ는 무엇인가?

그것은 시대적 환경과 고객의 니즈 Needs(필요)를 반영하여 다음과 같이 함축하여 말할 수 있다.

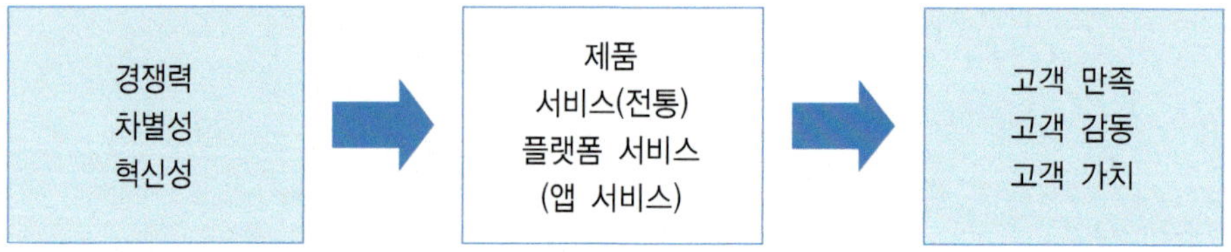

1.5.2 분석 예시

다음과 같이 노트북 컴퓨터에 대해 당연품질과 매력품질을 통한 CTQ 분석을 설명하고자 한다.

당연품질을 못 지키면 당장 소비자의 클레임이 온다. 노트북의 용도는 당연히 가볍고 휴대하기 편해야 한다. 그 외의 품질(기능)을 QFD(품질기능전개)로 전개하여 알아 볼 수 있다.

사용자, 즉 고객이 제품을 사용하거나 서비스 등을 이용할 때 가장 중요하다고 생각하는 여러 항목 — 품질, 기능, 성능, 가격, 디자인, 브랜드, 차별화된 특성 — 등을 도출하고, 이는 구입 여부를 결정하는 중요한 평가 항목이 될 수 있다.

이러한 평가 항목은 실제로 구매를 일으키고 확산시키는 고객 감동과 직결된다. 설명한 여러 가지 평가 항목들을 하나의 키워드(핵심 단어)로 요약하면 '품질quality'이라고 할 수 있다. 다음과 같은 여러 사례를 통해 당연품질과 매력품질에 대해 생각해 볼 수 있다.

1) 당연품질

우선 노트북에 있어 당연품질의 예시를 그림 2.13과 같이 나타냈다.

휴대하기 편해야 한다.	가벼워야 한다.	배터리 용량이 커야 한다.	오래 사용해야 한다.

디스플레이가 밝아야 한다.	해상도가 좋아야 한다.	가격이 싸야 한다.
디자인이 좋아야 한다.	충격에 강해야 한다. 즉 떨어 뜨려도 잘 깨지지 않아야 한다.	A/S가 잘 되어야 한다. 등

그림 2.13 당연품질 예시

2) 매력품질

노트북의 매력품질의 예시를 그림 2.14와 같이 나타냈다.

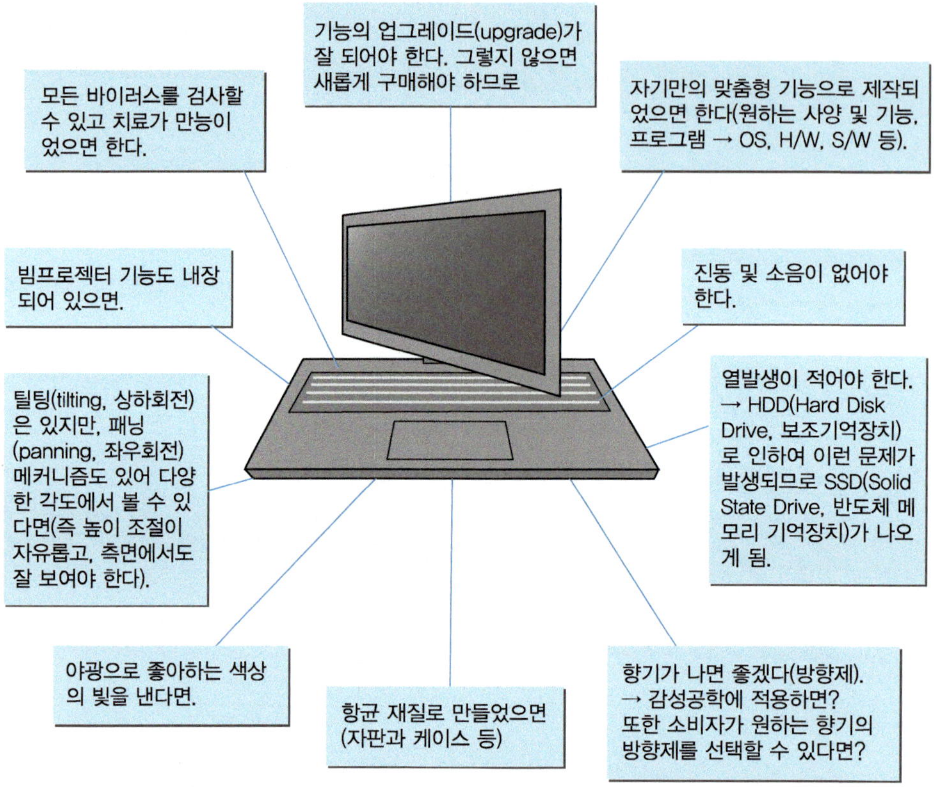

그림 2.14 매력 품질의 예시

이와 같이 품질은 사용자의 요구에 따라 계속 반영되며, 이에 따라 새로운 제품, 서비스가 생긴다. 사용자 요구, 즉 사용자의 입장에서 새로운 시각으로 언급한 두 가지 품질을 전개해 본다면 새로운 창의적 비즈니스 모델 즉, 사업화 아이템을 발굴해 내는 데 도움을 줄 것이다.

1.5.3 스마트폰의 CTQ 분석 사례

1) 스마트폰의 진화

스마트폰은 말그대로 '똑똑한 휴대폰'이다. 다시 말하자면 휴대하고 이동하기에 최적화된 크기의 휴대용 컴퓨터에 통화를 하는 휴대폰 기능을 추가시킨 것이다. 스티브 잡스Steve Jobs의 창의적인 역발상의 결과물이자 성과이다.

스마트폰은 기존 컴퓨터에서 할 수 있는 모든 기능과 역할을 다하고 있다. 따라서 이제 스마트폰은 통신, 검색, 이메일, 동영상 서비스 등의 경계를 넘어 콘텐츠, 커뮤니티, 전자상거래, 핀테크 등 상상치 못할 새로운 디지털 플랫폼platform 서비스를 생산해 내고 있다.

이에 연계되는 창의적이며 혁신성을 갖는 새로운 아이템과 비즈니스가 일반 속도를 넘어 초가속으로 생겨나고 있다. 일상과 문화 생태계를 바꾸는 변화이자 혁신인 것이다. 따라서 이러한 스마트폰의 진화와 더불어 현실은 물론 향후 스마트폰을 활용한 새로운 제품, 상품, 아이템, 서비스, 비즈니스 등이 진화하여 생각지 못하는 것들이 계속 태동할 것이다. 창의적인 방법론을 활용하여 생각하고, 숙의해보고, 상상하여 개념화시켜서 구체화 해보면 사고의 전환과 창의적 발상으로 사업화 아이템을 발굴하는 데 많은 도움이 될 것이다.

2) 창의적 스마트폰의 고안

이제 스마트폰smart phone은 현대인의 일상생활에 없어서는 안 되는 필수 IT기기device가 되었다. 심지어 생활필수품을 넘어 콘텐츠와 플랫폼 서비스를 비롯한 문화를 만들어내는 광범위한 도구가 되었다.

시중에 이미 출시되어 있는 여러 종류의 스마트폰 외에 어떠한 생각지 못한 스마트폰들이 있는지 검색(제품검색, 시장검색, 특허기술검색 등)하여 조사, 비교, 분석해보고 CTQ를 활용하여 새로운 스마트폰에 대해 구상해 본다. 이를 위해, 다음의 사례를 통해 다양한 아이디어를 구체화하여 창의적인 발명품(이미지)을 완성해 사업화 아이템을 구체적으로 만들어보도록 한다. 우선, 창의적 아이디어 스마트폰의 발상과 구체적인 스토리를 갖는 발명을 하기 위해 고객의 핵심요구 사항인 CTQ를 분석한다.

다음은 철저한 고객 입장에서 당연품질을 기본으로 하여 매력품질에 관심을 두었다. 고객에 감동을 줄 수 있고, 차별화된 매력품질을 핵심으로 하여 발상하고, 도출한다. 이는 현재 기술 구현은 물론 미래에 기술 구현이 가능하므로 현실과 이상을 동시에 모두 고려한다. 진정한 창의적 아이디어는 미래를 보는 눈이며, 지혜로 미래 가치를 불러일으키는 것이다.

① 이중화면(Dual display) 스마트폰

1차 브레인스토밍

- 배터리 교체가 간편함.
- 폰 케이스가 보조화면으로 바뀜.
- 슬라이드 식으로 화면이 이동함.
- 잡기 쉬운 라운드형 디자인임.
- 접이식 자판을 삽입함.
- 액정을 펼칠 수 있도록 함(롤러블 화면).

2차 브레인스토밍

- 배터리 교체가 간편함.
  케이스를 벗기고 교체하는 방식을 벗기지 않고 교체할 수 있도록 개선.
- 케이스를 보조 화면으로 바꿈. 케이스를 패드로 사용해 보다 큰 화면으로 볼 수 있도록 개선

매력품질

- 화면을 더욱 넓게 볼 수 있으면 좋겠다.
- 이중 화면으로 동시에 작업을 하였으면 한다.
- 배터리 교체를 쉽게 할 수 있으면 좋겠다.
- 배터리 용량도 커지면 한다.
- 액정에 긁힘이 생기지 않으면 좋겠다.
- 오래 사용해도 스마트폰에 열이 나지 않으면 좋겠다(획기적 냉각장치).
- 무선으로 충전이 가능하면 좋겠다.
- 충전 대기시간이 짧았으면 좋겠다.
- 개인정보 유출을 방지할 수 있으면 좋겠다.
- 도화지에 그린 그림 같이 그림을 그릴 수 있으면 좋겠다.
- 다양한 부가 기능이 있으면 한다(빔프로젝터, 원거리용 촬영 카메라 탑재 등)

그림 2.15는 하이브리드 브레인스토밍을 통해 창의적 아이디어로 새롭게 발상해 창출해낸 매력품질의 결과물에 대한 개념설계안Concept design을 보여준다.

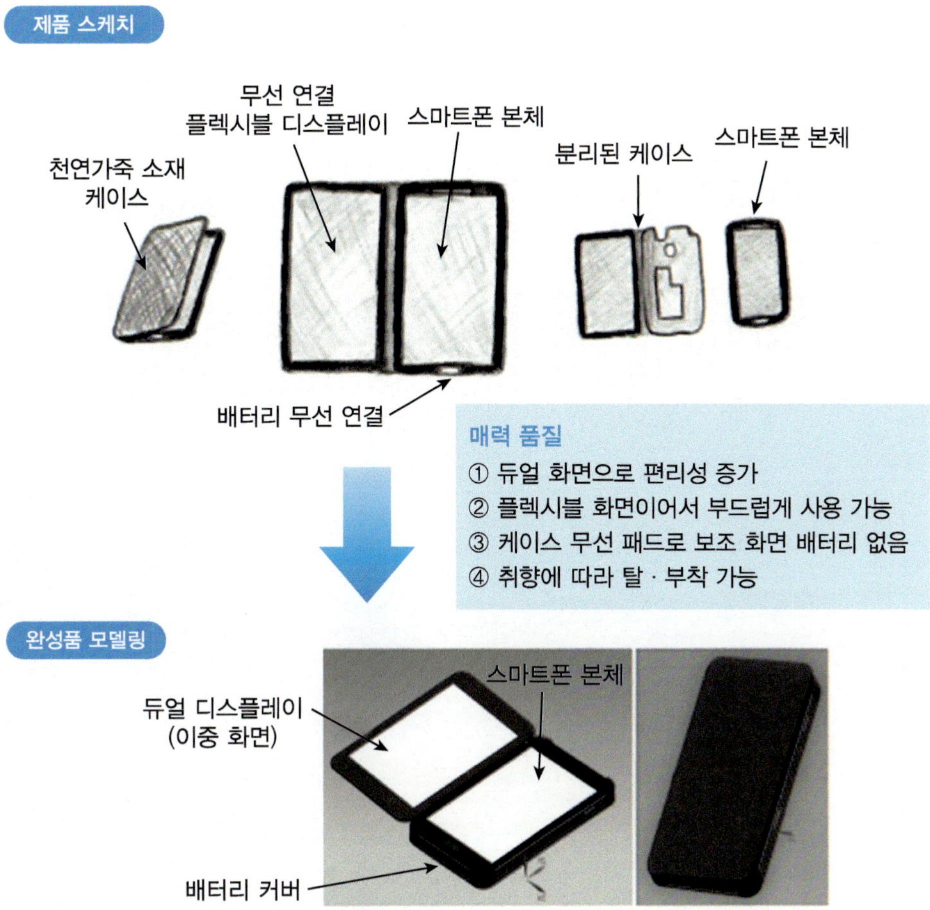

그림 2.15 스마트폰 개념설계안(Concept design)

또 다른 사례로 다음의 경우를 상상해 보자.

> "주머니에 넣고 다니는 불편함을 없애고 스마트워치smart watch(손목에 차는 손목시계형 스마트 기기로 스마트폰과 연동)나 스마트밴드smart band(손목에 감아 쓰는 스마트 기기)와 같은 액세서리와 같이 항상 몸에 부착해서 사용할 수 있는 웨어러블wearable(옷이나 시계, 안경, 헬멧처럼 자유롭게 몸에 착용하고 다닐 수 있는 기기) 스마트폰이 있다면 얼마나 좋을까?" 이를 위해 창의적인 아이디어를 발산하여 스케치하고 관련 특허를 검색해 본다. 유사 특허가 있을 경우에는 이를 참고하되 특허 침해가 되지 않게 구체적으로 다음의 매력 품질을 고려하면서 아이디어를 모델링화 한다.

매력품질:

① 몸에 부착하므로 휴대성이 좋다.

② 소지하고 사용하기가 편하다.

③ 가상의 화면virtual display을 볼 수 있으므로 여러 명이 빔프로젝터 화면을 보듯 공유가 가능하다.

④ 여러 명이 스마트 팔찌폰을 착용하면 동시에 멀티태스킹을 할 수가 있다(공동 작업, 회의, 세미나 등)

이를 바탕으로 다음을 구상해 본다.

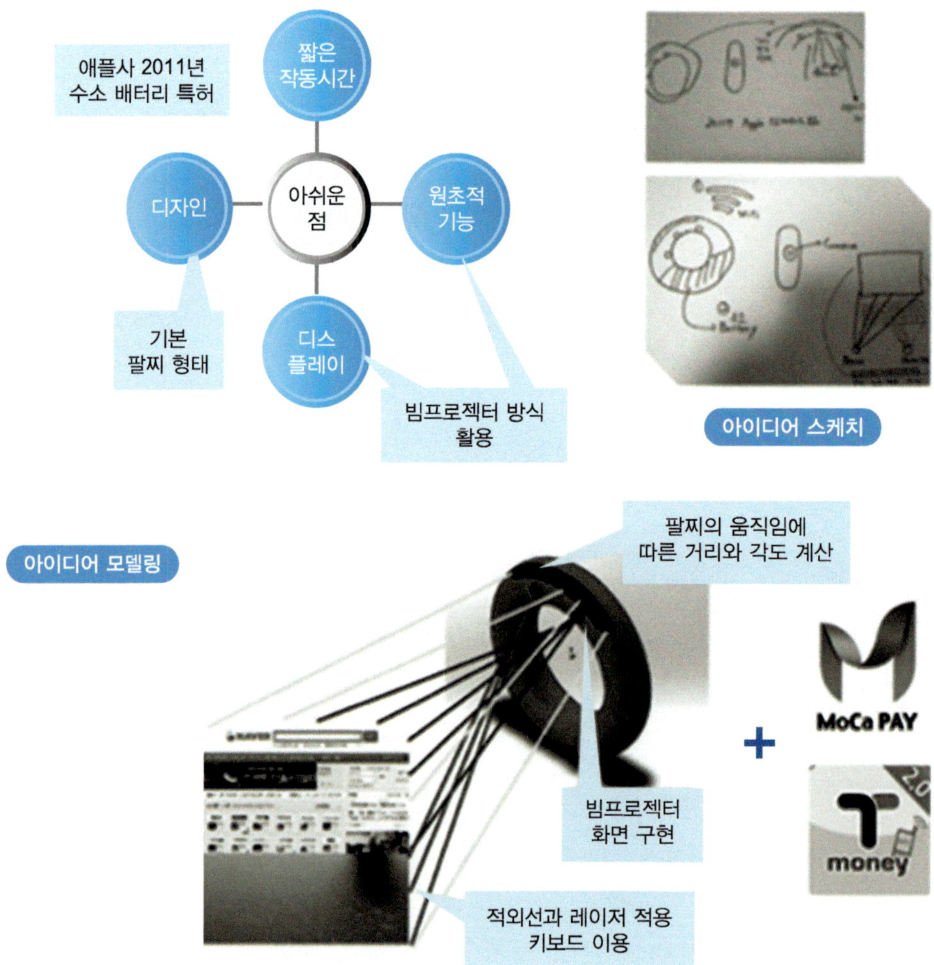

그림 2.16 스마트 팔찌폰 예시

이와 연계하여 다음의 또 다른 예시(그림 2.17)인 스마트폰 도난 및 분실 방지용 팔찌에 대해 다음의 매력 품질을 상상하면서 생각해 본다. 스마트 팔찌가 스마트폰에서 일정 거리로 떨어지면 도난이나 분실 상황으로 CPU가 인식하여 경고음이나 강력한 진동을 울리고 또한, 부가 기능으로 전화가 오면 팔찌에 진동이 발생하여 쉽게 알 수 있도록 함으로써 사용자의 편의성을 높이고 확장성이 넓어지도록 고안해 본다.

매력품질:

① 패션화된 굿즈goods(상품)로 만든다.

즉, 캐릭터 또는 다양한 색상으로 금속 또는 플라스틱, 나무를 이용한 목공예로 다양한 재질로 다양한 형태를 만들고 차별화된 사진이나 그림 등으로 전사 또는 프린트하여 나만의 것(개성화)으로 이미지할 수 있다.

→ 아이덴티티identity(정체성)에 의한 자긍심 상승

② 확장 외장 메모리로도 사용한다.

③ 확장 외장 메모리 케이스의 모양은 카카오 캐릭터 상품 등으로 굿즈goods(상품)로 차별화 할 수 있다.

④ 웨어러블 스마트폰 액세서리인 스마트밴드로도 활용 가능하다.

즉, 헬스케어 용도의 웨어러블 디바이스로도 사용이 가능하다.

이를 바탕으로 다음을 구상해 본다.

그림 2.17 스마트폰 도난 및 분실 방지용 팔찌(예시)

이와 같이 새로운 제품의 고안은 개선과 개량에서부터 시작되며, 연계성이 고려된 제품이 아이디어 발상에서 매우 중요하다.

1.6 기능분석법

1.6.1 원리

1) 기능과 기능분석의 정의

① 기능

기능function이란 시스템(제품, 서비스 등을 포괄)이 '하는 일(역할)'을 기능이라고 한다. 여기서 표현하는 '하는 일(역할)'이란 시스템이 갖는 '고유 기능'이다. 고유 기능은 바로 '핵심적인 일(역할), 필수적인 일(역할), 근본적인 일(역할)'이다. 다시 말해 '가장 큰 일(역할)'을 의미한다.

② 기능분석

기능분석은 기술, 시스템이나 공정, 또는 마케팅이나 서비스, 플랫폼 등이 갖고 있는 고유의 역할(쉽게 표현하자면 '하는 일')을 '기능이란 관점'에서 분석하여 비교적 간단한 모델(모형화, 템플릿Template)로 그 역할을 분석하는 새로운 창의적 문제해결의 방법론Creative Problem Solving Methodology이다. 여기서 말하는 '기능의 관점'이란 '하는 일이 무엇인가, 어떤 역할(일)을 하는가, 어떻게 구성되어 있나, 인과 관계가 어떠한지' 등을 자세하고 구체적으로 파악하여 모델링하여 알기 쉽고, 이해하기 쉽도록 도식화(圖式化, 사물이나 현상, 관계 등을 일정한 그림이나 양식 등과 같이 일정한 형식이나 틀로 나타내는 것) 하는 것이다.

해결해야 할 기술과제가 복잡하게 얽혀 있거나, 문제가 명확하지 않은 복합계에서의 기술적 난제, 복잡한 시스템이나 공정을 분석하는 경우에 있어서 기능분석은 매우 중요하다. 또한 입력input(투입물)과 출력output(산출물)과의 관계를 도식적으로 나타내어 문제와 문제의 원인을 서로 파악하고 분석하는데 있어서도 유용하게 사용된다.

③ 기능의 구성

기능이란 항상 동사(작용)와 명사(작용을 받는 대상인 객체)로 구성되어 있다. 때문에 기능을 완전한 형태로 기술하기 위해서는 주어-동사-목적어의 관점에서 정립되어야 한다. 여기서 기능을 수행하는 사물 주체가 바로 주어이다. 예를 들어, 그림 2.18에서와 같이 '자동차는 사람을 이동시킨다Car moves people.'라는 문장에서 주어는 '자동차'이고 기능function(하는 일, 어떤 역할)은 '사람을 이동시킨다'이다. 따라서 문제를 해결하는데 있어서 기능의 정의에 따른 올바른 형태로 기능을 분석하고 사실 관계(구성요소와 세부기능, 작용 등)를 정립시켜야만 한다.

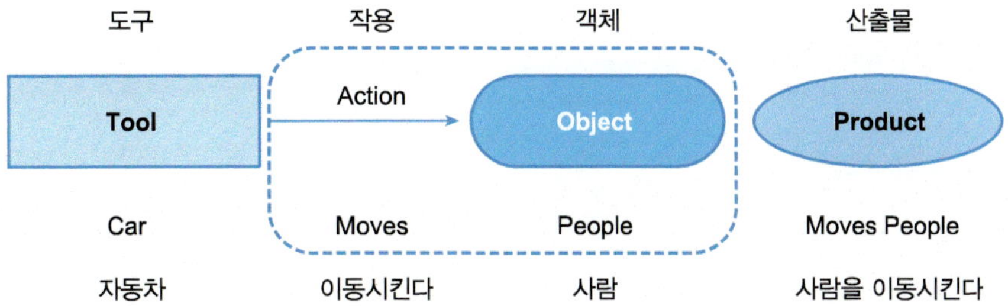

그림 2.18 시스템의 사례-'자동차는 사람을 이동시킨다(Car moves people)'

다음 그림 2.19는 앞에서 설명한 "자동차는 사람을 이동시킨다."라는 시스템의 간단한 기능분석도이다.

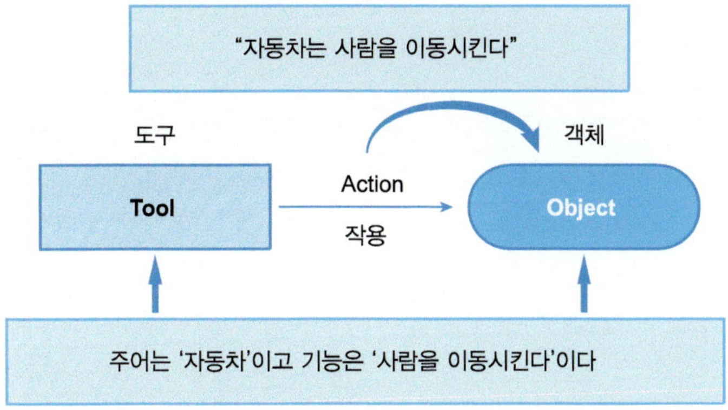

그림 2.19 시스템의 기능분석도

설명한 바와 같이 모든 제품개발, 시스템이나 생산 공정, 서비스, 마케팅, 영업, 판매, 상품기획, 경영, 유지보수, 관리들을 비롯한 모든 분야에서는 그 자체의 차별화된 특성에 따라 '하는 일, 즉 역할'이라고 말하는 고유한 기능을 갖고 있다. 기능분석을 도식화로 체계화시켜 정확히 분석하면 전체 시스템을 구성하는 모든 요소(구성요소)들의 관계와 세부적인 역할(즉 세부기능과 작용)들이 유기적인 관계로 연결되어져 있음을 파악할 수가 있다. 따라서 창의적인 문제해결은 기능분석으로 시작되고 기능분석의 결과로 귀결된다고 해도 과언은 아니다.

이러한 기능분석을 통해 특히 어려운 문제를 해결하고자 하는데 있어 인간의 사고 능력은 자신의 경험과 지식의 범주를 넘어서기가 어렵기 때문에, 대부분의 문제의 해결을 그 고정관념의 틀에서 해결하려고만 한다. 그러나 대부분의 문제에 있어서 해결책은 자신의 경험이나 지식의 범위를 벗어나는 차원이 더 높은(여기서는 고도화된 지식과 기술을 의미한다) 다른 곳에 있을 가능성도 높다. 한편으로는 고정관념이란 사고의 틀을 깨면 간단하게 해결할 수도 있는 범주에 있다는 것이다.

④ 문제 해결을 위한 고려 사항

그러므로 문제의 해결에 도움이 되기 위하여, 다음의 사항들을 반드시 고려해야만 한다.

❶ 기능분석을 하는데 있어서, 가능한 관련된 기능들의 특성과 역할을 구체적으로 도식화한다.(구성요소와 세부기능을 도식화)

❷ 기능들의 경계영역을 정확히 구분한다.(세부기능의 경계영역을 설정)

❸ 기능을 새로운 각도에서 해석을 한다.(새로운 기능의 해석)

❹ 새로운 각도에서의 해석을 위해서는 문제의 상황에 작용하는 공학적 기술뿐 만이 아니라 과학 원리와 이론을 결합하여라. 각종 물리장(예를 들면 중력, 전기장, 자기장 등 전자기력, 진동, 유체, 열, 공기, 압력, 에너지 등)과 화학장, 생명과학 등의 과학적 기술을 적용하거나 응용하여야만 한다.(과학지식원리와 공학기술이 결합된 융복합 접근으로 새로운 기능을 해석)

❺ 우주 만물과 자연의 이치이며, 자연의 원리인 생체모방적 접근방식(biomimetic access and imitation, 생물체의 시스템이나 오묘한 반응계를 모방하여 새롭고 효율적인 시스템을 만들어 내는 방식)을 모방하여 적용해라.(문제해결에 있어 모방으로 해결 및 창조)

❻ 따라서, 모든 문제의 해결을 위한 기능분석을 통하여 공학적 기술 뿐만 아니라, 과학적 기술을 결합하면 창의적인 문제해결을 할 수가 있다.(과학과 공학기술의 결합과 응용으로 창의적 문제해결)

❼ 또한, 인문학적 소양과 통찰력을 더하여 이종 학문이 서로 결합하고, 융합하고, 연결하면 창의적인 문제해결을 할 수가 있다.(과학기술과 인문학의 통섭으로 창의적 문제해결)

2) 기능분석법(Function Analysis Method)

① 기능분석법의 중요성

문제해결 및 창의적인 제품개발이나 서비스, 마케팅, 경영, 신사업 발굴을 위해서는 경쟁제품 또는 기존에 개발된 제품이나 기존에 행해지는 서비스 및 마케팅, 홍보(프로모션promotion), 경영 등을 비롯한 현존 사업 전략에 관해서 철저히 분석하는 것이 중요하다. 기존 제품에 대한 다른 개발자가 비슷한 유형의 여러 문제들을 어떻게 적용하고, 해결하여 제품이나 서비스 등에 반영했는지를 확인할 수 있는 기회를 가져야만 한다. 이러한 기존 제품, 서비스에 관한 철저한 분석 과정은 자신이 구상한 제품, 서비스의 설계 과정과 해결안과 다른 개발자의 설계 과정과 해결안과 비교함으로써 보다 나은 해결책을 찾는 데 도움을 준다.

기능분석법은 기존 제품이나 서비스 등의 필수적인 기능(역할)들을 체계적으로 확인할 수 있으며, 더 나아가 보다 나은 제품이나 서비스가 충족시켜야 할 최소한의 조건들과 고객의 니즈needs(필요, 원하는 요구)를 구체화시키는 데 도움을 준다.

② 기능분석의 방법

기능분석법은 기존 제품의 필수적인 기능들을 체계적으로 확인하여 상호간의 동작 메커니즘을 파악함으로써, 설계될 제품, 서비스가 충족해야 할 최소한의 조건들을 구체화시키고, 더 나아가 기존 제품, 서비스의 기능들에 대한 삭제, 대체, 보완, 추가 등을 통하여 기존 제품, 서비스의 동작상의 문제점들을 해결하여 개선할 수 있다. 또한 기능 개선뿐만 아니라 품질향상, 원가절감, 서비스 개선, 새로운 마케팅 전략의 수립, 신사업 창출 등의 새롭고 혁신적이며 차별화된 창의적인 제품을 개발하고, 서비스를 창출하며, 비즈니스의 전개와 경영혁신을 이루어 나가는 데 있어, 심지어는 새로운 시장을 열고 생태계를 조성하는 데 큰 도움을 준다.

③ 기능분석의 과정

기능분석법은 다음과 같은 5단계별 과정을 거쳐서 수행하여야 한다. 모든 분야의 문제해결에 있어 5단계의 정형화된 틀(포맷format)에 다양한 다른 분야에서 일어나는 문제들에 대한 기능들을 대입시키고, 앞에서 설명했던 과학적 지식, 원리, 이론, 정보, 논문, 자료, 특허, 제품, 서비스 등을 활용한 모든 가용할 수 있는 학문과 지식들과 기술을 적용시켜 창의적 문제해결을 창출해내는 아주 간략하면서도 효과적인 방법론이다.

[기능분석법의 5단계 과정]

1단계: 제품, 서비스의 전체 기능을 입력과 출력으로 전환하여 블랙박스black box로 표현한다.

2단계: 전체 기능을 필수적인 세부 기능들로 세분화한다.

3단계: 필수적인 기능을 제시한 후 각각의 기능을 수행하는데 필요한 수단과 방법을 발상한다(동작과 작동, 수행 원리를 이해하고 스터디).

4단계: 필수 기능들 간의 상호작용을 보여주는 기능분석도(블록 다이어그램block diagram)을 작성한다.

5단계: 제품, 서비스가 충족해야 할 조건들과 구성 요소를 필수 기능과 연결하여 구체화시켜 새로운 제품설계와 서비스 개발에 적용한다(수정, 보완 및 추가).

1.6.2 기능분석법의 활용 사례

앞에서 상세히 언급한 기능(일, 역할)을 분석함으로써 복합계 구조를 이루고 있는 삶의 현장의 모든 분야에서 발생되고 있는 문제들에 대해서 창의적인 해결책과 대안을 찾을 수 있는 기능분석법에 대하여 가정의 필수제품인 세탁기washing machine, clothes washer 사례 연구를 통하여 설명하고자 한다.

1) 1단계의 경우

기능분석법의 첫 단계로 제품(상품), 서비스 등의 전체적인 기능을 그림 2.20과 같이 블랙박스로 표현한다. 설계해야 될 제품, 서비스는 반드시 외부로부터 어떤 입력을 받게 된다. 따라서 블랙박스에 주어진 입력은 설계 제품과 개발하고자 하는 서비스의 고유한 기능 수행을 통하여 얻고자 하는 목표(최종 목표 또는 이상적 목표)인 출력을 창출한다.

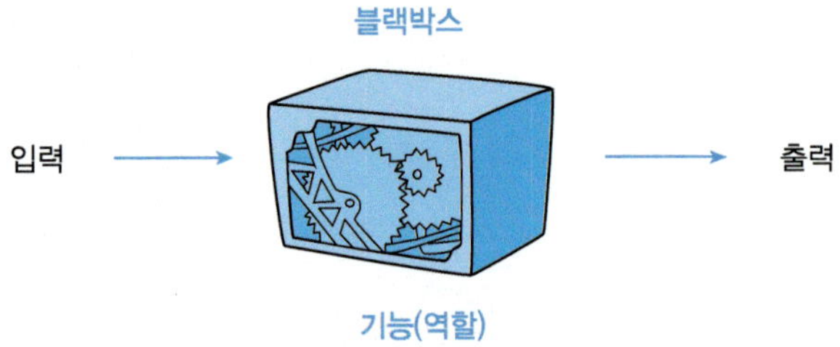

그림 2.20 블랙박스(기술시스템, 서비스시스템)

'세탁기'의 경우, '더러운 옷'은 세탁기의 입력이 될 것이며, '깨끗한 옷'은 세탁기가 어떤 기능을 수행함에 따른 결과로 나타내는 출력의 결과물이 된다. 여기서 세탁기의 고유한 기능은 무엇인가? 바로 '더러운 옷'을 '깨끗한 옷'으로 만드는 것이 세탁기의 고유한 기능이 되는 것이다.

다음 그림 2.21은 세탁기의 블랙박스를 도식화한 예이다. 이때 블랙박스 안에는 '더러운 옷'을 '깨끗한 옷'과 '오물'로 구분하기 위한 다양한 기능들이 내포되어져 있을 것이다.

어떤 입력이 주어졌을 때, 요구하는 출력으로 변화시키기 위해서는 몇몇의 여러 기능들이 수행된다. 이러한 기능들은 순차적으로 진행되며, 각각의 기능 수행에는 추가적인 입력이 필요한 경우도 있고 부가적인 출력이 발생하는 경우도 있다. 요구하는 출력으로 변화시키는 기능들을 세부적으로 분류하고 각각의 기능 수행에 필요한 추가적인 입력과 출력을 표현하는 것이 필요하다.

기능들을 표현할 때는 '~하기'와 같이 제품이 수행해야 하는 기능을 동사로서 서술하는 것이 유용하며, 각 기능들의 연관성에 대해서는 화살표를 이용하여 표현하는 것이 효과적이다. 부가적인 입력, 출력에 대해서는 선의 모양이나 굵기, 색깔 등을 달리하여 표현할 수가 있다.

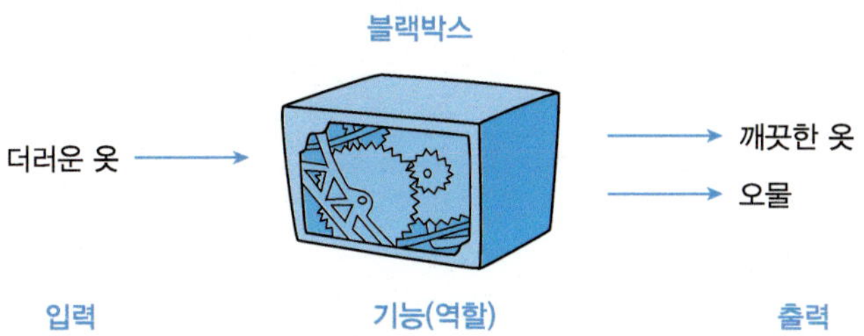

그림 2.21 세탁기의 블랙박스

2) 2단계의 경우(세부적인 기능 표현하기)

앞에서 예시된 세탁기의 경우 '더러운 옷'을 '깨끗한 옷'과 '오물'로 구분하기 위해서는 다음 2단계와 같이 필수적으로 필요한 기능들을 검토하고 분류해야만 한다.

'더러운 옷'을 '깨끗한 옷'과 '오물'로 구분하기 위하여 필수적으로 필요한 기능을 검토하면 다음과 같다.

i) 오물을 물에 불린다.
ii) 의류와 오물을 분리한다.
iii) 오물을 제거한다.
iv) 의류를 탈수시킨다.
v) 의류를 건조시킨다.

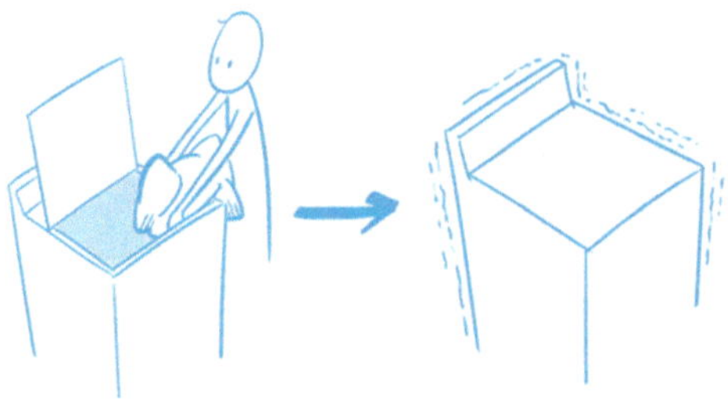

3) 3단계의 경우(기능 달성을 위하여 수단과 방법을 발상)

세탁기가 세탁을 하기 위한 필수적인 기능을 분류한 후, 각각의 기능을 수행하는데 필요한 수단과 방법을 발상하여 다음의 표 2.7과 같이 나타낸다.

표 2.7 세탁기의 기능 달성을 위한 수단

필수적인 기능	기능 달성을 위한 수단
오물을 물에 불린다.	물을 넣는다.
오물을 분해한다.	세제를 넣는다.
의류와 오물을 분리한다.	휘젓는다.
오물을 제거한다.	헹군다.
의류를 탈수시킨다.	회전시킨다.
의류를 건조시킨다.	열을 가한다.

4) 4단계의 경우(기능분석도 작성)

4단계는 위에서 도출된 필수적인 기능과 기능 달성을 위한 수단과 방법을 다음 그림 2.22와 같이 블록 다이어그램block diagram(블록선도) 형태의 기능분석도로 표현하여 기능 상호 간의 연관성을 파악하고 검토하여, 기능구현을 구체화하기 위한 도식화된 기능분석도를 작성한다.

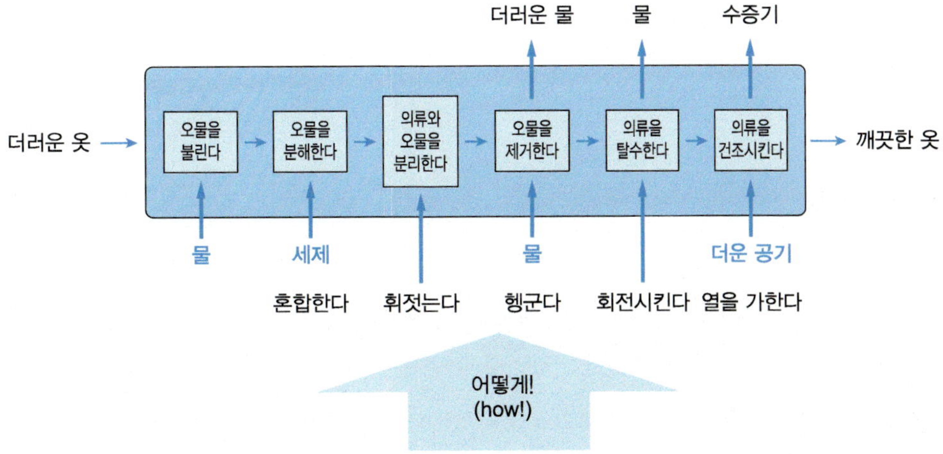

그림 2.22 세탁기의 기능분석도

5) 5단계의 경우(수정, 삭제, 대체, 보완, 추가)

마지막으로 5단계는 작성한 기능분석도에 수정할 기능과 기존 기능의 삭제 및 대체, 보완, 추가를 하면 기능의 업그레이드가 되어져 개선·개량이 된다. 지금까지 존재하지 않았던 새로운 기능을 추가한다면 바로 새로운 신개념, 신기술의 제품은 물론 혁신적인 새로운 서비스를 태동시키고 만들 수 있다. 이것이 바로 혁신이다. 더불어 제품개발, 제품기술 및 서비스도 정확히 시장을 예측하고 고객의 만족과 감동을 꿰뚫는 안목이 필요하다.

그림 2.23에서와 같이 기능을 수정, 보완하고 적용하며 계속해서 시대가 요구하는 고객의 실생활에 아주 큰 만족을 주며, 큰 반향을 일으킬 수 있는 새로운 기능을 추가시켜 지속적으로 고객의 감동을 불러 일으켜야 한다.

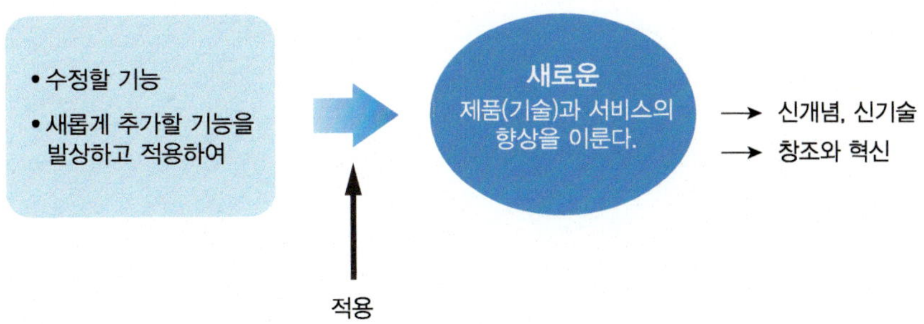

그림 2.23 기능의 수정, 보완, 적용 및 새로운 기능의 지속적 추가

1.6.3 개념적 아이디어 공학(Conceptual Idea Engineering)

아이디어를 '개념설계안concept design'이라는 도면, 그림으로 구체화시킨 것으로, 이와 같은 방식으로 유무형으로 되어진 제품, 서비스 등의 실체를 갖는 조립체와 구성요소인 부분체를 만들면 상관관계(인과관계), 기술과 작동(동작) 메커니즘, 상호간의 교호작용(직렬과 병렬, 매트릭스 작용 영향 효과)을 이해하기가 쉽고, 추후 보완기술과 더불어 새로운 기술의 구현이 가능하다.

이를 근본적 문제해결을 위한 창의적 아이디어 발상을 통한 개념적 아이디어 공학Conceptual Idea Engineering이라고 저자는 본 저서에서 정의하고자 한다. 이를 기술적으로 구체화시키면 바로 지식재산권IP, Intellectual Property이 되는 것이기에 그 중요성을 다시 강조하고자 한다. 이러한 지식재산권이 바로 사업화(상업화)의 기본이자 필수요소이며, 권리를 갖는 자산인 것이다.

본 사례와 같은 방식으로 기능분석을 좀 더 구체적으로 생각한다면 보다 창의적인 새로운 기술을 창출할 수 있으며, 실생활에서의 문제점에 대해 이 같은 기능분석을 적용하고 활용하여 문제를 해결하고 새로운 비즈니스를 창출할 수 있다.

2 지식재산권의 활용

2.1 특허 수준 및 특허 분석

특허에는 기술의 수준과 특허 자체의 수준이 존재한다. 특허 기술의 수준이 절대적 수준이라 하면 특허 자체의 수준(본 서에서 이를 '특허품질'이라 가정함)은 상대적 수준이라 할 수 있다. 또한, 특허 기술의 수준을 발명의 수준에 따라 표 2.8과 같이 분류할 수 있으며, 특허 자체의 수준, 즉 특허 품질 수준은 특허 지표를 이용하여 나타낼 수 있다.

2.1.1 특허 수준(Level)

1) 문제 해결의 수준과 영역

발명 특허 분석에서 알아낸 중요한 사실은 문제 해결에도 수준이 있다는 것이다. 문제 해결에 요구되는 창의적 수준에 따라 문제 해결안의 확보 가능 영역이 다르다는 것을 파악하고 창의적 수준과 문제 해결 확보 영역을 고려해 문제 해결 수준을 표 2.8과 같이 다섯 단계로 분류하였다.

표 2.8 특허의 발명 수준

수준	발명의 수준	점유율 (%)	필요한 지식	고려해야 할 해결책의 수	예
1	자명한 해결책	32	개인적 지식	10	우산, 철조망, 수송효율을 높이기 위한 큰 트럭 사용
2	작은 개선	45	사내 지식	100	지우개 달린 연필, 라이터, 용접장치에 부착된 소화용 도구
3	획기적인 개선	18	산업 내 지식	1,000	모순이 제거됨. 컴퓨터의 마우스, 무선 충전기, 휴대폰
4	신개념	4	산업 외 지식	100,000	기술의 영역이 아닌 과학의 영역에서 해결책 발견. 현미경, 내연기관, 그래핀 · 탄소나노 튜브
5	발견	1	모든 지식	1,000,000	현재 과학지식의 범위를 뛰어넘는 단계 DNA, 레이저, 중력, 에너지, 상대성 이론

출처: Genrich Altshuller & Lev Shulyak, "40 Principles: TRIZ Key to Innovation"

문제해결 수준의 다섯 단계를 좀 더 자세히 설명하고자 한다.

■ 수준 1

명백한 사실이나 이론으로 해결이 가능한 것으로 기존 시스템에 별다른 개선을 가져 오지 못한다. 구성비는 약 32%로 개인적 전문지식 수준에서 해결할 수 있다.

■ 수준 2

해당 분야의 전문지식을 응용해 해결이 가능하다. 기존 시스템의 개선과 합리화를 가져온다. 구성비는 약 45%로 회사 내부의 지식 역량을 결집하면 해결할 수 있다. 제품개발 중에 출원된 개선·개량의 특허가 이에 해당된다.

■ 수준 3

공학 분야의 지식과 기술을 합성해 해결할 수 있다. 기존 시스템에 근본적인 개선을 가져온다. 구성비는 약 18%로 동일 산업 내부의 지식 역량을 결집하면 해결할 수 있다.

■ 수준 4

현존 시스템의 목적을 달성하는 과학 원리를 발견하고 시스템에 대한 차세대 원천 개발을 가속화한다. 구성비는 4% 정도로 사회 전반적인 지식 역량을 결집할 때 해결할 수 있다.

■ 수준 5

새로운 시스템의 출현을 가속화하는 발명이다. 구성비는 약 1%로 세상의 모든 가용 지식을 동원해야 해결될 수 있는 최고의 수준이다.

다음 그림 2.24에서 발명 특허 기술의 수준중 1수준 및 2수준의 문제는 자명한 해결책으로 특별한 어려움 없이 누구나 해결할 수 있는 문제이다. 이 수준은 자신의 경험을 바탕으로 하는 방법으로 개념을 잡고 문제 해결을 통하여 답을 찾아 개선·개량의 결과로 나타나는 발명 특허의 수준이다.

5수준의 문제는 현재 과학지식의 범위를 뛰어넘는 아주 고차원적인 단계이기 때문에 이는 발견이라고 할 수 있다.

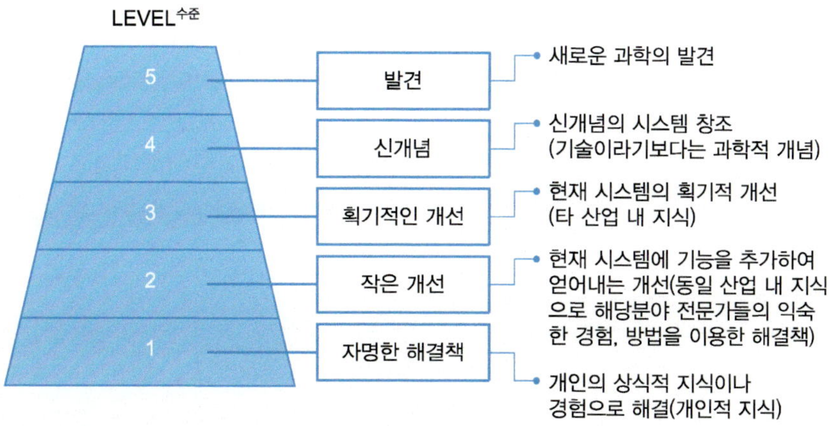

그림 2.24 발명수준에 따른 문제해결 내용

따라서, 선행기술조사를 통해 목표로 하는 문제 해결의 단계는 주로 3, 4수준의 문제 해결에 초점이 맞추어져야 한다. 이를 해결하려면 자신의 경험이나 지식에 의존해서 문제를 해결하기는 쉽지 않다. 왜냐하면 지식수준이 부족하여 다시 말해 모르기 때문에 원인을 알 수 없거나, 해결을 위한 행위를 할 수 없어서 문제를 해결하지 못한다. 문제의 해결책은 다른 산업이나 공학, 타 분야에 적용된 기술에서 찾을 수가 있는 경우가 많다. 이를 해결하기 위해서는 다양한 산업의 융·복합기술에 대한 지식과 경험, 전문성이 필요하다. 그리고 과학의 원리와 기술로의 응용까지 더하여 이에 따른 결과를 특허로 나타내면 바로 발명의 3, 4수준인 것이다.

이렇게 발명의 수준을 분류한 이유는 수많은 특허를 자세히 검토하는 것이 시간적으로 불가능한 일이기도 하지만 수준의 분류를 통해서 창의적인 해결책의 범위와 공통점을 찾을 수 있기 때문이다.

발명 수준에 따른 분류에서 한 가지 주목할 만한 사실은 발명의 수준이 높은 문제일수록 문제의 해결책을 다른 산업분야에서 찾을 수 있는 경우가 많았다는 것이다. 이는 대부분의 사람들이 한정된 범위에서의 자신의 축적된 기술과 경험에 의해서 문제를 해결하려 들지만 발명의 수준이 높을 경우, 그런 방법으로 해결하는 것은 힘들다는 것을 의미한다.

따라서 여기서 언급하는 창의적인 문제해결과 특허 수준의 목표를 발명의 3, 4수준을 위주로 하여 문제해결책을 도출한다면 바로 혁신적이고 창의적이며 차별성 있는 고도화된 제품을 개발할 수가 있다는 것이다.

2) 특허 자체의 수준

특허 자체의 수준(특허품질수준)은 보통 특허명세서상의 특허정보를 이용하여 특허의 질적 수준을 파악하는 것이다.

① 특허 정보

일반적으로 특허정보를 살펴보면, 우선 서지적 사항과 권리적 사항 그리고 초록을 담고 있는 표지가 있으며, 발명의 명칭과 발명의 상세한 설명과 도면에 대한 설명, 그리고 청구범위로 명세서를 구성하고 있다. 표지에 나타나 있는 중요 정보들로는 발명자, 출원인, 국가, 출원일자, 출원번호, 특허등록일자, 특허등록번호, 출원공개일, 공고일, 특허분류번호, 그밖에 심사청구일, 심사중간 처리과정에 대한 정보, 대리인 등이 명기되어 있으며, 미국특허명세서와 비교할 때 인용참조 문헌이 기재되어 있지 않다. 이와 같은 정보를 활용하여 특허를 분석할 수 있다.

② 특허정보의 활용 목적

일반적으로 명세서상에 기술하는 발명의 명칭과 발명의 상세한 설명, 도면에 대한 설명, 그리고 청구범위에서 얻는 정보들을 활용하여 선행기술조사, 제품 및 제조법의 변천과정, 신규 아이디어 발굴 · 기술 문제점 해결, 신규 테마 선정, 특허성(신규성, 진보성) 파악, 특허침해여부 확인, 기술과 기술의 상관관계 확인 등을 할 수 있다. 명세서 표지와 내용에서 제공하는 정보들은 특허정보분석 프로그램에 의해 정보를 활용 용도에 맞게 추출 및 가공할 수 있어서 특허정보의 분석을 용이하게 할 수 있다.

이러한 정보들이 구체적으로 어떻게 활용될 수 있는지를 살펴보자. 『발명자』의 경우는 특정분야 전문가(순위별, 특허비율)를 확인하거나 연구조직 운영(연구기간, 공동발명자로 발명자군 확인)을 확인하는 데 활용될 수 있으며, 『출원인』은 특정기술 보유기업조사(순위별, 특허비율), 경쟁사 기술(특정회사의 기술종류 및 비중) 동향조사에, 『국가』는 국가별 기술종류 및 비중조사, 외국인의 특허현황조사, 해독이 용이한 언어의 대응특허 확인, 특정국가의 기술동향 파악에, 『출원일』은 (우리나라의 경우 선출원주의로 출원날짜가 매우 중요) 우선권 주장에, 『특허일자』는 통계수치조사

(출원인, 기술별, 국가별 시계열적인 조사), 특허기간의 확인에 활용되고 있다. 또한, 심사중간처리 과정이나 등록원부를 통해 특정국가의 출원처리단계, 특허권리변화(양도, 이전), 특허청구범위(심사내용), 특허료 불납으로 인한 특허기간 종료여부, 특허기간 연장사항, 재심결과, 특허의 유효성 등을 파악할 수 있다.

특허의 질적 수준을 결정하는 방법은 다음과 같은 단계로 진행을 한다.

■ 특허의 질적 수준을 결정하는 방법

1단계: 출원특허에 대한 계량 가능한 예상 지표(변수)들을 먼저 결정하고

2단계: 이중에서 질적 지표와 관계가 적은 지표를 제거하는 등 상대적인 특허지표를 선정하고

3단계: 기업에 대해 경제성을 갖춘 중요 특허를 선별하며

4단계: (3단계에서) 중요 특허를 기업의 특허포트폴리오의 특허 형태에서 대략 선정된 조정군의 특허와 비교하고

5단계: 이렇게 하여 (질적 중요도가 큰 특허 지표로부터) 각 특허에 대한 특허의 질적 수준을 얻게 된다.

특허의 질적 수준에 대한 상세한 내용과 사례는 다음 장 '2.2 특허매입'에서 설명하기로 한다.

2.1.2 논문 및 특허의 검색

1) 구글(Google)의 논문과 과학지식의 검색

구글 Google의 학술정보조사 scholar와 특허 patents 검색 모듈의 여러 기능을 무료 사용하여 정보, 지식, 논문, 특허 등을 검색할 수가 있다. www.google.com/scholar 또는 scholar.google.com(기능에 따른 과학기술 검색, 학술 검색)의 학술정보의 검색 시 '동사 + 목적어 = 기능'의 검색식을 이용하여 영어로 검색하면 최신 논문, 과학기술 효과 effects에 대한 정보를 알 수 있다(예, reduce noise).

선진 기술을 도입하지 않고 기술을 확립하기 위해서는 가장 중요한 것이 기존의 시스템과는 다른 새로운 개념으로 시스템을 만들어내는 것이다. 이러한 개념을 만들어내기 위해서는 과학기술에 대한 폭 넓은 지식을 필요로 한다. 하지만 지금까지 우리

가 배운 과학 지식들은 과학원리 이론과 공식을 암기하고 풀이하는 것에만 치우쳐 있었고, 그 과학원리가 어떠한 목적으로 실생활에 실용적으로 쓰일 수 있는지에 대해서는 관심을 가지고 기술개발에 적용해 본 적이 거의 없다.

그러나, 실제기술에 적용하는데 있어서는 과학원리가 어떻게 적용되어 사용할 수 있는지가 더욱 중요한 문제이다. 이러한 문제에 있어서 과학기술 효과science effects가 좋은 도구가 될 수 있다. 과학기술 효과는 지금까지 알려진 수많은 과학 원리와 이러한 원리를 적용한 기술 시스템들을 다양한 분야에 사용하기 쉽도록 기능 위주로 정리하여 놓은 데이터베이스DB, database이다. 다시 말하면, 제품개발 뿐 아니라 서비스 개발에 있어 창의적 문제 해결의 열쇠라고 해도 과언은 아니다.

▪ 과학기술 효과(Science effects)

문제해결에 있어서 매우 중요한 과학현상을 '과학기술 효과'라 한다. 세상에는 약 9,000개 이상의 과학 현상과 효과가 존재한다. 이 중에서 실제로 사용되는 과학 현상과 효과는 약 50~100개 정도이다. 효과effects는 문제해결을 위한 물리, 화학, 기하학적인 원리를 데이터베이스DB, database로 정리한 것으로 문제를 해결하는 데 이를 활용하고 있다.

▪ 구글(Google) 학술검색

과학의 원리를 공학기술에 접목시켜 과학기술의 연구개발 적용 기술에 대해 다음 그림 2.25에서 보여주는 '구글Google 학술검색'으로 적용 원리와 핵심적인 요소기술 등을 다양하게 검색할 수가 있다.

그림 2.25 구글 학술검색 검색창

2) 특허(Patents) 검색

① 구글의 특허검색

www.google.com/patents, 또는 patents.google.com(기능의 특허검색)에서 전세계의 영문으로 된 특허를 고속으로 검색하는 것이 가능하며 구글에서는 무료로 서비스를 제공하고 있다. 다음 그림 2.26에서 보여주는 구글 특허검색 사이트 초기화면의 검색 칸에 괄호안의 예와 같이 기능[행동동사 + (대상, 목적어)]을 입력한다(예, move liquid).

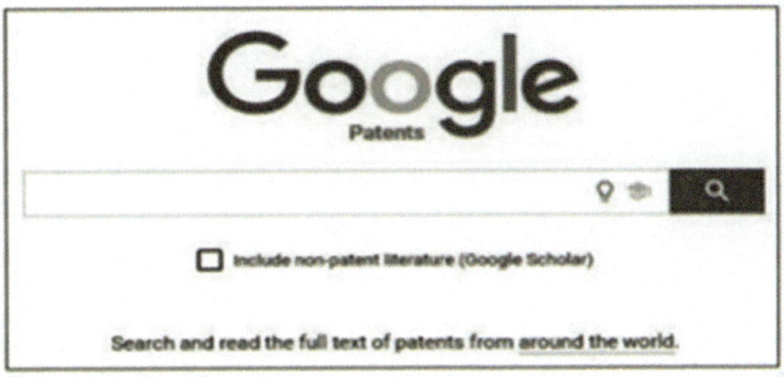

그림 2.26 구글 특허 검색창

위에서 설명한 내용을 적용·활용함으로써 각종 다양한 분야의 지식을 융합하여 창의적 사고를 습득하고, 문제해결에 있어 창의적 대안을 제시할 수 있는 통찰력을 키우고 갖출 수 있다. 구글Google의 특허patents 검색 모듈의 여러 기능을 무료 사용하여 전 세계의 특허를 검색할 수 있다.

② 국내 및 해외 특허의 검색

- **한국 특허검색 : 한국특허정보원(http://www.kipris.or.kr)**

한국특허정보원에서 제공하는 특허전문 검색 데이터베이스DB, database로 1947년 이후의 산업 지식재산권(특허, 실용신안, 디자인, 상표) 정보를 무료로 검색할 수 있는 국내 최대의 검색사이트(www.kipris.or.kr)이다. 키프리스KIPRIS 검색 데이터베이스DB는 국내 산업재산권 정보(약 350만건)를 서지사항, 초록(대표도면 포함), 전문명세서 전체를 수록한 데이터베이스DB이며, 검색 방법도 키워드 검색, 각종 번호(출원, 공개, 공고, 등록, 우선권번호) 검색, IPC 검색, 출원인 및 발명자

검색, 디자인 및 상표 검색 등 다양한 검색이 가능하다.

다음 그림 2.27은 키프리스KIPRIS 특허정보검색서비스의 홈페이지 초기 화면을 보여주고 있다. 여기서 국내특허 검색뿐만 아니라 해외특허 검색과 각국 특허청 사이트까지 검색이 가능하다.

그림 2.27 키프리스 검색창

■ 미국 특허검색 : 미국 특허청(http://www.uspto.gov)

그림 2.28에서 보여주는 미국 특허청 사이트에서는 1790년 이후에 공개된 특허 공보 및 공개특허 공보에 대한 검색 및 조회 서비스를 무료로 제공하고 있다.

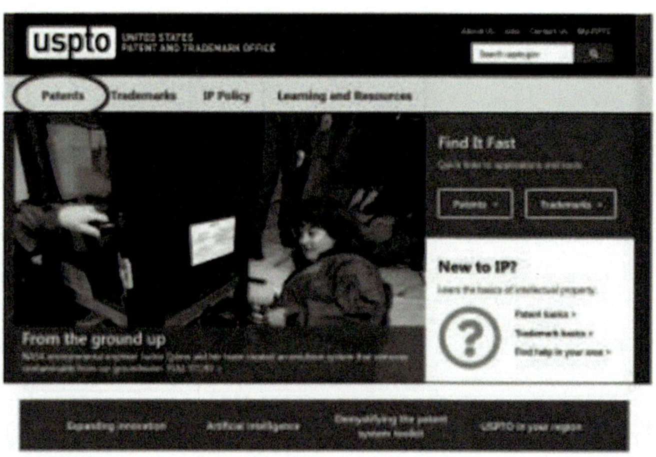

그림 2.28 미국 특허청 검색사이트

다만, 1970년부터 1975년까지는 특허 번호와 US Class로만 검색이 가능하고, 1976년 이후 기간에 대해서는 서지사항은 물론 특허전문 검색이 가능하다. 특허 원문은 서지사항, 도면, 명세서, 청구항 등의 항목들이 PDF 전자문서로 가공되어 제공된다.

■ 유럽 특허검색 : 유럽 특허청(http://www.epo.org)

그림 2.29의 유럽 특허 검색사이트는 유럽 특허청European Patent Office에서 제공하는 무료 특허검색 사이트로서, esp@cenet를 이용하여 유럽 특허 및 국제 특허PCT를 검색할 수 있다.

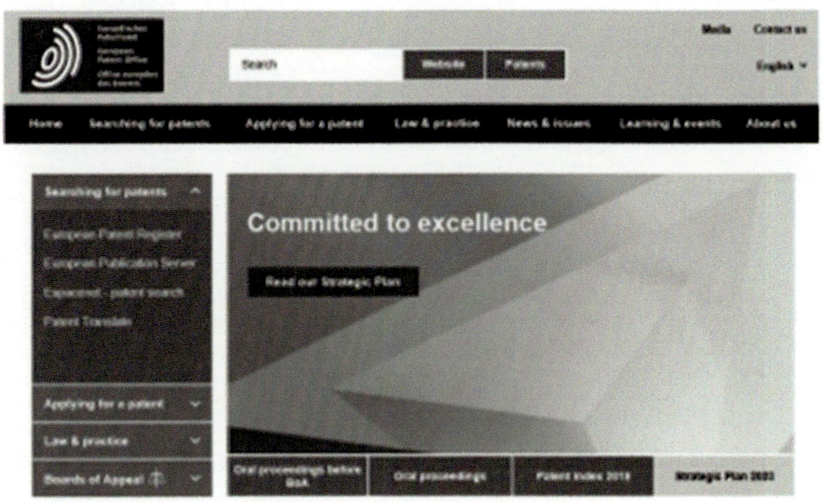

그림 2.29 유럽 특허청 검색사이트

■ 일본 특허검색 : 일본 특허청(http://www.ipdl.ncipi.go.jp)

그림 2.30은 일본 특허청에서 제공하는 특허검색 데이터베이스DB로 일본 특허청에서 보유하고 있는 산업재산권(특허, 실용신안, 디자인, 상표) 정보를 다양한 검색 방법을 통하여 무료로 검색할 수 있는 검색사이트이다. 이 사이트는 초보용 검색 항목이 별도로 있으며, 특허검색에 있어서 IPC 검색 및 F-term 검색 등 다양한 검색이 가능하나 주로 번호검색 위주로 구성되어 있고 키워드 검색은 1993년 이후부터 일본어로만 검색할 수 있어 사용하기 불편한 점도 있다.

그림 2.30 일본 특허청 검색사이트

그러나 일본 특허에 대한 초록 부분을 영문으로 번역하여 만든 일본 공개특허 영문초록PAJ에 대하여 영문 키워드로 검색할 수 있다. PAJ는 1976년부터 일본에 공개된 특허에 대해 초록 부분을 영문으로 번역한 다음 대표도면을 추가하여 키워드로 검색이 가능하도록 하였기 때문에 이용자가 검색하기 편리하다. 그러나 온라인의 PAJ 검색에서는 1993년 이후의 데이터만 수록되어 있고 명칭과 초록에서만 키워드 검색이 가능하고 특허로만 구성되어 있어 실용신안은 검색할 수 없는 단점도 있다.

2.1.3 이미지 검색

제품 이미지 검색을 통하여 세계적인 다양한 제품의 종류와 특징과 차별성을 파악한다. 생각지 못한 시대를 앞선 이미지image와 제품의 렌더링rendering 디자인을 검색하고 분석해보면, 제품의 모습, 모양, 새로운 외형을 비롯한 제품의 구조, 특징 등을 미리 파악할 수 있을 뿐 아니라 앞으로 출시될 예정인 획기적인 제품과 서비스와 연관된 부속물accessory(액세서리) 등에 대한 개념을 미리 파악할 수 있다. 그리고 이를 바탕으로 새로운 제품, 서비스, 연관 산업 아이템 등에 대한 새로운 부가 아이디어를 창출할 수 있다.

그림 2.31은 네이버에서의 디자인 검색 예시이다.

1) 네이버 예시

① 네이버 검색창에서 ‘스마트폰’ 입력

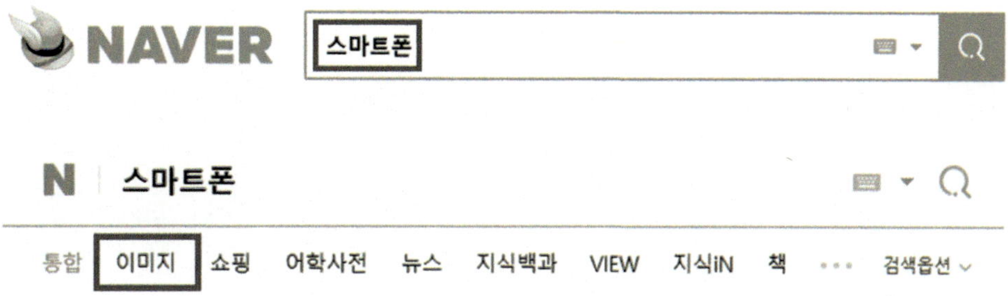

② 그 다음 사이트에서 ‘이미지’ 선택

③ ‘이미지’ 선택 후 디스플레이

그림 2.31 네이버(Naver)의 디자인 검색 예

2) 구글 예시

그림 2.32는 구글에서의 디자인 검색 예시이다.

그림 2.32 구글(Google)의 디자인 검색 예

2.1.4 특허 및 기술 비교 · 분석

특허로 출원 중이거나 이미 등록된 특허 중에는 미리 선행개발advanced development을 통하여 기술 구현의 가능성을 확보해, 향후 기술 선점과 더불어 차기 미래 제품에 적용하고자 선행 특허를 출원하거나 등록하는 사례가 많다.

또한 현재는 동작이나 성능 평가 단계에 머문 기술의 수준이지만 향후에는 기술력의 향상과 더불어 이를 구현하여 제품에 적용할 수 있는 부품, 소재 등 관련 산업이 동반되어져 제품으로 상용화할 가능성을 내다보고, 시장 선점과 제품의 경쟁력을 위해 그리고 특허의 선점 및 크로스 라이선싱cross licensing(사용권 계약)을 위한 지식재산권의 확보를 위한 측면이 있다.

기존에 출시되어 있는 제품의 기능, 성능, 기술상 문제점을 파악하고 문제를 해결하여 최적의 해결책을 얻어 이의 내용과 결과를 특허로 출원하고 사업화를 하는 과정은 차별성 있는 기술의 창출과 획득(연구개발과 설계)에 필수적이다.

특허로 출원 중이거나 등록된 원천기술이나 개량기술을 상세설계detail design를 하여 시제품prototype으로 제작하여 구현되어져 나타나는 기능을 확인하고, 동작성을 테스트(실험, 시험)하고 평가하여 어느 정도 완성도가 있는 기술의 구현과 더불어 성능 검증을 하는 것이다. 이 단계는 실험실lab(랩) 단계에서 이루어질 수가 있으며, 좀 더 기술 구현을 업그레이드시켜 유사 환경에 맞는 시제품을 만들어 성능 구현 실험을 할 수도 있다.

실험실 단계에서의 시제품은 유사 환경(즉, 출시되는 시장의 환경을 의미한다)에 적합하도록 하기 위해서는 별도의 최적설계를 해야만 하며, 시제품을 최적설계화 시키기 위해 스케일 업scale up(크기나 규모를 키움) 또는 스케일다운scale down(크기나 규모를 작게 함)시켜 시제품을 팔리기 위한 최적 사이즈로 변경하거나 기능과 성능으로 맞추기 위하여 수정·보완하는 개발을 다시 해야만 한다. 이 과정을 양산을 위한 개발 및 설계라고 한다.

특허 기반의 설계기술 확보와 새로운 창의적인 제품을 창출하기 위해서는 특허 기술사업화가 필요하다. 공개된 특허, 지식, 논문, 기술, 제품 등을 활용하여 지금까지 없던 새로운 산출물(신제품, 신기술, 신사업, 신서비스 등)을 만들어 내는 것이 창조적 개발creative development이다. 즉, 혁신적 개발innovative development인 것이다.

이를 구현하기 위해서 창의적 상상력과 아이디어를 발상해 개념화하여 구체화시키고 모형화modeling해서 시제품을 만들고, 철저한 필드 테스트field test(현장시험, 시연)를 거쳐 신뢰성과 내구성을 확보한 차별성 있는 제품을 만들기 위해서는 선행 또는 개발에 있어서 반드시 획기적인 특허가 반드시 필요하다.

2.2 특허매입

사업자 입장에서는 모든 사업 아이템을 자체 기술개발을 통해서 얻는 것이 중요한 것이 아니라 사업의 가치가 있는 아이템을 어떻게 확보하는 것인가가 중요하다. 이는 우리가 흔히 말하는 오픈 이노베이션과 통하는 말이며 이에 해당하는 외부 기술개발에 의한 특허권에 대해 사업의 가치가 어느 정도 있는지를 알아내는 일은 중요하다.

2.2.1 유망 특허 선별

1) 유망 특허(우수 특허) 선별하는 방법

구성상 다소 복잡한 특허명세서를 통한 기술의 파악을 통해 유망 특허를 선별하는 것은 쉬운 일이 아니다. 특히, 기술도입을 특허권을 이용한 특허 매입으로 주로 이루어지는 상황에서 특허권의 유망성을 측정하는 것은 어려운 일이 될 수 있다. 특히, 기술적인 면보다 사업성이 있는 지의 여부를 가리는 특허매입은 결코 간단한 것은 아니다. 그럼에도 불구하고 오픈 이노베이션 등 외부 기술의 도입은 특허권의 형태로 매입되는 것이 대부분이므로 특허권에 대한 다양한 평가를 통해 유망 특허를 결정할 수밖에 없다. 그 동안, 유망 특허 선별에 대한 여러 방법론으로, 특허지표의 활용이라든가 네트워크 분석론의 적용 또는 데이터 마이닝의 기법 활용 등 다양하면서도 복합적인 방법론이 그동안 꾸준히 제시되어 왔으나, 각각의 장단점이 있으므로 목적에 맞게 활용하는 것이 좋다.

여기서는 유망 특허를 질적으로 우수한 특허로 보고, 이를 대변할 수 있는 특허지표를 이용하여 유망 특허 또는 우수 특허를 선별하는 방법에 대해 설명한다. 일반적으로 그동안 많은 특허지표를 개발하여 사용되고 있으나 그 중에서 아래 제시하는 특허지표가 가장 빈번하게 사용되는 특허지표로 모든 특허지표의 기반이 된다고 볼 수 있다. 이와 같은 기본적인 특허지표 중에서 QFD 기법을 통해 우수 특허로 선별할 수 있는 특허지표를 결정하고 기업의 실제 데이터에 적용하여 우수특허를 선별하는 과정을 설명하고 그 결과의 유용성을 살펴본다(상세한 QFD 기법은 후술하는 4장 1.2 QFD의 활용을 참고).

다음은 대표적인 특허지표에 대한 설명이다.

① 특허활동량(Patent Activity)
해당 분야의 해당 기업 특허 비율 Percent of Company Patents in Area을 의미하며, 기술 분야에 대한 특허건수를 전체건수로 나누어 산출한다.

② 특허등록율(Share of granted patents)
해당 기술 분야에서 기업의 특허 등록수를 해당 동일 기술 분야의 출원수로 나눈 값으로 나타낸다.

③ 기술범위(Technological scope)
특허의 질적 수준과 관련 있는 지표로 출원특허에서 IPC(국제특허분류) 하위분류의 분포도 및 수로 나타낸다.

④ 국제출원범위(International scope)
이 지표 역시 특허의 질적 수준과 관련 있는 것으로 해당 기술 분야의 국제출원

(미국출원, 일본출원, 유럽출원 등)의 점유율 또는 특허패밀리(동일기술군의 특허)의 크기(수)를 나타낸다. 이는 출원인의 경제적 수준을 나타내기도 한다.

⑤ 인용빈도수(Citation frequency)

해당 기술의 특허출원에서 다른 특허에 의한 해당 기술의 평균적인 인용빈도수를 나타낸다.

⑥ 특허강도(Patent strength, PS)

이는 해당 기술 분야의 특허출원에서 기술의 밀집도를 나타내는 것이다. 특허활동량PA과 특허수준과의 곱을 통해 산출한다. 여기서 특허수준은 특허지표의 수준을 의미하는 것으로, 특허등록율, 기술범위, 국제출원범위, 인용빈도수 등에 대한 산출값 또는 이를 합한 평균값이 예가 될 수 있다.

⑦ 우선권주장

외국 출원 시 1년 이내 최초 출원국의 출원일을 소급 인정하는 것으로 중요한 특허일수록 우선권주장을 많이 함으로써 전략적으로 활용하는 경우가 많다.

⑧ 잔존기간

특허권리기간에서 남아있는 유효기간으로 전체 권리기간에서 경과 기간을 차감하여 산출한다.

⑨ 청구항

청구항수(청구범위)는 양적 활동을 표시하는 지표로 출원인의 입장에서 권리요구 부분이며, 특허청 입장에서는 특허요건 판단의 주요 부분이고, 제3자의 입장에서는 출원인이 독점 배타권을 갖는 권리범위로 이해한다.

QFD를 적용하기 위해, 먼저 기본적인 기업의 요구사항과 세부 요소를 정의하고 전문가그룹 설문을 통해 세부 요소들 간의 상대적 중요도를 쌍대비교에 의해서 결정한다. 다음으로 특허품질 특성을 대표할 수 있는 특허지표를 선정한 후, 역시 전문가그룹 설문을 통해서 기업의 요구사항과의 상관도를 도출한다. 끝으로 기업의 세부 요구사항에 대한 가중값과 상관도를 이용하여 기업의 요구사항 각각을 대표할 수 있는 특허지표의 값을 결정한다. 이를 정리하면 다음 그림 2.33과 같은 절차를 따를 수 있다.

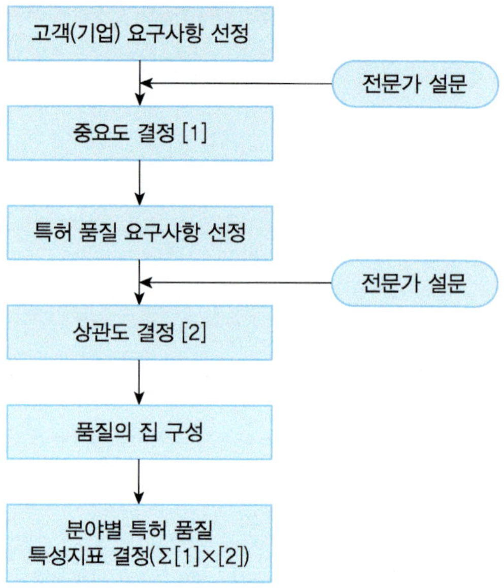

그림 2.33 특허품질 특성지표의 결정 절차

그리고 표 2.9는 분야별 고객 및 기업이 요구하는 세부 사항에 대해 정리한 내용이다.

표 2.9 고객(기업) 요구사항

분야	세부 요소		
기술성	• 기술상용화 가능성 • 기술의 자립도	• 기능적 우위성 • 기술의 파급효과	• 기술의 생산력 • 기술축적 가능성
권리성	• 모방의 용이성	• 권리범위	• 권리의 안정성
시장성	• 시장규모 • 시장성장성	• 시장진입 용이성 • 시장매력도(잠재성)	• 시장확보 가능성
사업성	• 가격/원가 우위성 • 단기내 매출 가능성	• 이익구조상 우위성	• 특허활용 가능성

위의 표 2.9와 같이 국내 주요 기술평가 기관들의 기술가치평가 요소중 공통적으로 사용하는 요소를 정리한 것으로 기업의 요구사항을 QFD에서의 고객요구사항으로 본다.

위에서 제시된 일반적인 기본 특허지표인 인용문헌빈도수, 국제출원범위, 특허등록, 기술범위, 청구항수, 우선권주장, 특허잔존기간을 QFD에서의 품질특성 지표로 본다.

인용문헌빈도수는 자기인용을 포함하여 출원인 간 상호 인용 관계를 바탕으로 기술에 대한 기업의 많은 관심이 추정될 수 있는 만큼 인용문헌이 많을수록 중요한 기술 분야로 이해되며 시장에서의 경쟁 정도도 유추해 볼 수 있다. 즉 인용문헌이 많을수록 주요 기술 분야로 기업들이 해당 분야에 집중할 가능성이 높기 때문에 시장성이 크다고 볼 수 있다.

기술범위의 경우는 기술의 적용 분야가 넓다는 것을 의미하기 때문에 그만큼 기술의 유용성이 크다고 볼 수 있으며, 다양한 제품군에도 적용이 가능하기 때문에 기술성 및 사업성과 연관성이 높다고 할 수 있다.

청구항은 특허청구범위를 나타내는 항들로 구성되며, 특허권 주장의 직접적인 근원을 제공한다. 즉 특허침해 등 특허에서 문제되는 모든 것들은 특허청구범위 내에서 비롯되기 때문에 권리성과 밀접한 관계가 있다.

예를 들어, 다음 표 2.10과 같이, 전문가그룹에 의한 설문조사에 의해 결과를 얻을 수 있다. 물론 이러한 결과값은 전문가의 의견에 따라 달라질 수 있다.

표 2.10 품질의 집(House of Quality) 결과

A. 고객(기업) 요구사항	중요도	B. 특허품질지표						
		ⓐ 인용문헌 빈도수	ⓑ 국제출원 범위	ⓒ 특허등록	ⓓ 기술범위	ⓔ 청구항수	ⓕ 우선권 주장	ⓖ 특허 잔존기간
시장성	1	3.402	3.074	3.153	2.955	2.017	2.229	2.527
사업성	1	2.095	2.102	2.260	2.854	1.949	1.425	2.424
기술성	1	2.112	2.181	2.741	3.231	1.968	1.577	2.590
권리성	1	2.777	3.280	3.457	3.553	3.677	2.158	2.522
	합계	10.386	10.638	11.611	12.593	9.610	7.388	10.063
1	중요도	0.144	0.147	0.161	0.174	0.133	0.102	0.139

QFD에서 구한 상대적 중요도 매트릭스 값을 활용하면 모든 특허지표를 포함시켜 위에서 상술한 시장성, 사업성, 기술성, 권리성 등을 다 고려하는 특허품질 복합지표를 개발할 수 있다. 사용 목적에 따라서 고객의 요구 사항이나 특허지표에 가중치를 부여하여 복합지표를 다양하게 활용할 수 있으며, 특허지표 간의 다른 측정 단위

문제는 정규화를 통해 해결한다. 다음 표 2.11은 제시한 특허지표 및 활용값을 보여주고 있다. 인용문헌빈도수는 기본적으로 출원인의 피인용수를 사용하는 것이 바람직하나 우리나라와 같이 현실적으로 피인용수에 대한 데이터를 쉽게 구할 수 없는 경우는 차선책으로 심사관 피인용수를 사용할 수도 있다.

표 2.11 특허지표 및 활용값

특허지표	특허지표 활용값
인용문헌빈도수	출원인 혹은 심사관 피인용수
국제출원범위	PCT(국제출원)특허수
특허등록	등록특허수
기술범위	IPC코드수
청구항	청구항수
우선권주장	우선권주장 특허수
특허잔존기간	특허의 잔존기간

또한, 대표적인 복합지표인 특허군의 특허강도를 계산할 수 있다. 특허강도는 앞서 설명한 바와 같이 특허품질수준을 나타내는 특허지표에 특허활동량을 곱하여 산출되는 값으로 특허(기술)의 밀집도를 보여준다.

2) 적용 사례

① 자료수집

키프리스Kipris 정보검색을 통해 ㈜A전자의 출원일 기준 2012년부터 2014년까지 등록 특허 총 1846건을 일차 대상으로 하여 평균청구항수를 계산하였으며, 평균청구항수 13개를 기준으로 그 이상 청구항을 갖는 특허 917건을 최종 분석 대상으로 하였다. 평균청구항수를 기준으로 분석 대상을 좁힌 이유는 분석의 편의뿐만 아니라, 평균청구항수가 적을수록 특허청구 범위가 상대적으로 넓고 구체적이지 못하기 때문에, 타 특허를 침해할 우려가 높아 기술적인 측면에서 우수 특허군으로는 부적합한 경우가 많기 때문이다

② 데이터 검색

데이터 검색은 국제특허분류IPC를 기준으로 하였다. 그 구성을 살펴보면 특허를 전

체 8개(A~H)의 섹션Section으로 나누어 분류하며, 각각의 섹션은 클래스, 서브클래스, 그룹, 서브그룹으로 세분화되어 있다. 예를 들어, G02B 06/44의 경우는 다음 표 2.12와 같이 설명될 수 있다.

표 2.12 국제특허분류(IPC)의 구성

분류	섹션	클래스	서브클래스	그룹	서브그룹
기호	G	02	B	06	44
설명	물리학	광학	광학요소	광도파관	광섬유케이블

섹션 A: 생활필수품 B: 처리조작; 운수 C: 화학; 야금 D: 섬유; 종이
E: 고정구조물 F: 기계공학; 조명; 가열; 무기; 폭파 G: 물리학 H: 전기

분석의 일관성을 유지하기 위해 데이터 검색 기준이 필요하며 어느 정도 세분화 할 것인가를 고려해야 한다. 분석 목적에 따라 기준이 달라질 수 있지만 대체로 데이터 양을 고려하여 양이 많을수록 서브클래스 하위 단위로 기준을 내려 분석을 구체적으로 하는 것이 바람직하다. 여기서는 IPC 코드 서브클래스를 기준으로 분석하였다.

평균청구항수 13개항 이상의 특허 917건을 특허명세서상에 기재된 IPC 코드에서 주 코드로서 첫 번째 IPC 코드를 기준으로 하여, IPC 코드 서브클래스에 의해 분류한 특허군을 특허수 순으로 나열하면 다음 표 2.13과 같다.

표 2.13 A전자의 평균청구항수 이상의 특허군

IPC 코드	코드 설명	특허수
H04W	**무선통신네트워크**	**125**
H04B	**전송**	**86**
A47L	**가정의 세정 또는 청정**	**70**
G06F	디지털 데이터처리	55
F24F	공기조화; 공기가습; 환기	51
H01L	반도체 장치	47
F24D	가정용 또는 구역 난방방식	43
D06F	섬유제품의 세탁, 건조 등	39
B01D	분리(습식법에 의한 고체와 고체의 분리)	34

분석의 편의 및 몇 년간 집중 출원되는 특허군에서 대체로 우수 특허가 나올 가능성이 높다[7]는 사실을 참고하여, 최다 특허군 순으로 상위 세 개의 서브클래스 H04W, H04B, A47L을 분석 대상으로 하였다. 그렇지만 실제로 특허군의 특허량이 많고 수준이 비슷할 경우는 특허군 모두를 분석대상으로 삼을 수 있다.

③ 특허 분석

기업이 원하는 각각의 분야에 적합한 특허군을 찾기 위해서 앞에서 구한 개별 분야를 대표하는 특허지표를 사용한다.

■ 시장성 분야

대표 특허지표로 인용문헌빈도수를 선택하고 이에 대한 산출값과 특허강도값을 계산하여 정리하면 다음 표 2.14와 같다. 예를 들어 IPC 서브클래스 A47L의 인용빈도수 1.679는 총 인용문헌건수 131을 해당 특허수 78건으로 나눈 값이다.

표 2.14 시장성 관련 특허지표 산출값

사용특허지표	IPC 서브클래스		
	A47L	H04B	H04W
인용문헌빈도수[8](a)	1.679	1.25	0.87
특허활동량(b)	0.076	0.094	0.136
특허강도(= (a) x (b))	0.1276	0.1175	0.1183

특허의 시장성만 본다면 A47L(가정의 세정 또는 청정) 분야, 즉 본 사례연구의 대상 기업으로 국한할 경우 구체적으로는 진공청소기 또는 로봇청소기 분야가 타 분야에 비해 높은 특허지표 값을 가짐으로써 유망 특허군 대상으로 볼 수 있다. 또한, 특허활동량은 비교적 작지만 상대적으로 큰 인용문헌빈도수를 가짐으로써 특허강도 값도 크기 때문에 A47L은 상대적으로 시장성에 매우 좋은 우수 특허군이라 할 수 있다.

7) 박정환(2014). "특허분석을 통한 유망기술 발굴을 위한 고찰"

8) 여기서는 심사관 인용문헌수를 해당 특허수로 나눈 비율을 적용함

■ 사업성 및 기술성 분야

마찬가지로 사업성 및 기술성 분야에 대한 첫 번째 대표 특허지표로 기술범위를 선택하고 이에 대한 산출값과 특허강도를 구하면 다음 표 2.15와 같다.

표 2.15 사업성 및 기술성 관련 특허지표값

사용특허지표	IPC 서브클래스		
	A47L	H04B	H04W
기술범위[9](a)	2.529	1.942	2.336
특허활동량(b)	0.076	0.094	0.136
특허강도(= (a) x (b))	0.193	0.182	0.318

사업성 및 기술성에서도 A47L 분야의 특허수준이 상대적으로 높은 것을 알 수 있다. 그러나 우수 특허를 특허강도로 선별한다면 H04W(무선통신네트워크) 분야가 0.318로 가장 큰 값을 보여주고 있어서 우수 특허군이 된다.

■ 권리성 분야

평균청구항수를 이용하면 A47L 분야의 특허군이 상대적으로 권리성이 우수함을 알 수 있다. 그러나 표 2.16에서 보듯이 우수 특허군을 선별하는 기준을 특허활동량이 고려된 특허강도로 할 경우는 H04W 분야가 권리성에 있어서 우수 특허로 볼 수 있다.

표 2.16 권리성 관련 특허지표값

사용특허지표	IPC 서브클래스		
	A47L	H04B	H04W
평균청구항수[10](a)	18.171	17.605	16.168
특허활동량(b)	0.076	0.094	0.136
특허강도(= (a) x (b))	1.387	1.651	2.204

9) 여기서는 IPC 서브클래스 각각에 속한 IPC 코드수를 각각 모두 더한 후 해당 특허수로 나눈 값을 적용

10) 여기서는 IPC 서브클래스 각각에 속한 청구항수를 각각 모두 더한 후 해당 특허수로 나눈 값을 적용

④ 특허복합지표의 활용

특허의 성격을 종합적으로 판단하고자 하는 경우, 즉 시장성, 사업성, 기술성, 권리성 등을 모두 고려하고자 하는 경우는 앞장에서 설명한 특허복합지표를 구성해서 특허의 품질을 판단할 수 있다. 특허에 대한 고객의 요구사항인 시장성, 사업성, 기술성, 권리성이 동일한 중요도를 갖는다고 가정할 경우 특허지표의 정규화값과 위 표 2.10 품질의 집에서 구한 각 특허지표의 상대적인 중요도 [1]를 이용하여 세 개의 특허군에 대한 가중평균특허수준을 구할 수 있다. 또한, 다음 표 2.17은 특허수준에 특허활동량을 곱해서 얻은 각 특허군의 특허강도를 보여주고 있다.

표 2.17 특허복합지표를 적용한 특허강도

		국제특허분류(IPC)				특허지표 가중값
		A47L	H04B	H04W		
전체 특허등록수					917	
국제특허분류별 특허등록수		70	86	125		
특허활동량(a)		0.076	0.094	0.136		
특허 지표	ⓐ 인용문헌빈도수	0.442	0.329	0.229		0.144
	ⓑ 국제출원범위[11]	0.046	0.318	0.637		0.147
	ⓒ 특허등록[12]	0.582	0.134	0.283		0.161
	ⓓ 기술범위	0.372	0.285	0.343		0.174
	ⓔ 청구항수	0.350	0.339	0.311		0.133
	ⓕ 우선권주장[13]	0.000	0.348	0.652		0.102
	ⓖ 특허잔존기간[14]	0.325	0.332	0.343		0.139
가중평균특허수준(b)		0.320	0.292	0.387		
특허강도((a) × (b))		0.024	0.027	0.053		

11) 여기서는 PCT(국제출원)특허를 모두 더하여 해당 등록특허수로 나눈 값을 말함
12) 여기서는 특정 출원기간을 기준으로 출원특허 대비 등록특허 비율을 말함
13) 여기서는 우선권주장 특허수를 모두 더하여 해당 등록특허수로 나눈 값을 말함
14) 여기서는 해당 특허의 잔존기간을 모두 더하여 해당 등록특허수로 나눈 값을 말함

특허강도의 값이 0.053인 H04W(무선통신네트워크) 분야가 가장 큰 값을 갖고 있어 여러 측면을 종합적으로 고려해 볼 때 특허품질수준이 상대적으로 가장 높은 특허군으로 추정할 수 있다. A47L과 H04B는 비슷하게 낮은 특허강도를 갖고 있다. 그러나 특허수준 측면에서는 A47L이, 특허활동량에서는 H04B가 더 큰 값을 갖고 있어 구체적으로 보면 서로 다른 특성을 갖고 있는 특허군임을 알 수 있다.

⑤ 해석

개별 특허지표 및 복합특허지표를 활용하여 A전자가 보유하고 있는 특허의 수준을 살펴보았다. 특허량도 동시에 고려할 수 있는 특허강도를 기준으로 할 경우 시장성에서는 A47L이, 사업성과 기술성 분야에서는 H04W가, 권리성에서는 H04W가 비교 대상 중에서 가장 우수한 특허군으로 선별이 되었다. 종합적인 측면에서는 H04W가 우수 특허군으로 판명이 되었다. 이를 바탕으로 특허경영, 즉 특허의 폐기, 유지, 활용의 측면에서 특허의 전략적인 활용이 가능하다.

일반적으로 특허폐기란 특허 보유에 대한 혜택보다는 비용이 더 크다는 가정 하에 연차료 납부를 중단하여 특허권을 포기하는 것을 말하며, 특허유지는 미래를 위하여 지속적으로 연차료를 납부하며 특허권을 유지하는 것을 말한다. 또한 특허활용은 특허의 효용이 높지는 않지만 일반적으로 특허의 상품가치가 높아 특허권의 제3자 이전이 가능한, 즉 특허권의 양도 또는 특허실시권 허락을 통해 수익을 얻을 수 있는 경우를 말한다.

3) 특허포트폴리오 적용

다음 그림 2.34는 특허복합지표를 활용한 특허강도의 구성요소인 특허수준과 특허활동량을 중심으로 한 포트폴리오이다. 각각의 평균값을 기준으로 네 개의 영역을 정의할 수 있다. 특허활동과 특허수준이 높은 (i)영역에 속한 특허군은 기업의 주력기술을 대변한다고 볼 수 있는데 본 사례에서는 H04W 특허군이 이 영역에 속한다.

특허활동량이 많다는 것은, 특히 최근 특허등록량이 많은 경우는 그 분야에 대한 연구개발이 지속적으로 이루어지고 있다고 볼 수 있기 때문에 자사의 전문성을 계속 발전시키고 특허의 축적 및 보호를 위해 특허군을 유지시키는 것이 바람직하다.

(ii)와 (iv)영역은 일반적으로 특허의 활용에 해당한다. (ii)영역은 특허수준은 비교적

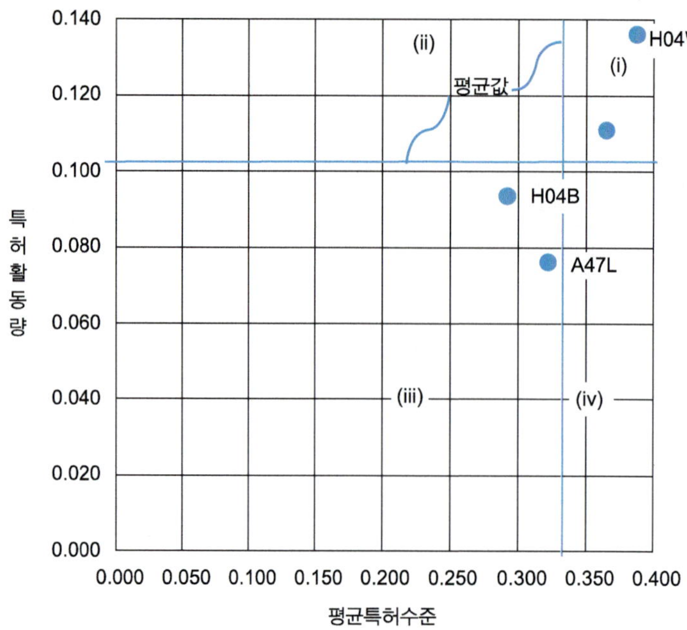

그림 2.34 특허강도에 따른 포트폴리오

낮으나 특허활동량이 많은 경우이고, (iv)영역은 특허수준은 높으나 특허활동량이 많지 않은 경우로 이번 사례에서는 두 영역에 해당하는 특허군은 없다. 기업의 연구개발 전략에 따라서 일부 보완 후 해당 특허군을 유지할 수도 있으나, 미래의 주력 사업 분야가 아닐 경우는 이 영역에 속한 특허군을 기술이전 대상으로 검토할 필요가 있다.

(iii)영역은 특허활동과 특허수준이 상대적으로 낮은 폐기 영역으로 A47L(가정의 세정 또는 청정)과 H04B(전송관련 기술)가 이 영역에 속한다. A47L은 특허활동은 높지 않지만 특허수준은 평균값에 근접해 있고, H04B는 특허수준보다는 특허활동량에 우위가 있다.

두 특허군 모두 각각의 단점을 보완하여 기술이전 등과 같은 활용을 고려할 수도 있지만 특허경영 전략에 따라 일차 폐기 대상이 될 수 있다. 특허 폐기는 하위단위인 서브클래스에서부터 특허를 개별적으로 조사하여 잔존기간이 짧은 것부터 단계적으로 폐기를 검토해 보는 것이 좋다. 다량의 특허를 동시에 폐기할 경우 전체 특허권 방어가 약화될 우려가 있으므로 상황에 따라 점진적으로 폐기하는 것이 바람직하다.

2.2.2 기술가치평가

특허를 매입하기 전에 위에서 설명한 것과 같이 우선 목적하는 바에 따른 우수 특허군을 찾아내고 그에 속하는 특허를 정성적으로 평가한 후 최종적으로 대상 특허에 대해 사업가치 및 기술가치를 평가하는 것이 합리적이다.

다음 그림 2.35는 기술가치평가를 실시할 경우의 순서도이다.

절차	세부 방법	활용방안
1. 기술성, 시장성, 사업성 분석	• 기술성, 시장성, 사업성 분석 및 평가 • 기초분석 종합결과	기술동향, 경쟁력 수준, 매력도, 사업화 가능성
2. 기술의 경제적 수명 추정	• 기술로드맵을 활용한 기술수명주기 • 전문가 의견에 의한 추정방법 • 인용특허수명지수의 활용 • 벤처캐피탈에서 적용하는 5년으로 일률 적용	기술동향, 시장전망
3. 매출액 추정	• 평가대상기술로 매출액이 있는 경우 – 시장점유율에 대한 매출액 추정법 – GNP 탄성치에 의한 매출액 추정법 – 최소자승법에 의한 매출액 추정법 • 매출액이 없는 경우 – 국내외 현존시장의 매출 판단 – 국내외 잠재시장의 추정	국내외 시장규모 전망
4. 가상 재무제표 추정	• 손익계산서 추정 • 대차대조표 추정	국내외 시장규모 전망
5. 미래현금 추정금액	• 기술수명에 따른 잉여미래 현금흐름 추정	국내외 시장규모 전망
6. 할인율 추정	• WACC에 의한 방법 (거래소나 코스닥에 상장된 기업) • 상장되어 있지는 않으나 비교대상이 될만한 유사기업 (WACC에 의한 방법) – WACC+규모위험 프리미엄 • 벤처캐피탈 할인율	국내외 시장규모 전망
7. 기술기여도 적용	• 기술별 중요도를 고려한 기술기여도 산정 • 산업기술요소를 고려한 기술기여도 산정 • 산업기술요소(고정값)를 고려한 기술기여도 산정	기술 경쟁력
8. 기술가치 산정	• 사업가치×기술기여도	기술가치

그림 2.35 기술가치평가 순서도

출처: IT기술가치평가 가이드, 정보통신연구진흥원, 특허경영(2018) 재구성

일반적으로 기술가치를 평가할 때는 평가에 앞서 필요한 관련 자료의 수집이 선행되어야 한다. 예를 들어 기술성이나 시장성 및 사업성을 분석하기 전에 관련 기술에 대한 현황, 시장에 대한 환경, 사업성에 대한 재무제표의 분석 등이 필요하다. 기술에 대한 현황의 경우 유사특허조사 및 분석, 그리고 기술로드맵 등을 통해 자사의 기술수준을 측정하고 평가하는 일은 매우 중요하다.

위의 그림 2.35의 순서도에 따른 다음의 경우는 실무적으로 편리하다.

1) 추정 손익계산서

실무적으로는 보통 업종별 평균 재무비율을 참조하여 추정 손익계산서를 작성한다. 이에 대한 예시는 4장 개발 플랫폼의 활용과 사례(3.5 기술사업화 사례에서 ③경제성평가)를 참조하기 바란다.

2) 할인율의 추정

실무적으로 할인율 결정은 예를 들어 기술신용보증기금이 발행한 '기술가치평가 실무요령'에 따라 다음의 표 2.18에 의거한 방법을 사용하기도 한다.

표 2.18-1 '기술가치평가 실무요령'의 예시(기술 분류)

기술군	기술분야
IT(group1)	전기/반도체, 전자/통신, 정보매체, 컴퓨터
BT(group2)	농수산, 바이오, 식료품, 의약, 의료 · 레저, 생명공학, 보건의료, 환경
기계(group3)	기계부품, 엔진/펌프, 포장, 의료정밀기기, 기반기술
소재(group4)	고분자, 금속가공, 분리/혼합, 비금속가공, 섬유, 야금/도금, 제지, 조명, 가열, 초미세기술, 측정/광학, 가정용품, 광업
화학(group5)	무기화학/수처리, 무기/폭발, 석유/정밀화학, 원자력, 유기화학
건설, 수송(group6)	수송교통, 건설 · 토목
기타(group7)	출판, 기타제조업, 도소매

표 2.18-2 '기술가치평가 실무요령'의 예시(할인율)

규모별	업종별	할인율	규모별	업종별	할인율
코스피	group1	0.070	비상장(중)	group1	0.111
	group2	0.062		group2	0.097
	group3	0.077		group3	0.095
	group4	0.067		group4	0.096
	group5	0.066		group5	0.097
	group6	0.076		group6	0.105
	group7	0.068		group7	0.106
코스닥	group1	0.091	비상장(소)	group1	0.131
	group2	0.078		group2	0.119
	group3	0.077		group3	0.120
	group4	0.077		group4	0.120
	group5	0.079		group5	0.119
	group6	0.082		group6	0.128
	group7	0.089		group7	0.129
비상장(대)	group1	0.101	비상장(창업)	group1	0.159
	group2	0.087		group2	0.145
	group3	0.084		group3	0.153
	group4	0.086		group4	0.151
	group5	0.088		group5	0.146
	group6	0.091		group6	0.166
	group7	0.094		group7	0.159

3) 현금 흐름의 추정

이상의 과정을 거쳐 DCF Discounted Cash Flow(현금흐름할인) 방법에 의한 현금 흐름 추정 내용을 다음 표 2.19와 같이 정리한다.

표 2.19 현금 흐름 추정 내용의 예시

구분	D+1년	D+2년	D+3년	D+4년	D+5년
영업이익					
법인세					
세후 영업이익			추정 손익계산서 적용		
감가상각비					
운전자본 증분(−)					
운전자본 회수(+)					
FCF	−78	161	369	251	9445
할인율			9%		
할인계수	0.92	0.84	0.77	0.71	0.65
현재가치	−72	136	285	178	6139
현재가치 합계(NPV)			6665		

상기 표 2.19의 결과에 따른 사업의 가치는 6,665이다.

4) 기술기여도 추정

기술기여도는 편의상 30%로 추정한다.

5) 기술가치 추정

기술가치는 사업가치 × 기술기여도로 산정하므로, 1999.5이다.

2.3 소멸 · 만료 특허의 활용

특허로 보호받는 신약이 특허가 만료되어 독점권을 상실하면 다수의 제약사에서 약효 및 품질이 동등하게 제조된 의약품을 만드는데, 이를 제네릭 의약품이라고 하거나 복제약 Copy Drug이라 한다. 마찬가지로, 특허권이 만료된 것이나 연차료를 내지 않아 특허 등록의 소멸을 가져온 특허는 사용 가능하다. 특히, 특허가 실시되지 않고 만료되거나 소멸된 것을 주목할 필요가 있다. 새로운 신규 사업을 구상할 때 아이템이 위와 같은 소멸 또는 만료된 특허와 유사한 경우라면 사전에 면밀히 검토하여 아래와 같은 특허청구범위에 대한 회피설계를 참고하여 추가 보완하는 것이 바람직하다.

2.3.1 특허청구범위의 회피설계

우리 기업들은 앞으로 특허분쟁의 소지를 어떻게 줄이고 어떻게 해야 사전에 피할 수 있을 지 제품을 시장에 내놓기 전에 회피설계에 대해 고민해야 한다. 이를 위해 다음의 회피설계 방법에 대해 살펴보기로 한다.

1) 회피설계

① 의의

회피설계란 선행 특허발명의 보호범위, 즉 특허청구범위에 기재된 발명의 동일성(균등) 범위를 벗어날 수 있는 개량발명을 설계하는 것을 말한다. 이러한 회피설계를 통하여 선행특허의 침해로 인한 민, 형사상 책임을 면할 수 있을 뿐만 아니라, 특허전략상 선진기업들과의 특허 분쟁시 크로스 라이선싱 등을 통해 로열티를 절감할 수 있으므로 중요한 의미를 가진다.

② 회피설계의 성립요건

- 우선 선행 특허발명의 문헌적 침해에 해당하지 않아야 한다.
  이를 위해 선행특허의 특허청구범위(청구항)에 기재된 모든 구성요소를 분석한 후, 이들 모든 구성요소all elements가 그대로 포함되지 않도록 이중 일부를 변경하여야 한다.
- 또한 선행 특허발명의 균등범위에 속하지 않아야 한다.
  이를 위해 선행특허발명의 일부 구성요소를 치환함으로써 서로 다른 기능 또는 작용효과를 나타내도록 하거나, 당업자가 치환 가능할 것으로 용이하게 예측할 수 없는 구성요소로 치환하여야 한다.
- 가능하면 진보성을 획득하여 특허권을 확보하는 것이 유리하다.
  선행특허발명의 동일성(균등) 범위를 벗어나더라도 진보성을 인정받지 못하면 개량발명으로서 특허를 받을 수 없다. 이를 위해서는 구성요소의 치환으로 인한 효과가 당업자가 용이하게 예측할 수 없을 정도로 현저하여야 한다.

2) 회피설계의 과정

우선 해당 기술 분야의 경쟁업체 또는 선도업체의 특허포트폴리오를 철저히 검색하는 것이다. 그리고 검색된 특허건들을 정밀하게 분석해야 하는 작업이 뒤따라야 한다. 여기에는 특허맵patent map 작성이나 권리분석 방법이 활용될 수 있다. 이 두 방법을 통해 경쟁업체 또는 선도업체의 특허포트폴리오가 어떤 연도에, 어떤 세부기술에 많이 분포돼 있는지 파악할 수 있다. 또 해당 특허포트폴리오에 포함돼 있는 각각의 특허에 기재된 특허 청구범위가 얼마나 넓은 권리범위를 형성하고 있는지에 대한 분석을 수행할 수 있다. 이때 해당 특허청구범위가 넓은 권리범위를 형성할 때에는 해당 특허에 대한 무효 가능성 여부를 분석해 보고, 동시에 특허청구의 권리범위를 벗어날 여지가 있는지 청구항의 각 구성요소element 기재 내용을 면밀히 살피면서 회피설계를 해야 할 것이다.

3) 회피설계의 구체적 방법

선행특허발명이 A+B+C로 구성되어 있을 경우 예를 들어 다음의 5가지 방법을 통해 회피설계를 시도할 수 있다.

① 새로운 구성요소를 부가하는 방법(A+B+C+D)

회피설계중에 (A+B+C)가 일체형을 가진 형태로 존재하는 경우 구성요소완비의 법칙All Elementary Rule에 의해 선행특허발명의 권리범위에 속하게 된다. 그러나 이 경우에도 D의 부가로 인해 현저한 효과를 나타낸다면 이용발명으로서의 특허성이 인정되어 크로스 라이선스 등을 통하여 로열티를 절감할 수 있는 장점이 있다. 한편, 부가된 D가 A, B 또는 C와 유기적인 결합을 하여 ((A+D)+B+C, A+(B+D)+C 또는 A+B+(C+D) 등) 특유의 작용효과를 나타내는 경우에는 별개의 발명으로서 선행특허의 권리범위를 벗어날 수도 있다. 특히 화학 관련 발명의 경우에는 D(반응물질 또는 촉매)의 부가가 상호의 반응을 주목적으로 하는 경우가 많아 과정의 일시점을 잡아 선행발명에서 사용하는 물질이 상호 반응 후에도 그대로의 형태로 존재하는 것을 입증하기가 극히 곤란하므로 별개 발명으로 인정될 가능성이 높다.

② 선행특허발명의 구성 요소중 일부를 치환하는 방법(A+B+C')

C와 C'의 기능이 실질적으로 동일하여 실질적으로 동일한 효과를 나타내는 경우에는 균등의 범위에 속하게 된다. 그러나, C와 C'가 당해 발명내에서 서로 다른 기능을 하거나 서로 같은 기능을 하더라도 현저한 작용효과를 나타내는 경우에는 균등의 범위에서 벗어나게 된다. 특히 화학제법발명에서는 최종물질이 동일 또는 유사하더라도 출발물질, 반응물질, 반응조건 등의 변경으로 인해 수율이 현저히 높아지거

나 작용효과가 현저히 우수한 최종물질을 생성하는 경우에는 균등물의 치환이 아닌 것으로 보는 경우가 많다.

③ 선행특허발명의 구성요소중 일부를 생략하는 방법(A+C)

생략된 구성요소(B)가 비교적 중요도가 낮으며, 생략이 당업자에게 용이하고, 효과가 특허발명에 비해 낮은 경우에는 불완전 이용발명론에 의해 선행특허발명의 권리범위에 속할 수 있다. 그러나 선행특허발명에서 필수불가결하다고 판단되었던 구성요소를 생략함에도 불구하고 선행특허발명과 동등하거나 그보다 우수한 효과를 나타내는 경우에는 권리범위에 속하지 않을 수 있다.

④ 공지기술을 활용하는 방법(A+B+C가 공지되었거나, A+B가 공지되고 C와 유기적 결합이 아닌 경우 등)

A+B+C(또는 그 하위개념인 a+b+c) 자체가 공지된 경우에는 A+B+C(또는 그 하위개념인 a+b+c) 자체가 공지기술제외설에 의해 선행특허발명의 보호범위에서 제외되고, A+B+C'가 공지인 경우에는 A+B+C'가 A+B+C 특허발명의 균등의 범위에서 배제된다.

⑤ 금반언의 원칙을 적용하는 방법(출원과정에서 A+B+C에서 A+B+c1으로 축소 보정한 경우 등)

A+B+C에서 A+B+c1으로 축소 보정한 이유가 불명확한 기재를 명확하게 하거나 당업자의 실시가능성 요건을 충족하기 위하여 보정하였다는 것이 명백한 경우에는 A+B+c1과 균등물인 A+B+c2에도 권리범위가 미친다. 그러나, 왜 청구항을 축소 보정하였는가가 불명확한 경우에는 그 보정은 특허성과 관련된 이유로 즉, 선행기술을 극복하기 위해 행해진 것으로 추정되므로 출원포대 금반언의 원칙이 적용되어 최종 클레임에서 삭제된 A+B+c2는 균등의 범위에 속하지 않는다.

4) 바람직한 회피설계

회피설계에는 특허 전문가와 기술자 공동의 노력이 필요하다. 특허 전문가만의 회피설계 도출은 기술적인 입장에서 구현이 불가능하거나 생산비용에 문제가 발생하는 설계가 될 수도 있기 때문이다. 반대로 기술자만의 회피설계 도출은 특허 청구범위의 각 구성요소 분석에 부족함이 있을 수 있다. 회피설계에 쏟는 노력이 크면 클수록 향후 발생할 수도 있는 특허소송으로 훨씬 더 큰 소송비용이 드는 것을 막을 수 있을 것이다.

2.3.2 용도 변경의 구상 사례

소멸 또는 만료된 특허, 유망 특허의 도입을 통해 다른 용도로 전환하여 활용하는 것을 적극 고려해 볼 필요가 있다. 많은 연구개발 가운데 실패된 사례를 다른 곳에 용도 변경하여 성공하거나 본래 용도를 다른 곳에 활용하여 성공할 가능성을 검토

선박 횡동요 감쇠 시스템

원래의 용도	사업화 사례
 인공위성의 자세제어에 활용되는 CMG(Control Moment Gyroscope) 기술이며, 적은 전력으로 큰 토크 출력 가능	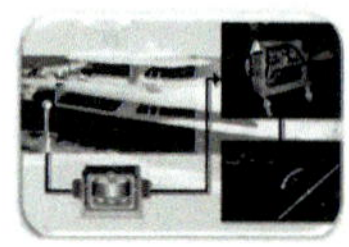 선박, 로보틱스, 자동차 등에서 활용 가능하며, 선박의 횡동요를 제어할 수 있는 산업용 CMG로 개발 중

고성능 대형 디젤 엔진용 소음기

원래의 용도	사업화 사례
 (청정 환경이 요구되는) 우주 발사체 비행 중 발생되는 발사체 페어링 내부 소음을 절감시키기 위한 기술	 높은 음압 환경에서 광대역 흡음 성능과 청정 환경을 요구하는 대형 디젤 엔진 소음 절감에 활용 가능. 현재 선박 디젤엔진용 고성능 청정 흡음기로 개발 중

그림 2.36 용도 변경의 활용 예시(1)

차로 구분이 가능한 내비게이션

원래의 용도	사업화 사례
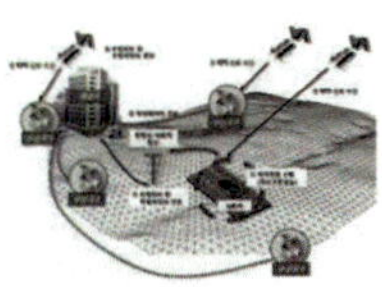 위성항법(GPS)을 기반으로 육상교통 사용자가 정확하고 신뢰도 높은 위치 결정을 수행할 수 있는 기술	 도로교통 정보수집, 자동요금 징수, 교통법규 위반단속 분야에서 활용 가능. 현재 정밀전자 지도를 활용하여 차로구분 서비스가 가능한 단말기 개발 중

수액 자동 조절기

원래의 용도	사업화 사례
 우주발사체 엔진 연료의 미세 유량 제어 및 측정/분석 기술	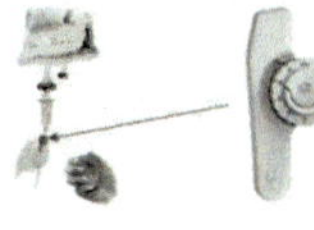 정밀한 미세 유량의 계측/제어가 필요한 분야에 활용 가능. 현재 수액을 자동으로 계측하여 환자에게 안심하고 약물을 투입할 수 있는 수액 자동 조절기 개발 중

그림 2.37 용도 변경의 활용 예시(2)

하는 것은 매우 중요하다. 실례로 3M은 본래 목표한 접착제 개발에는 성공하지 못했지만 실패된 접착제를 포스트잇에 활용하여 큰 성공을 한 것은 널리 알려진 사실이다. 그림 2.36 및 그림 2.37의 경우는 본래 용도를 변경하여 다른 데 활용하고자 시도된 여러 사업화 사례들이다.

2.4 특허기술의 분석 및 회피설계 사례

여기서는 기존의 다른 제품과의 비교분석을 통한 벤치마킹Benching marking과 창의성으로 차별성, 혁신성을 강조한 새로운 제품에 대한 아이디어와 이를 구체화시킨 개념설계안을 세탁기 사례를 통해 설명하고자 한다.

2.4.1 특허기술 분석

타인의 특허기술이나 디자인을 회피하여 설계하는 것은 매우 중요하다. 왜냐하면 지식재산권화된 타인의 기술이나 디자인을 침해할 경우 우리 특허법은 징벌적 손해배상을 명시하고 있고 이에 따라 사업의 진행이 어려울 수 있기 때문이다. 따라서, 제품이나 서비스를 개발하기 전에 반드시 선행특허를 조사 분석하여 미리 사전에 침해를 방지하는 회피설계를 구상해야 한다.

1) 대상 특허기술

최근 분리동시 세탁 기능은 혁신적인 기술 및 차별화된 아이디어로 각광받으며, 2015년 7월 말, LG에서 세계 최초로 2개의 세탁조로 동시 세탁 가능한 세탁기 '트윈워시Twin wash'를 출시하였고 글로벌 시장 및 국내 프리미엄 세탁기 시장을 선도하고 있다. 이를 벤치마킹 대상으로 보고 이와 관련 유사 특허를 사전에 조사하여 비교 분석 한 후 새로운 아이디어를 추가한 제품을 고안해 보기로 한다.

이를 위해, 다음의 검색식을 통해 유사기술에 대한 선행특허를 다음의 표 2.20과 같이 조사하였고 이중 등록된 특허 3건을 예시적으로 분석하였다.

〈검색식〉
TL = [세탁기 + (세탁 * (시스템 + 장치))] * AB = [다단 + 멀티 + 다층 + 복층 + 분할 + 구획 + 분리] * CL = [복수 * (세탁실 + 세탁조 + 세탁기)]

표 2.20 동시 세탁 가능한 세탁기에 대한 선행특허의 조사

연번	국가	인용문헌(출원번호)	출원인	발명의 명칭	상태	관련도
1	KR	10-1996-0003477	주식회사 엘지이아이	전자동 세탁기의 분리 세탁 장치	소멸	A
2	KR	10-1996-0005974	주식회사 엘지이아이	전자동 세탁기의 분리 세탁 장치	소멸	A
3	KR	10-1996-0007260	주식회사 엘지이아이	세탁기	소멸	A
4	KR	10-1996-0018285	주식회사 엘지이아이	전자동 세탁기의 분리 세탁 장치	소멸	A
5	KR	10-2000-0012308	엘지전자 주식회사	서랍형 세탁기	등록	S
6	KR	10-2001-0065778	엘지전자 주식회사	상하 분리 세탁이 가능한 세탁기	취하	A
7	KR	10-2006-0080379	이진식, 이태호	멀티 세탁기의 제어 장치 및 그 방법	등록	A
8	KR	10-2007-0057876	엘지전자 주식회사	복합 세탁 장치	등록	S
9	KR	10-2013-0103725	양지선	세탁물의 종류 및 양에 따라 적응적으로 사용 가능한 분리형 세탁조를 갖는 세탁기	공개	S
10	KR	20-1996-0027436	주식회사 엘지이아이	전자동 세탁기의 분리 세탁 장치	거절	A
11	KR	20-1996-0028684	삼성전자 주식회사	복수개의 공간으로 구획된 세탁조를 갖는 세탁기	취하	A

관련도 표시기호
X: 이 문헌에 의해 조사 대상 발명(고안)의 신규성이 없는 것으로 인정
Y: 이 문헌과 1 이상의 다른 문헌과 결합하여 조사 대상 발명(고안)을 당해분야의 기술자가 용이하게 발명(고안)할 수 있는 것으로 인정
S: X 또는 Y에 해당하지는 않으나 조사 대상 발명의 신규성 또는 진보성에 영향을 미칠 우려가 있는 문헌
A: 특별한 관련은 없으나 일반적 선행기술 내용을 포함하는 문헌
P: 출원일과 우선권 주장일 사이에 공포된 문헌
E: 선행문헌이지만 출원일 이후에 발행된 문헌
T: 출원일 이후 발행된 자료로 발명내용을 이해하는데 도움이 되는 문헌

‘동시 세탁이 가능한 세탁기’에 대한 유사기술 관련 선행특허의 조사를 통해 등록된 특허 3건의 특허기술에 대한 자세한 분석과 대응 내용을 다음 그림 2.38, 2.39, 2.40에 나타냈다.

① 사례 1

<table>
<tr><td>발명의 명칭</td><td colspan="2">서랍형 세탁기</td></tr>
<tr><td colspan="3">구성 대비</td></tr>
<tr><td colspan="2">대표도</td><td>대표청구항</td></tr>
<tr><td colspan="2">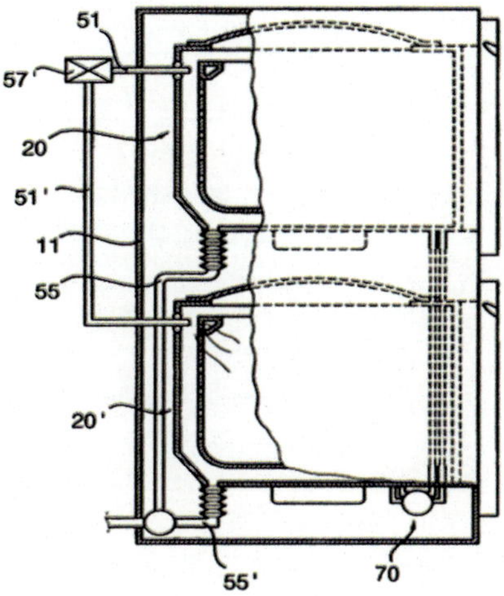
</td><td>청구항 2.
적어도 일측면에 하나 이상의 개방부가 형성된 아웃케이스와,
외조와 내조로 이루어져 상기 아웃케이스의 내부에 각각 위치되고 하부에는 구동수단이 설치되어 있는 복수개의 세탁조와,
상기 아웃케이스와 복수개의 세탁조 사이에 각각 설치되어 세탁조를 지지하는 동시에 각 세탁조가 아웃케이스의 개방부를 통해 서랍방식으로 열리고 닫힐 수 있도록 하는 슬라이딩 수단과,
상기 세탁조와 세탁조의 사이에 연결되어 어느 한 세탁조에 수용된 세탁수를 다른 세탁조로 순환시키는 순환 펌핑 수단</td></tr>
<tr><td colspan="3">분석 및 대응</td></tr>
<tr><td colspan="3">특허 출원 10-2000-0012308(이하, 선행문헌 1)은 하나의 아웃케이스 내부에 복수의 세탁조가 설치되고, 각 세탁조에 별도의 구동수단이 설치되며, 각 세탁조가 슬라이딩 수단에 의해 서랍식으로 개폐되는 구성을 특징으로 한다. 이러한 구성은 복수의 세탁조가 개별 작동하여 세탁을 행한다는 점에서 조사 대상 발명의 구성과 유사한 바가 없지 않다. 그러나, 선행문헌 1은 세탁조 간에 세탁수를 순환 공급하는 순환펌핑수단을 필수 구성요소로 하고 있기 때문에, 세작조 간의 세탁수 공급과 배출이 독립적으로 이루어지는 구성을 취함으로써 용이하게 회피설계가 가능한 것으로 판단된다. 더욱이 선행문헌 1은 아웃케이스에 세탁조가 내장된 것을 필수 구성으로 하기 때문에, 아웃케이스 없이 개별 세탁유닛이 취합되는 구성을 선택하는 것도 효과적인 회피설계의 방안이 된다. 또한, 세탁조가 서랍방식으로 개폐되는 선행문헌 1의 필수 구성 역시 다양한 다른 방식의 개폐 구조를 선택함으로써 용이하게 회피가 가능한 것으로 판단된다.</td></tr>
</table>

그림 2.38 동시 세탁이 가능한 세탁기 특허기술 분석의 예시(1)

② 사례 2

<table>
<tr><th>출원인(특허권자)</th><td>엘지전자 주식회사</td><th>등록일자</th><td>2014.08.25</td></tr>
<tr><th>발명의 명칭</th><td colspan="3">복합세탁장치</td></tr>
<tr><th colspan="4">구성 대비</th></tr>
<tr><th colspan="2">대표도</th><th colspan="2">대표청구항</th></tr>
<tr><td colspan="2">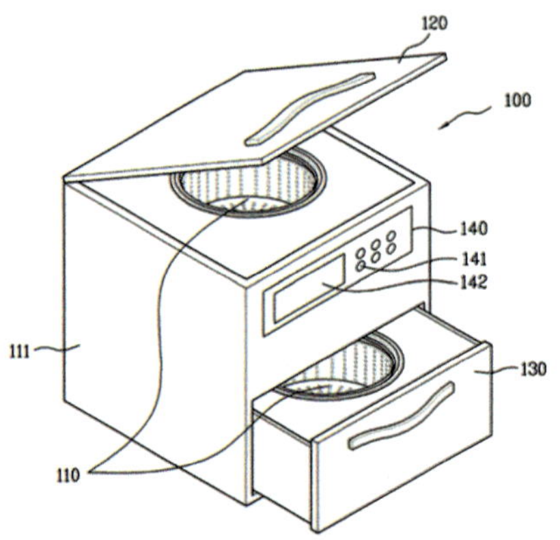
</td><td colspan="2">청구항 1.
케이싱;
서로 다른 세탁방식으로 세탁을 수행하도록 상기 케이싱 내부에 구역되어 형성되고, 서로 다른 구동방식의 개발 세탁장치를 포함하는 복수개의 세탁 공간;
을 포함하고,
상기 개별 세탁장치의 전반 동작을 동시에 제어하도록 상기 개별 세탁장치는,
동작을 제어하기 위한 제어수단;
상기 개발 세탁장치에 대한 사용자 명령을 입력하기 위한 키 입력부; 및
상기 키 입력부를 통한 사용자 입력 또는 행정상태를 표시하기 위한 표시부;
를 더 포함하는 것을 특징으로 하는 복합세탁장치</td></tr>
<tr><th colspan="4">분석 및 대응</th></tr>
<tr><td colspan="4">특허 출원 10-2007-0057876(이하, 선행문헌 2)은 하나의 케이싱 내부에 복수의 세탁공간이 구비되고, 각 세탁공간에 서로 다른 구동방식의 개별 세탁장치가 구비된 것을 주된 특징으로 한다. 이러한 구성은 복수의 개별 세탁장치가 각각 작동하여 세탁을 행한다는 점에서 조사 대상 발명의 구성과 유사하며, 선행문헌 2의 다른 필수 구성요소인 제어수단, 키 입력부, 표시부 등은 세탁기에 통상적으로 구비되어야 하는 것들이므로, 선행문헌 2의 권리범위는 상당히 넓은 것으로 판단된다. 그러나, 선행문헌 2는 케이싱의 내부에 세탁공간 및 개별 세탁장치가 구비된 것을 필수 구성으로 하기 때문에, 케이싱 없이 개별 세탁 유닛이 취합되는 구성을 선택함으로써 충분히 회피설계가 가능한 것으로 판단된다.</td></tr>
</table>

그림 2.39 동시 세탁이 가능한 세탁기 특허기술 분석의 예시(2)

③ 사례 3

<table>
<tr><td>출원인(특허권자)</td><td>양지선</td><td>등록일자</td><td>2015.03.11</td></tr>
<tr><td>발명의 명칭</td><td colspan="3">세탁물의 종류 및 양에 따라 적응적으로 사용 가능한 분리형 세탁조를 갖는 세탁기</td></tr>
<tr><td colspan="4">구성 대비</td></tr>
<tr><td colspan="2">대표도</td><td colspan="2">대표청구항</td></tr>
<tr><td colspan="2">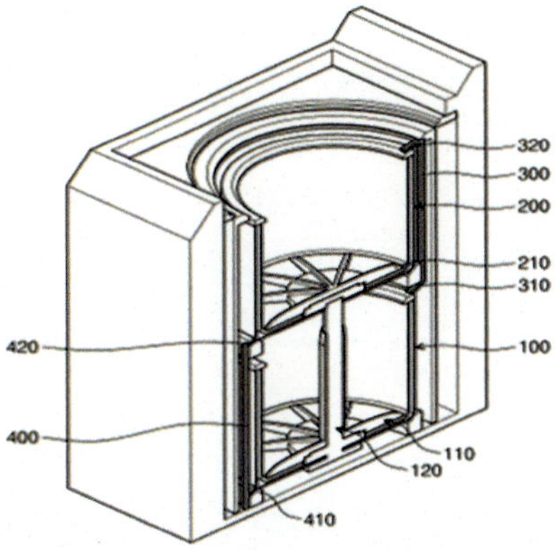
</td><td colspan="2">청구항 1
수직으로 적층된 복수의 세탁조를 갖는 세탁기에 있어서,
제1 세탁물이 투입되고, 하부에 배치되는 제1 세탁조;
제2 세탁물이 투입되고, 상부에 배치되는 제2 세탁조;
상기 제1 세탁조의 바닥면에 배치된 제1 회전날개판;
상기 제2 세탁조의 바닥면에 배치된 제2 회전날개판;
및
상기 제1 회전날개판 및 상기 제2 회전날개판을 연결하고, 상기 제1 및 제2 회전날개판과 함께 회전하는 세탁봉을 포함하는 세탁물 적응형 세탁조를 갖는 세탁기</td></tr>
<tr><td colspan="4">분석 및 대응</td></tr>
<tr><td colspan="4">특허 출원 10-2013-0103725(이하, 선행문헌 3)은 상하로 적층되는 복수의 세탁조에 각각 회전날개판이 구비된 것을 주된 특징으로 한다. 이러한 구성은 복수의 세탁조가 개별적으로 세탁을 행할 수 있는 구성이라는 점에서 조사 대상 발명의 구성과 유사한 바가 있다. 그러나 선행문헌 3은 각 날개판이 세탁봉을 통해 연결되어 함께 회전되는 것을 필수 구성으로 하고 있기 때문에, 각 세탁유닛의 구동계를 분리하거나 간접적으로 동력전달이 이루어지는 구성을 선택함으로써, 충분히 회피설계가 가능한 것으로 판단된다. 특히 선행문헌 3은 심사 단계에 있는 건이므로, 등록 여부가 결정되지 않았고 권리범위 역시 확정되지 않았다.</td></tr>
</table>

그림 2.40 동시 세탁이 가능한 세탁기 특허기술 분석의 예시(3)

그리고 이미 특허가 등록된 '동시 세탁이 가능한 세탁기' 특허 3건에 대한 특허기술 분석을 통한 종합 검토 의견은 다음과 같다.

[종합 검토]

선행문헌 1 내지 3은 분리된 복수의 세탁조를 구비한 것을 구성의 특징으로 하고 있어 조사 대상 발명과 유사한 바가 있다. 그러나, 선행문헌 1은 세탁조가 수용되는 아웃케이스, 세탁조를 서랍식으로 개폐시키는 슬라이딩수단, 세탁조 간의 세탁수를 순환시키는 펌핑수단을 필수 구성으로 포함하고 있으므로, 이러한 구성 중 적어도 하나라도 배제한 구성 및 추가적인 구성을 선택하면 용이하게 침해 회피가 가능하다. 선행문헌 2는 개별 세탁장치가 수용되는 케이싱을 필수 구성으로 포함하고 있으므로, 케이싱이 없는 구조를 선택하고 마찬가지로 또 다른 구성 요소를 추가하면 충분히 침해 회피가 가능하다. 또한, 선행문헌 3은 아직 권리가 확보되지 않았을 뿐 아니라, 각 세탁조의 날개판을 연결시키는 세탁봉을 필수 구성으로 하고 있으므로, 이를 배제한 구성과 다른 구성의 선택을 통해 회피설계를 찾아 볼 수 있다.

다만, 선행문헌 2는 케이싱을 한정하고 있는 것외에는 권리범위가 상당히 넓게 잡혀 있어 유의가 요망되며, 향후 개발 과정에서 외부의 케이싱이 필수적이거나 바람직한 것으로 판단될 경우, 무효심판 청구를 통해 선행문헌 2의 권리를 무효화시키는 대응 전략도 필요할 것으로 보인다.

2.4.2 회피설계

위에서 설명한 2.4.1 특허기술 분석 내용중 사례 1, 사례 2, 사례 3 및 종합 검토에서 살펴 본 회피 방안을 고려하면서 하드웨어 및 인터페이스, 편의성 등을 다음과 같이 구상하여 보았다. 주의해야 할 것은 위의 회피 방안은 예시적으로 보여 주기 위한 것으로, 상세한 방법론은 전술한 2.3.1 특허청구범위의 회피설계를 고려해야 한다.

1) 하드웨어

- 3단 세탁조 이상의 적층 구조 세탁기로 구상하고 세탁용 세탁조의 회전 방향을 서로 다르게 회전시켜 위상차를 줌으로써 진동을 감쇄시킬 수 있도록 고안
- 종류가 다른 세 종류의 세탁물을 동시에 세탁할 수 있어 시공간 절약 슬라이드 도어로 세탁 공간의 효율성을 높일 수 있게 고안
- 자동 세제 조절 등 추가 기능으로 편리하고 스마트한 세탁 생활이 가능하게 고안

2) 인터페이스

- 물리적인 버튼을 과감히 없애고, 터치스크린으로 조작함으로써 편의성 제공
- 인터페이스는 일반 사용자의 평균 신체 치수와 작업 동선을 고려하여 버튼 간격을 띄우고, 조작부는 다이얼 방식으로 편의성을 높임

- 터치스크린 크기는 지름 12 cm로, 텍스트 크기를 크게 하여 가독성을 높임
- 터치스크린 하단에 프로그레시브 바Progressive Bar로 내비게이션을 표시하여, 진행 상태 및 과정을 쉽게 인지하도록 함

3) 사용자의 편의성

- 디자인 제품은 향후 소비자의 니즈needs에 따라 세탁조의 개수를 옵션으로 추가가 가능하게 고안
- 또한, 기존의 사각형 형태를 탈피하도록 고안
- 기존 세탁기에서 선보이지 않은 원형 터치스크린으로, 차별화와 함께 감성적인 UX 경험을 제공하도록 함

2.4.3 사례

위의 회피설계에 따라 트리플 스핀 세탁기[15]의 디자인 콘셉트를 다음 그림 2.41과 같이 전개하였다.

1) 디자인 콘셉트(Concept) 및 특징

그림 2.41 '트리플 스핀 세탁기'의 디자인 개념

15) 주의: 이예지, 실제로 고안된 디자인으로 등록번호 30-0800267(2015.6.11. 공고)로 등록되어 있음

■ 트리플 스핀 세탁기(Triple Spin Washer)의 특징

기존 세탁기의 사각틀을 깨고 원형으로 적층된 원통형 세탁기 구조이다. 세탁의 필요에 따라 적층할 수가 있어 모듈러modular 방식으로 조립이 가능하다. 옵션 사양option specification(선택 스펙)으로 기능을 계속 업그레이드 할 수 있는 적층식 모듈방식으로 제작할 수 있다. 소비자의 필요와 환경에 따라 적층이 가능한 모듈 조립식 구조이므로 주문형이 가능하여, 3D 적층형(Z 방향) 방식이므로 공간 활용이 우수하다. 이러한 구조는 세탁조를 서로 반대 방향으로 회전시켜 진동과 소음을 상쇄시킬 수 있는 장점이 있다.

2) 목표 설정 및 개념안

① 개발 목표

고안 제품 '트리플 스핀 세탁기'의 개발 목표 설정에 대한 주요 항목과 내용을 다음 그림 2.42에서 보여주고 있다.

그림 2.42 고안된 트리플 스핀 세탁기의 모형

② 개념안

개념안은 그림 2.43과 같다.

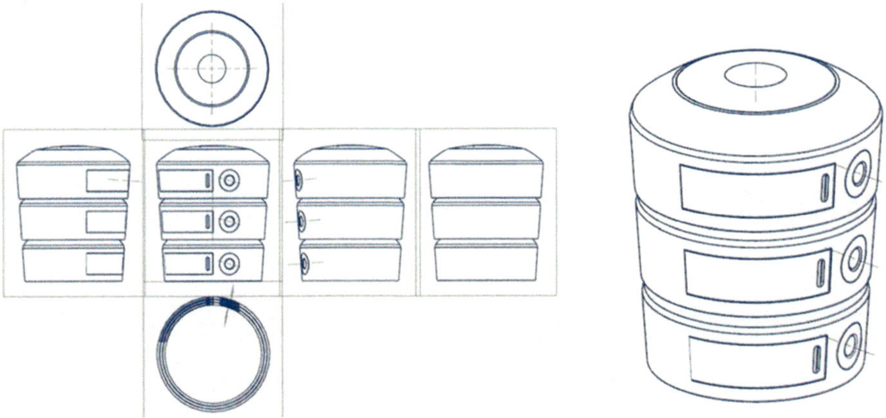

그림 2.43 6면도 및 입체도

3) 예상 문제점 및 해결 방안

① 예상 문제점

전통적인 일반형 드럼 세탁기와 비교하여 기술개발상에 있어서 핵심적인 문제점을 파악하고 이에 대한 문제 해결안을 제시하였다.

- 가장 큰 우려와 기술적으로 해결하기 어려운 부분이 누수일 것으로 생각된다. 회전하는 세탁통의 측면에 도어를 만들고 실링sealing(누수방지)까지 되어야 하기 때문에 해결하는데는 많은 어려움이 예상된다.
- 사용 편리성 측면에서 3단으로 분리/동시 세탁할 수 있다는 것은 큰 장점임에 틀림없지만, 맨 하단의 세탁기 경우에 세탁물을 넣고 꺼내기가 매우 불편할 것으로 생각된다.
- 기존 사각 디자인이 보편화 되어 있는 세탁기에서 원형 디자인은 참신하고 좋아 보이지만, 실제 설치 측면에서 공간 활용이 상대적으로 불리할 수 있고 기술적으로는 탈수 시 진동을 잡아주기 위한 서스펜션(스프링, 댐퍼 등)을 설치하는데 어려움이 예상된다. 기존 세탁기는 외곽 캐비닛은 사각, 내부의 세탁통은 원형이기 때문에 사이의 빈 공간에 서스펜션이 설치되기 때문이다.
- 맨 상단의 세제 오토 디스펜서Auto Dispenser(자동 분배기를 말한다. 세탁수나 세제 등을 필요량 만큼의 일정하게 빼내어 쓸 수 있게 한 장치)를 이용해서 세제를 하단으로 이동시키는 것은 단을 결합할 때 커넥터 등을 연결하면 가능

하겠으나 유로가 복잡해지는 등의 작은 문제도 예상된다.

② 해결 방안

ⓐ **방수**: 톱 오픈top open 방식은 일반적인 방식이다. 세계 표준 방수기술Anti-water proof을 적용할 경우 좌, 우 슬라이딩 타입에서도 방수 문제는 해결될 수 있다.

ⓑ **거치대 설치**: 소비자의 동선을 편하게 하기 위하여 세탁을 위한 원통형 거치대를 만들어서 기존의 세탁기 높이로 유지한다.

ⓒ **방진**: 타 산업분야인 자동차에 적용하고 있는 동적인 전기차 방진 기술을 응용하여 적용할 수 있다. 또한 구조물의 제진설계 응용기술을 적용할 수도 있다. 서스펜션damper(쇼바)은 눈에 보이지 않는 하단부에 크로스cross로 구성해, 벡터힘으로 분산시키는 것을 베이직basic(기본) 구조로 설치하고(자동차와 모든 구조물에서도 하단부에 설치됨) 상하진동 및 좌우진동을 좀 더 완벽하게 줄이기 위해 소비자에게 보이지 않는 뒤방향으로 별도 거치대를 만들거나 고유 디자인은 유지한 채로 형상을 약간 변경하여 서스펜션 메커니즘을 설계하여 설치한다.

ⓓ **별도 공간에 설치**: 위에서 언급한 ⓒ의 별도 공간으로 전기 배선 등의 통로를 확보한다.

CHAPTER

03

아이디어 사업화

1 비즈니스 모델(BM) 특허

1.1 BM 특허의 정의[16)]

BM이란 용어는 Business Method와 Business Model이 혼용되어서 사용되고 있으나, 미국 특허법상으로는 Business Method가 통용되고 있으며, 국내 특허법에서도 발명의 카테고리를 물건과 방법으로 구분하고 있으므로, Business Model 보다는 방법으로 해석되는 Business Method가 적절하다. 그럼에도 불구하고 특허분야 이외에서는 비즈니스 모델로 광범위하게 사용하고 있으므로 본서에서는 이를 병행키로 한다.

1.1.1 BM 특허의 개념

그림 3.1에서 보여주는 바와 같이 영업방법 BM 발명은 영업방법 등 사업 아이디어를 컴퓨터, 인터넷 등의 정보통신기술을 이용하여 구현한 새로운 비즈니스 시스템 또는 방법을 말하며, 영업방법 BM 발명이 특허심사를 거쳐 등록되면 영업방법 BM 특허가 된다.

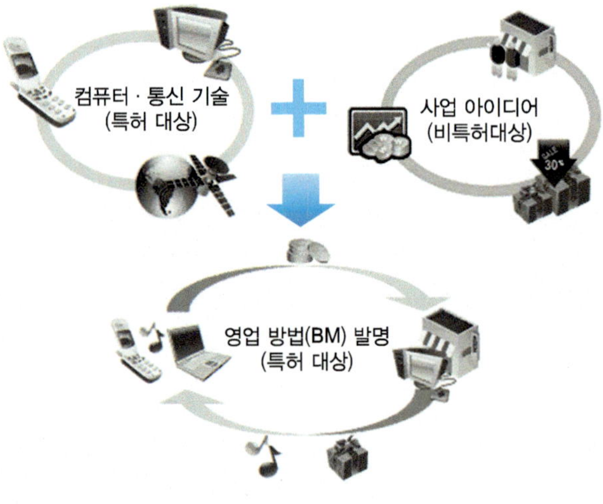

그림 3.1 영업방법(BM) 발명특허의 개념
출처: 특허청 홈페이지

16) 특허청 홈페이지(https://www.kipo.go.kr/)

영업방법(비즈니스 모델)의 개념을 구체적으로 살펴보면 그림 3.2와 같다.

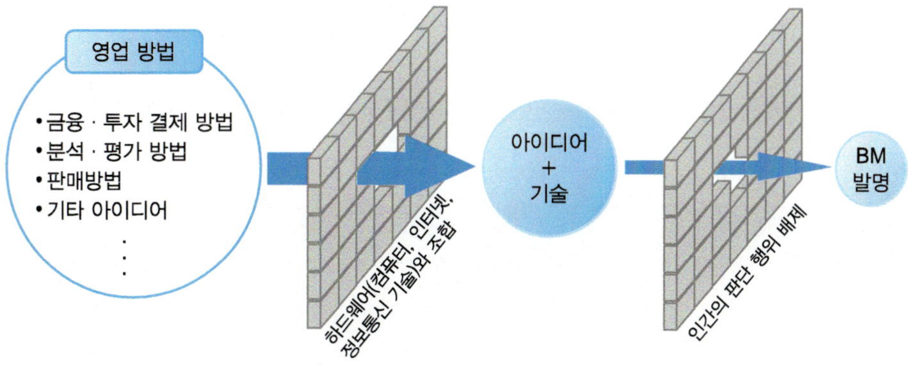

그림 3.2 영업방법(비즈니스 모델)의 개념
출처: 특허청

1.1.2 인터넷 관련 발명과 영업방법(BM) 특허의 관계

인터넷이란 컴퓨터와 네트워크·통신망을 이용한 정보 교류 시스템이라고 정의할 수 있으며, 인터넷 관련 발명은 이들 기술과 관련된 발명이다. 인터넷 관련 발명은 시스템 분야와 응용분야로 크게 구별되며, 응용분야의 주류는 전자상거래 분야로서 영업방법BM, 전자화폐, 결제, 금융 관련 발명 등이 이에 포함된다.

1.2 BM 특허의 경향[17]

디지털 전환이 요구되는 4차 산업혁명 관련 산업군의 생산요소기술이 성숙 단계로 진입하면서 이에 따른 새로운 서비스가 필요하게 되고 중요해졌다.

영업방법에 대한 특허권은 1998년 미국의 스테이트스트리트 판결에서 비즈니스모델(영업방법)을 특허로 인정하기 시작하면서 개념이 정립되어 BM 특허로 지칭되었다. 전체 비즈니스 모델 혁신 관련 특허 출원은 전반적으로 증가하고 있으며 서비스 상용화의 용이성, 업종별 특성에 따라 발전 수준의 차이가 있다.

---

17) 산업연구원(2020), "특허관점의 서비스 비즈니스모델 혁신 기술 도출 및 정책적 시사점" 일부 발췌

1.2.1 비즈니스 모델 혁신

국제특허 데이터베이스에서 비즈니스 모델(영업방법) 혁신 기술 관련 특허를 추출하고 특허 기술 분류 코드를 기준으로 하위분류 중 주요 서비스 업종과 연관된 분류를 해당 서비스 업종의 비즈니스 모델 혁신으로 정의하고 있다.

이러한 비즈니스 모델 혁신은 기업이 수익성을 높이거나 고객에게 높은 가치를 전달하기 위해 개선된 방식을 개발하거나 적용하는 것을 의미한다. 이는 기업이 새로운 기술이나 아이디어를 개발하여 새로운 사업을 창출할 뿐 아니라 내부적으로 수익을 늘리고 비용을 줄이는 등 기업의 수익성을 높이기 위한 행위를 포함한다.

이에 따라, O2O Online-to-Offline 서비스, 라이드헤일링 Ride-Hailing 서비스, 스마트헬스케어 서비스, 핀테크 Fintech 서비스 등 새로운 서비스 시장 창출이 활성화되고 있다.

업종별로도 서비스 비즈니스 모델 형태에 따라 특화된 기술 분류가 융합되는 형태를 띠고 있다. 물류 분야는 내비게이션 및 교통 시스템, 물류 시스템, 드론 및 무인항공기 관련 기술 등이 기술 클러스터와 융합되고, 금융 분야의 경우는 금융 결제와 관련된 기술이 포함되고, 여행 서비스 분야는 물류 분야와 유사하게 내비게이션 및 교통 시스템이 포함되어 있다.

최근에는 전기자동차 기술의 활용도가 증가하는 양상을 보이고 있다. 의료와 사회복지 분야는 의료 기기 및 기술 관련 클러스터를 형성하고 있으며 사회복지와 교육 분야는 모두 교육 및 장애 보조 관련 기술이 융합되어 있다. 숙박서비스 분야는 통신, 데이터 클러스터와 음식점 관련 기술이 융합된 형태를 보이고 있다.

기술 분류 코드의 조합으로 이루어진 4차 산업혁명 관련 기술들의 비즈니스 모델 혁신에 활용되는 경우를 보면, 인공지능, 빅데이터, 사물인터넷, 클라우드, 자율주행차, 지능형로봇, VR/AR 기술을 예로 들 수 있다. 인공지능, 빅데이터, 사물인터넷, 클라우드 기술은 기술적으로 포화단계에 접어들어 서비스 상용화가 이루어질 수 있다.

자율주행차, 지능형로봇, VR/AR 기술을 활용한 비즈니스 모델 혁신은 초기 기술혁신 성장 단계로 다양한 아이디어가 등장하고 있다. 업종별 4차 산업혁명 기술 활용 분석 결과를 살펴보면, 모든 서비스분야에서 사물인터넷의 활용 비중이 가장 높다.

빅데이터, 클라우드, 인공지능은 기술적 연관성이 높기 때문에 업종별 활용도에서도 유사하게 측정된다. 예를 들면, 물류서비스와 여행서비스 분야의 자율차 기술, 교육서비스 분야의 VR/AR 기술, 여행서비스와 숙박서비스의 인공지능 및 클라우드 기술 등은 각 서비스 업종의 비즈니스 모델에 활용 비중이 높다.

1.2.2 BM 특허의 CPC코드 분류 체계

BM 특허의 하위분류를 기준으로 관련 서비스 비즈니스 모델 혁신과 관련된 특허 분류는 그림 3.3과 같이 선진특허분류[18]의 G06Q Subclass의 하위분류를 BM 특허 분류로 정의하고 이를 비즈니스 모델 혁신의 대응 지표로 활용한다.

G06Q 분류는 6개 중분류로 구성되어 있으며 총 389개의 세분류를 포함하고 있다. CPC 코드는 IPC 코드를 더 세분화하여 분류한 것으로 아래 표 3.1에 열거된 CPC 코드는 IPC 코드와 동일하다. 필요할 경우 모든 CPC 분류코드에 대응하는 IPC 분류코드를 나타내는 CPC-IPC 매칭표를 참고한다. 이러한 코드를 통해 BM 특허에 대한 선행기술을 조사할 수 있다.

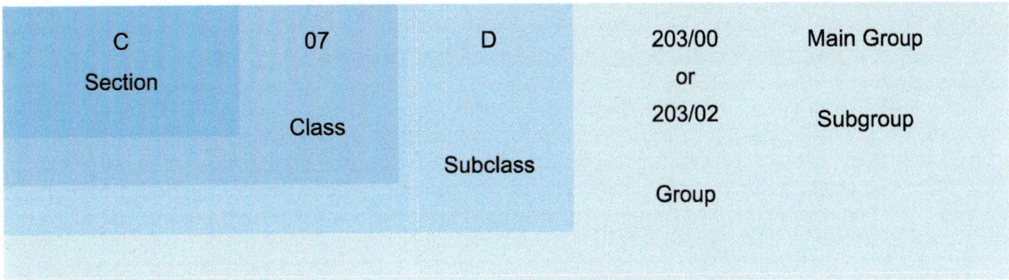

그림 3.3 선진특허분류 체계
출처: 미국특허청 홈페이지

18) Section, Class, Subclass, Group, Main Group, Subgroup의 계층 구조로 구성

표 3.1 업종별(지식서비스) 비즈니스 모델 혁신 관련 하위 분류

<table>
<tr><th colspan="2">업종</th><th>CPC 코드</th><th>정의</th></tr>
<tr><td rowspan="3">사회
서비스</td><td>의료</td><td>G06Q 50/24</td><td>Patient record management</td></tr>
<tr><td>사회복지</td><td>G06Q 50/22</td><td>Social work</td></tr>
<tr><td>교육</td><td>G06Q 50/20</td><td>Education</td></tr>
<tr><td rowspan="2">물류/유통/
마케팅</td><td>물류</td><td>G06Q 50/28</td><td>Logistics, e.g. warehousing, loading, distribution or shipping</td></tr>
<tr><td>유통/마케팅</td><td>G06Q 30/00</td><td>Commerce, e.g. shopping or e-commerce</td></tr>
<tr><td rowspan="4">사업자
서비스</td><td rowspan="2">금융</td><td>G06Q 20/00</td><td>Payment architectures, schemes or protocols</td></tr>
<tr><td>G06Q 40/00</td><td>Finance; Insurance; Tax strategies; Processing of corporate or income taxes</td></tr>
<tr><td rowspan="2">전문과학
기술서비스</td><td>G06Q 10/06</td><td>Resources, workflows, human or project management, e.g. organising, planning, scheduling or allocating time, human or machine resources; Enterprise planning; Organisational models</td></tr>
<tr><td>G06Q 50/18</td><td>Legal services; Handling legal documents</td></tr>
<tr><td rowspan="2">개인
서비스</td><td>숙박</td><td>G06Q 50/12</td><td>Hotels or restaurants</td></tr>
<tr><td>여행</td><td>G06Q 50/14</td><td>Travel agencies</td></tr>
</table>

출처: Cooperative Patent Classification 근거로 산업연구원(2020) 작성 재인용

1.3 BM 특허의 작성 방법[19)]

1.3.1 BM 특허 대상의 구체적인 판단

특허의 대상 여부를 판단하는 것은 청구항에 관련된 발명이며 청구항 전체로서 판단한다. 청구항에 관련된 발명이 소프트웨어와 하드웨어가 구체적인 협동수단에 의해 특정한 목적 달성을 위해 정보처리를 수행하는 장치, 그 동작 방법 또는 프로그램을 기록한 컴퓨터로 읽을 수 있는 기록매체이면 BM 특허의 대상이 된다.

이와 반대로, BM 특허의 대상이 되지 않는 예로는 다음과 같다.

- 순수한 영업방법 자체

19) 특허청(2020), BM 특허 길라잡이 일부 발췌

- 추상적인 아이디어, 인위적인 결정, 인간의 정신 활동, 오프라인 상의 인간의 행위를 포함하는 경우
- 소프트웨어에 의한 정보처리가 하드웨어를 이용해 구체적으로 실현되고 있지 않은 경우
- 온라인상의 행위와 오프라인 상의 행위가 결합된 경우
- 컴퓨터 프로그램 리스트, 데이터 구조 등 정보의 단순한 제시
- 컴퓨터 프로그램 자체(단, '하드웨어와 결합되어 특정과제를 해결하기 위하여 매체에 저장된 컴퓨터 프로그램'은 2014.7.1. 이후 출원부터 특허 대상이 됨)
- 수학 알고리즘 또는 수학 공식, 경제법칙, 금융법칙, 게임규칙 그 자체

1.3.2 명세서 양식 및 작성 요령

명세서는 특허를 받고자 하는 발명의 내용을 명확하고 상세하게 기재한 서면으로서 발명의 명칭, 도면의 간단한 설명, 발명의 설명, 청구범위로 구성된다. 특히 발명의 설명은 원칙적으로 【기술분야】, 【배경기술】, 【발명의 내용】, 【발명의 실시를 위한 구체적인 내용】 및 (【산업상 이용가능성】)란으로 구분하여 기재한다.

① 【발명의 명칭】

발명의 명칭은 막연하거나 장황한 기재를 피하고 발명의 내용에 따라 간명하게 기재한다. 또한, 개인명, 상표명, 상품의 애칭, 극히 추상적인 성능만을 나타내는 표현 또는 「특허」라는 용어를 발명의 명칭에 포함해서는 안된다. 그 외, 청구범위에 2 이상의 카테고리의 청구항을 기재하는 경우에는 이들 복수의 카테고리를 포함하는 간단명료한 명칭으로 기재해야 한다.

② 【기술분야】

기술 분야는 특허를 받고자 하는 발명의 기술 분야를 명확하고 간결하게 기재한다.

③ 【배경기술】

배경기술은 발명의 이해, 선행기술 조사 및 심사에 유용하다고 생각되는 종래의 기술을 기재하고, 종래기술의 문헌정보를 함께 기재한다.

(【선행기술문헌】)

(【특허문헌】)

선행기술문헌은 선택 기재 사항이며, 다음과 같이 기재할 수 있다.

예) [문헌 1] US 57XXXX3 A

[문헌 2] JP 1X-XXXXXX A

④ 【해결하고자 하는 과제】

해결하고자 하는 과제에는 특허를 받고자 하는 발명이 과제로 하고 있는 종래 기술의 문제점 등을 기재한다.

⑤ 【과제의 해결 수단】

과제의 해결 수단에는 어떤 해결수단에 의해서 해당 과제가 해결되었는지를 기재한다.

⑥ 【효과】

효과에는 특허를 받고자 하는 발명이 종래의 기술과 대비하여 우수하다고 인정돼는 사항을 기재한다.

⑦ 【도면의 간단한 설명】

첨부한 도면이 있는 경우 도면의 간단한 설명란에 도면의 각각에 대하여 각 도면이 무엇을 표시하는가를 기재한다.

⑧ 【발명의 실시를 위한 구체적인 내용】

발명의 실시를 위한 구체적인 내용에는 그 발명이 속하는 기술 분야에서 통상의 지식을 가진 자가 그 발명이 어떻게 실시되는지를 쉽게 알 수 있도록 그 발명의 실시를 위한 구체적인 내용을 적어도 하나 이상, 가급적 여러 형태로 기재한다. 필요한 경우에는 【실시예】란을 만들어 기재하고, 도면이 있는 경우에는 그 도면에 대해 설명을 기재한다.

⑨ 【청구범위】

청구범위에는 【발명의 설명】에 개시한 발명 중 출원인이 스스로의 의사에 의하여 특허권으로 보호를 받고자 하는 사항을 선택하여 기재한다. 청구항에 기재된 사항은 특허법상 발명에 해당하여야 하므로 자연법칙을 이용한 기술적 사상의 창작 중 고도한 것일 필요가 있다. 특히, BM 특허는 소프트웨어에 의한 정보처리가 하드웨어를 이용해 구체적으로 실현되고 있는 경우로서, 해당 소프트웨어와 협동해 동작하는 정보처리 장치, 그 동작 방법 및 해당 소프트웨어를 기록한 컴퓨터로 읽을 수 있는 매체는 자연법칙을 이용한 기술적 사상의 창작으로 본다.

【청구범위】의 청구항은 발명이 명확하고 간결하게 기재되어야 하는데, 이는 청구항의 기재가 불명확하거나 그 기재 내용이 간결하지 않은 발명에 대하여 특허권이 부여되면 발명의 보호범위가 불명확하여 특허발명의 보호범위를 결정하는 권리서로서의 역할을 다할 수 없으며 특허요건의 판단 등도 불가능하게 되기 때문이다.

1.3.3 BM 특허의 작성예

【명세서】
【발명의 명칭】
모바일 금융 서비스 시스템 및 방법{MOBILE FINANCE SYSTEM AND METHOD}

【기술분야】
본 발명은 모바일 금융 거래 시스템 및 방법에 관한 것으로서, 구체적으로는 스크립트를 이용하여 전송 데이터를 최소화하고, 금융 애플리케이션의 생성, 유지보수 및 업데이트를 매우 용이하게 수행할 수 있는 모바일 금융 거래 시스템 및 방법에 관한 것이다.

【배경기술】
휴대폰 등의 무선 단말기의 사용은 이미 보편화되었고, 기본 기능 이외에 무선 단말기를 이용한 다양한 부가서비스가 행해지고 있다. 이러한 부가서비스 중에서 광범위한 이용이 가능한 분야가 금융 분야이며 모바일 뱅킹 및 모바일 결제 등의 모바일 금융 거래가 활성화되고 있다.
– 중 략 –
따라서 , 모바일 금융을 위한 솔루션 제작 및 유지 보수시의 재사용 가능성은 매우 높으나, 현재로는 실제 솔루션의 제작 및 유지보수에 있어서 코드나 모듈의 재사용을 가능하게 하는 수단이나 방법이 없는 실정이므로, 전술한 바와 같이 개별 은행별로 모바일 금융 솔루션을 구축 실시하고 있어 불필요한 중복투자가 많이 발생하고 있는 문제점이 있다.

【선행기술문헌】
【특허문헌】
[문헌 1] US 57XXXX3 A [문헌 2] JP 1X-XXXXXX A

【발명의 내용】
【해결하려는 과제】
전술한 문제점을 해결하기 위하여, 본 발명은 금융 모바일 솔루션의 제작시 구성 모듈 또는 콤포넌트의 재사용성을 높이고 유지보수를 용이하게 하는 모바일 금융 서비스 제공 시스템 및 방법을 제공하는 데 있다.

【과제의 해결수단】
전술한 목적을 이루기 위하여, 본 발명은 모바일 금융거래를 위한 시스템에 있어서, 금융기관의 금융 서버와 , 상기 금융 서버로 부터 금융 데이터를 수신하고, 상기 금융 데이터 및 금융 애플리케이션 구동 스크립트를 병합하여 전송 데이터를 생성하는 모바일, 금융, 서버와, 상기 금융 애플리케이션의 변경 사항을 업데이트하는 업데이트 서버와, 상기 전송 데이터를 무선 단말기로 전송하는 무선망과, 상기 스크립트를 이용하여 UI를 구성하고 금융 거래를 처리할 스크립트 엔진을 탑재하며, 상기 전송 데이터를 수신하여 사용자에게 모바일 금융 거래를 가능 하게 하는 무선단말기를 포함하는 것을 특징으로 하는 모바일 금융 거래 시스템을 제공한다.
– 중 략 –
본 발명의 또 다른 면에 따라 , 상기 처리용 데이터 및 UI 구성용 스크립트를 병합하여 전송 데이터를 생성하는 모바일 서비스 서버와, 상기 데이터 형식 및 상기 스크립트의 변경 사항을 업데이트하는 업데이트 서버와, 상기 전송 데이터를 무선 단말기로 전송하는 무선망과, 상기 스크립트를 이용하여 UI를 구성하고 데이터를 처리할 스크립트 엔진을 탑재하며, 상기 전송 데이터를 수신하여 사용자에게 모바일 서비스를 가능하게 하는 무선 단말기를 포함하는 것을 특징으로 하는 모바일 서비스 시스템이 제공된다.

【발명의 효과】
본 발명에 따르면, S/W 모듈의 재사용성을 높여 모바일 솔루션 개발 시의 중복 투자를 방지할 수 있고, 솔루션이나 데이터 형식의 변경 사항을 용이하고 신속하게 반영할 수 있으며, 무선으로 송수신되는 데이터의 양을 감소시킴으로써 모바일 솔루션 제작자, 서비스 제공자 및 이용자 모두에게 편의성과 효율성을 제공할 수 있다.

【도면의 간단한 설명】
도 1은 본 발명에 따른 모바일 금융 시스템의 구성도.
도 2는 본 발명에 따른 무선 단말기에서 수행되는 처리 흐름도.

【발명을 실시하기 위한 구체적인 내용】
이하, 본 발명의 바람직한 실시예와 첨부도면을 참조하며 본 발명의 구성에 대하여 상세히 설명한다.
– 중 략 –
이상, 첨부 도면을 참조하여 본 발명의 바람직한 실시예에 대하여 상세히 설명하였으나, 이는 예시에 불과 한 것이며 본 발명의 기술적 사상의 범주 내에서 다양한 변형과 변경이 가능하다. 따라서, 본 발명의 권리범위는 이하의 청구범위의 기재에 의하여 정하여져야 할 것이다.

【청구범위】
【청구항 1】
모바일 금융 거래를 위한 시스템에 있어서, 금융 기관의 금융 서버와 상기 금융 서버로 부터 금융 데이터를 수신하고, 상기 금융 데이터 및 금융 애플리케이션 구동 스크립트를 병합하여 전송 데이터를 생성하는 모바일 금융 서버와, 상기 금융 애플리케이션의 변경 사항을 업데이트하는 업데이트 서버와, 상기 전송 데이터를 무선 단말기로 전송하는 무선망과 상기 스크립트를 이용하여 UI를 구성하고 금융 거래를 처리할 스크립트 엔진을 탑재하며, 상기 전송 데이터를 수신하여 사용자에게 모바일 금융 거래를 가능하게 하는 무선 단말기를 포함하는 것을 특징으로 하는 모바일 금융 거래 시스템.

【요약서】

【요약】

본 발명은 모바일 금융 거래를 위하여, 금융 기관의 금융 서버와, 상기 금융 서버로부터 금융 데이터를 수신하고, 상기 금융 데이터 및 금융 애플리케이션 구동 스크립트를 병합하여 전송 데이터를 생성하는 모바일 금융, 상기 금융 애플리케이션의 변경 사항을 업데이트하는 업데이트 서버와, 상기 전송 데이터를 무선 단말기로 전송하는 무선망과, 상기 금융 애플리케이션을 구동하며, 상기 전송 데이터를 수신하여 사용자에게 모바일 금융 거래를 가능하게 하는 무선 단말기를 포함하는 것을 특징으로 하는 모바일 금융 거래 시스템 및 금융 거래 방법을 제공한다.

【도 1】

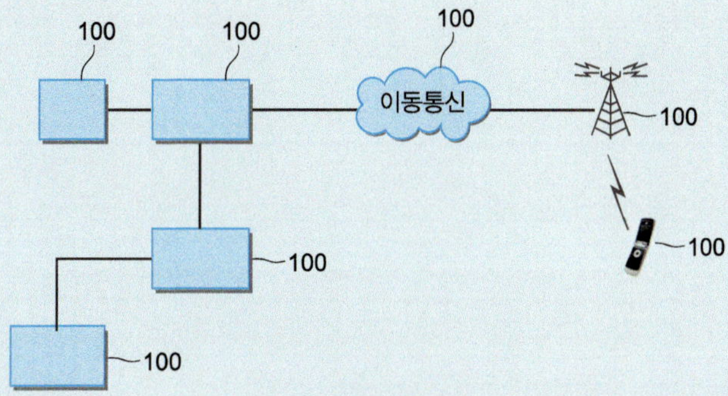

【도 2】

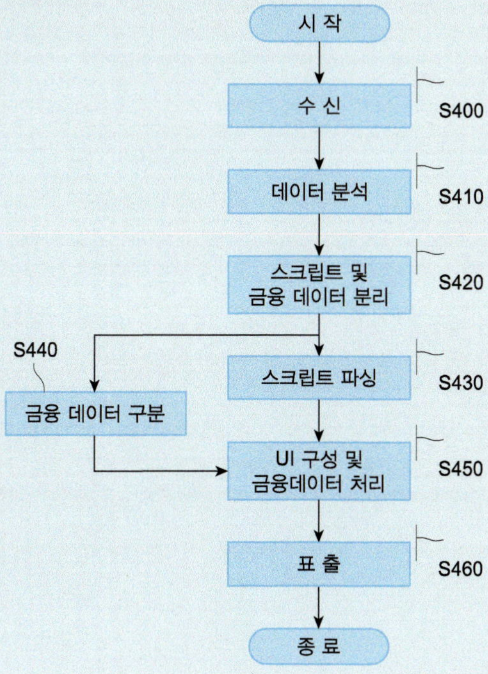

1.4 BM 특허의 사례

다음과 같은 BM 특허의 또 다른 사례를 통해 BM 특허의 개념을 다시 한번 이해하도록 한다.

1.4.1 배치 기반 할인을 사용한 광고의 선택 및 가격결정

〈페이스북의 BM 특허 (KR101785599B)〉

사용자가 소셜 네트워킹 콘텐츠와 함께 열람하도록 식별된 후보 광고가 사용자의 디스플레이에서 다양한 슬롯에 배치되고 다양한 배치의 예상값이 결정되어 광고가 그 시스템의 수익을 최적화하도록 선택되고 배치되면 각각의 광고는 그 배치를 기초로 광고의 가격을 조정하는 할인 함수를 사용하여 평가되는 소셜 네트워킹 시스템에서의 광고 선택 및 배치시스템

1.4.2 홈 네트워크를 이용한 건강관리 시스템 및 동작 방법

〈삼성전자주식회사의 BM 특허 (KR101934821B)〉

병원 서버로부터 사용자에 대한 건강 정보를 수신하여 사용자에 대한 건강 정보에 대응하는 환경제어 정보를 생성하고 이를 홈 디바이스로 전송함으로써 사용자의 효율적이고 지속적인 건강관리를 도울 수 있는 건강관리시스템

1.4.3 자동 응답 서비스에 기초한 결제 방법 및 상기 방법을 수행하는 서버

〈카카오의 BM 특허 (KR10165737B)〉

사용자 단말이 자동 응답 서비스를 통해 간편 결제 요청을 판매자 서버에 전달하면, 판매자 서버는 자동 응답 서비스를 통해 식별하여 사용자 단말의 전화번호를 인증 서버에 전달하고, 인증 서버는 전화번호를 통해 사용자 단말이 간편 결제 서비스에 가입했는지 여부를 판단한 후, 가입 여부에 따라 결제 링크를 메시지 서버에 전달하거나 또는 간편 결제 서비스의 가입을 사용자 단말에 유도하는 것.

이와 같은 BM 특허는 모두 지식서비스로서 플랫폼 비즈니스의 서비스에 해당된다고 볼 수 있다.

2 상품의 개념화

일반적으로 상품을 제품과 서비스로 나누어 말하며, 따라서 제품화를 제품의 개념화로, 서비스화를 서비스의 개념화로 생각하고 설명한다.

2.1 제품설계(Product Design)

제품설계, 디자인에 있어서 제품의 사용목적, 조건에 적합한 재료를 선정하는 것, 또는 그 재료의 특성에 부합한 설계를 하는 것은 성형품, 금형제작 등을 고려한 설계를 하는데 있어 중요하다.

아무리 이상적인 재료를 사용하여도 금형제작에 무리가 발생한다든지 성형품에 좋지 않는 영향을 끼치는 설계가 되어서는 안된다. 성형품을 저비용low cost으로 하기 위해서는 여러 가지의 조건을 가능한 만족하도록 성형품이나 금형제작에 적합한 제품설계 작업을 할 필요가 있다.

그것을 위해서는 제품설계의 단계에서 디자이너, 성형기술자, 금형 제작업체가 충분히 검토하고 종합된 제품설계를 하는 것이 바람직하다.

2.1.1 제품설계 과정

제품설계 과정은 일반적으로 다음 표 3.2와 같은 순서로 이루어진다.

표 3.2 제품설계 과정

단계	내 용	적용 방안
의장설계 (디자인)	• 설정된 기능을 충실히 실현하면서 제품의 가치를 높이기 위한 조형미를 인위적으로 실현하는 창의적 단계	• 외관 형상의 자유 스케치(Free-Sketch)로 디자인 설정 • 외관 부품의 다양한 채색 • CG(Computer Graphics)에 의한 애니메이션(Animation) 전개

표 3.2 (계속)제품설계 과정

단계	내 용	적용 방안
개념설계 (기술 타당성 검토 포함)	• 제품 이미지와 기능을 스케치(Sketch) 등으로 묘사하면서 고정시키는 설계 단계 • 최적 설계 수행	• 부품별 자유 스케치(Free-Sketch)에 의한 형상 설정 • 3차원 공간 구조 구성도 작성
기본설계	• 제품의 형태, 크기 등을 구체적인 도면으로 표현하는 설계 단계	• 3차원 형상으로부터 2차원 형상 추출 도면화 작업
기능설계	• 기능의 실현과 성능의 향상을 위하여 적용 기술방식을 설정하여 무형의 이미지를 유형 형태로 만드는 단계	• 부품별 조립에 메커니즘(Mechanism) 수행 • 3차원 데이터를 이용한 부품별 해석(Analysis) 수행 •부품별 최적 설계(안) 도출
상세설계	• 사용 부품을 결정하고 각 부품별로 치수를 결정하는 것으로, 설계적인 것은 물론 제도적인 업무(2D 및 3D CAD)가 대부분이다.	• 3차원 데이터를 이용한 부품별-원재료 소요량 등의 계산 • 3차원 도형으로부터 2차원 형상 추출 도면화
생산설계	• 제품의 기능을 실현하면서 원가를 낮추고, 품질의 향상 등 생산성을 향상시킬 수 있는 기술을 동원하여 구체적으로 실현하는 설계 단계	• 금형 가공용 NC-TOOL Path Simulation 및 데이터 생성

1) 제품설계 및 금형제작

원하는 제품 즉 성형품을 만들기 위한 제품설계 및 금형제작의 공정process은 다음과 같다.

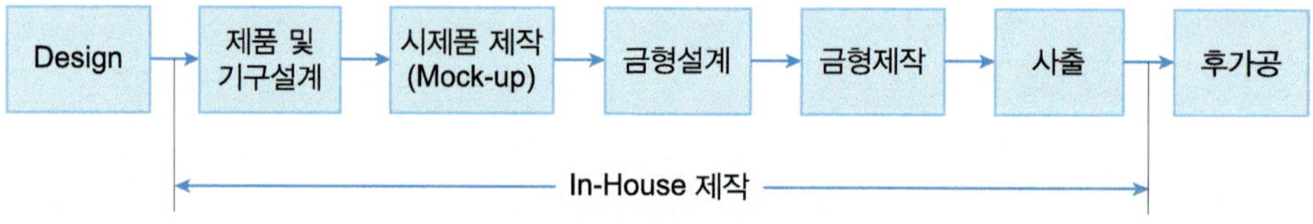

대부분의 중소벤처 기업들이나 창업자들은 이 경우 인-하우스In-House 제작을 주로 외주로 처리하고 있어서, 신규 아이템에 대한 사업타당성과 제품설계에 의한 시제품 테스트가 실질적으로 가장 중요하다고 볼 수 있다.

2) 시제품 제작

플라스틱 제품의 경우, 설계도면이 완성되면 양산용 금형제작을 위해서는 고비용의 투자와 제작시간이 많이 걸리므로 제작 착수 이전에 설계도면의 오류 유무 점검, 회로부품을 실장한 기능의 점검, 최종 외관검토 및 조립성 문제 검토, 동작성 테스트 등의 여러 목적으로 사용하기 위하여 반드시 시제품prototype을 제작하여 문제점을 사전에 예방해야만 한다. 이는 제품의 원가절감, 품질향상, 개발기간의 단축 등 생산성 향상에 있어서 중요한 과정인 것이다. 이 시제품을 프로토타입prototype 또는 목업mock-up이라고도 한다. 그 밖에, 프레스나 다이캐스팅의 제품설계가 있으나, 필요한 경우 다른 관련 서적을 참고하기 바라며 여기서는 생략하기로 한다.

① 목업(Mock-up ; 모형제품)의 제작

목업은 전문 제작업체에서 제작한다. 제작업체는 설계자가 제공한 설계도면을 가지고 제작하며, 사용재료는 ABS판, PMMA판, PVC봉 등이며 곡면부는 목형(木型)을 만들어 열을 가해 성형하고, 또한 드릴, 선반, 밀링 M/C machine 등을 이용하여 구멍hole, 보스boss, 평면부의 필요 형상을 제작한다. 그 외는 수공으로 제작하며 접착제 등을 이용, 조합하여 한 개의 부분을 완성한다. 이후 외관에 도장을 실시하고, 필요한 곳에 실크인쇄silk screen도 한다. 3차원 CAD의 등장으로 3차원 설계도면을 목형의 제작 없이도 CAM으로 가공하여, 가공 품질의 향상, 제작기간의 단축 등이 이루어지고 있다.

최근에는 3D Printer에 의한 적층방식으로 목업mock-up이 제작되고 있다. 기존 3차원 CAM에 의한 제작보다 가격이 훨씬 저렴하고 제작시간도 단축되는 장점도 있으나, 가공 정밀도가 떨어지는 단점도 있다.

② 소프트 몰드(Soft-mold ; 진공주형)의 제작

시제품의 제작은 기술검토 및 외관 디자인 검토용으로 제작되는 것이나, 흔히 수출품의 경우는 고객 제출용 또는 시험 검증용으로 10여대에서 수십 대가 필요할 때가 있다. 만약 이들을 목업으로 모두 제작한다면 그 비용이 엄청나게 들게 된다. 이 비용을 절감하기 위해 수량이 많을 때에는 소프트 몰드 방법으로 시제품을 제작하게 된다. 제작방법은 원형master을 그대로 복사copy하는 방식을 취하므로 반드시 원형으로 쓰일 목업이 필요하다. 이를 마스터 목업master mock-up이라고 한다. 성형사출에서 금형에 해당하는 형(型)은 대개는 실리콘 고무silicon rubber로 제작된다.

3) 시제품 사용 테스트

신제품 콘셉트와 제품설계 단계를 거쳐 최초로 개발된 제품인 시제품prototype product을 활용하여 최종 소비자의 반응을 알아보는 것을 제품사용 테스트라고 하며 필드 테스트, 사용자 테스트 또는 시장 수용 테스트라고 불리기도 한다.

〈제품 사용 테스트를 통한 평가 항목〉

- 잠재적인 구매자들에게 원형 제품이 초기 콘셉트 테스트concept test 때 세웠던 기준들과 일치하는가?
- 신제품 아이디어가 실제로 잘 구현되었는가?
- 신제품이 실제 사용법대로 편리성이나 내구성, 제품의 능력 등을 잘 구현하였는가?
- 경쟁사 제품과 비교하여 경쟁 우위를 제공하는가?

〈제품 사용 테스트 과정〉

① 대상 제품의 선정

표 3.3은 제품의 유형에 따른 대상 제품의 테스트 내용을 예시로 나타낸다.

표 3.3 대상 제품에 따른 테스트(test)

유형	대상 제품	테스트
단일제품	신제품	신제품을 써보시고 느낌이 괜찮은지 말씀해 주세요.
두 종류 제품	신제품과 B사 제품 (경쟁사 또는 업계 수위 업체 제품)	이 제품들을 써보시고 어느 것이 괜찮은지 말씀해 주세요.
세 종류 제품	신제품과 다른 두 가지 제품 (비교는 신제품과 두 제품 중에 하나를 사용)	이 중에서 어느 것이 더 괜찮은지 말씀해 주세요.

② 사용자 그룹 선정

테스트test 대상 제품을 선정한 후 과연 누구를 대상으로 제품을 테스트 할 것인가를 정해야 한다. 일반적으로 제품 사용 테스트는 사용자가 누구인가 또는 어떤 종류의 제품을 테스트 하는가에 따라 테스트 방법이 달라지기 때문이다.

제품 사용 테스트 시에는 한쪽으로 편향되지 않은 사용자 그룹을 선택해야 한다. 이때 고려되는 사용자 그룹은 일반 소비자, 외부 전문가, 내부 직원 등 매우 다양하다. 주의해야 할 점은 자사 제품에 우호적인 소비자들로만 구성된 제품 사용자를 대상으로 테스트를 실시해서는 안 된다.

③ 테스트 방법 결정

제품 사용 테스트 방법으로 실험실 평가법, 전문가 평가법, 소비자 평가법, 내부직원에 의한 평가방법 등이 있다.

- **실험실 평가법**

  제품의 성능에 대한 문제들은 대부분 실험실 테스트를 통해서 해결된다. 실험실 테스트는 두 가지 단점을 가진다. 첫째, 실험실은 제품의 실제 사용 상황을 완벽하게 반영하지 못한다. 둘째, 실험실에서 이뤄지는 평가는 기술적인 관점에서 주로 평가를 하기 때문에 소비자가 감성적으로 느낄 수 있는 편익을 소홀히 할 수 있다.

- **전문가 평가법**

  전문가 평가법은 제품 전문가의 판단에 의해 평가하는 방법으로 주로 소비자가 지각하는 편익 측면에 대한 평가에 사용되고 있다.

- **소비자 평가법**

  소비자에 의한 테스트는 신제품 테스트에서 가장 보편적인 방법이며, 소비자 편익에 대한 평가, 신제품에 대한 전반적인 평가 등을 테스트한다. 소비자 평가법은 HUT Home Use Test, CLT Central Location Test 등이 대표적이다.

  - HUT는 "가정 내 사용조사"라고 하며 응답자가 실제로 집에서 제품을 일정기간 내지 장기간 사용한 후 그 결과를 평가하는 조사 방법이다.
  - CLT는 상설 또는 임시의 시험회장을 만들고 조사 대상자를 모아 테스트를 실시하는 것이다.

- **내부직원 평가법**

  내부직원 평가법은 회사에 대한 충성도, 회사 내 무언의 압력, 라이프스타일 및 습관 등에 따라 테스트에 의한 의견이나 태도의 결과가 왜곡될 수 있다는 비판에도 불구하고 가장 유용하게 쓰이는 방법 중에 하나이다. 이러한 내부직원 테스트의 단점은 제품에 대한 정보를 철저히 숨기고 피험 직원들에게 철저한 교육과 훈련 등을 통해 객관적인 결과를 얻도록 하는 등의 노력을 통해 극복되고 있다.

④ 반응조사 및 결과분석

- 반응조사준비
  - 사용자들과 접촉방법을 결정해야 한다.
  - 개별적인 접촉과 단체 접촉이라는 두 가지 방법 중 하나를 결정해야 한다.
  - 제품사용 테스트를 하는 장소를 결정해야 하는데 제품이 사용되는 장소에 따라 테스트 장소를 결정해야 한다.

- 반응평가실시
  - 리커드척도법: 소비자의 제품에 대한 태도를 "좋아한다/싫어한다"의 5점 또는 7점 척도를 통해 평가하는 방법이다.
  - 비교척도법: 제품사용자가 신제품과 다른 제품을 사용해보고 비교해 보도록 하고 그 결과를 선호도로 점수화시켜 순위를 매기는 방식이다.
  - 의미차별화 척도: 의미론적 차별법으로 한 쌍의 대조적인 형용사나 반의어군을 이용하여 개념상의 의미를 정하고 이들에 관련된 개념은 의미공간과 관련시켜 보는 방법으로 양극사이에 7점 척도를 두고 위치를 사용자가 마음대로 표시하도록 하고 그 결과에 의한 자료는 각 형용사 항목별로 평균치를 구해서 분석결과의 윤곽을 이해하도록 하는 방법이다.

- 결과분석

  제품이 치명적인 오류를 갖고 있지 않은지를 확인한다. 경쟁사 제품과 비교했을 때 어떤 점이 좋게 평가되었으며 어떤 점이 나쁘게 평가되었는지 파악해야 한다.

2.1.2 모듈러(Modular) 설계

제품을 구성하는 기본적인 부품인 모듈을 개발하고, 이 모듈을 여러 제품에 공통으로 사용한다. 모듈module이란 조립품에 사용하는 부품의 집합체라고 할 수 있다.

1) 모듈러 설계의 장점

① 고객에게 제품의 다양성을 제공할 수 있다.
② 한정된 부품 생산으로 생산성 향상을 가져올 수 있다.
③ 고장 유형 발견과 수리가 용이하다.
④ 모듈의 교체가 용이하다.
⑤ 재고관리가 간편하다.
⑥ 구매관리가 간편하다.
⑦ 표준화를 통한 생산 계획을 단순화할 수 있다.
⑧ 종업원에 대한 교육과 훈련이 용이하다.

2) 모듈러 설계의 단점

① 개별적인 부품을 사용할 때보다 제품의 다양성이 감소한다.
② 모듈안 일부의 부품 고장시 모듈 전체를 교체해야 한다.
③ 모듈화된 제품의 디자인을 비롯한 구조가 제한되어지고 획일화될 수 있다.

2.1.3 표준화

좁은 의미의 표준화는 세밀한 규격이나 측정치, 부품의 표준화를 통한 대량 생산이 가능한 것을 말하며 넓은 의미의 표준화는 제품과 서비스의 종류를 단순화하는 것을 말한다.

1) 표준화의 장점

① 부품의 상호교환으로 생산비용을 감소할 수 있다.
② 생산성을 향상시킬 수 있다.
③ 부품의 교체와 수리가 용이하다.
④ 설계비용이 감소된다.
⑤ 품질을 향상시킬 수 있다.
⑥ 제품의 신뢰성을 향상시킬 수 있다.
⑦ 종업원들에 대한 교육, 훈련시간 및 비용절감을 할 수 있다.

⑧ 직무 설계가 용이하다.
⑨ 재고가 감소된다.
⑩ 일정 계획이 용이하다.
⑪ 구매 계획이 용이하다.
⑫ 회계처리가 간편하다.
⑬ 자동화 설치가 용이하다.

2) 표준화의 단점

① 소비자의 선택권이 제한된다.
② 경쟁 우위를 상실할 수 있다.
③ 초기 설계시 제약이 따른다.
④ 설계 개선을 등한시 할 수 있다

2.2 서비스 설계

새로운 비즈니스를 창출하기 위해 서비스를 구상할 경우 몇 가지 고려해야 할 사항들이 있다. 앱App.: Application이나 웹 비즈니스에서의 서비스는 기술의 역할이 매우 크며 어떤 기술을 활용해야 할지 고민해야 한다. 첨단 기술이 적용되는 서비스 즉, 테크 서비스(정보통신, 디지털기기, 소프트웨어 등 첨단 기술에 기반을 둔 서비스로 전자상거래 서비스, 인터넷과 스마트폰을 이용한 앱 비즈니스 서비스 등을 의미한다)를 주목해야 한다.

그리고 중요한 것은 고객에게 서비스로 제공하는 콘텐츠이다. 콘텐츠 내용에 따라 새로운 기술이라고 모두 적용할 수 있는 것은 아니기 때문이다. 다시말해, 새로운 기술은 어떤 내용의 콘텐츠에 적용할 수 있는지 세밀히 검토해야 한다. 또한, 가격 결정이라든지 서비스의 구현과정이 편리한지 등을 살펴봐야 한다.

2.2.1 가격 결정

서비스만큼 가격을 결정하기 어려운 재화는 없다. 눈에 보이는 재화는 사용자에 의해 어떻게 하든 기능이나 사용의 편리성, 필요성 등을 객관적으로 판단하기가 쉬워 가격 결정이 비교적 쉽지만 무형의 재화인 서비스는 그렇지 못한 것이 가장 큰 어려움이다.

특히, 플랫폼 비즈니스에서의 서비스는 공급자와 수요자간의 가치 전환에 대해 큰 공감을 형성해야만 한다. 유사 서비스의 비교를 통해 결정할 수도 있지만, 결국 수요자의 가치 만족이 어느 정도이냐에 달려 있다고 볼 수도 있다. 그러나, 다른 무형의 서비스보다도 플랫폼 서비스는 제공되는 주된 서비스 이외에 플랫폼에 형성된 또 다른 서비스의 공헌도도 영향을 미치기 때문에 다른 서비스의 가격 결정보다도 더 신중해야 한다. 따라서 다양한 측정 방법을 고려할 필요가 있다.

2.2.2 서비스의 테스트

서비스는 생산과 동시에 소비되는 경우가 많아서 그 효과 및 효능을 객관적으로 파악하기가 어려울 수 있다. 컴퓨터 등을 이용한 시뮬레이션simulation을 통해 서비스의 효과나 리스크 또는 편리성 등을 검토해 볼 수 있다.

특히, 앱App./웹Web 비즈니스 서비스에서는 정보시스템의 활용이 원활해야 하고 응답시간의 지연이나, 검색 경로의 복잡성으로 인한 오류 발생은 가능한 최소화하는 것이 중요하다. 또한, 구조적으로는 서비스 초기 화면으로 복귀하는 과정에서 오류가 발생되거나 시간 지연이 클 경우 사용자는 서비스의 편리성에 만족하지 못할 것이다. 이러한 것들은 본래 서비스 자체와 무관하게 결국 가격 결정에도 큰 영향을 미치게 된다.

2.2.3 서비스 측정

앱/웹 비즈니스에서와 같이 디지털 서비스의 질적 측면에서의 측정은 일반적인 서비스와는 여러 면에서 다르고 또한 고려되어야 할 점이 있다. 특히, 공간적인 면과 서비스를 제공하는 자에 있어서 근본적으로 다르다.

다시 말해, 서비스 수행자가 물리적 공간에 없다는 점이다. 따라서 일반적인 서비스에서의 측정 방법의 적용은 매우 적절치 않고 그에 맞는 서비스 측정 기법이 필요하다. 여기서 소개하는 측정 방법은 원래 디지털도서관에 적용한 서비스 측정 방법을 활용한 것으로 e-서비스 측정 적용에 가능하리라 본다.

1) 측정도구의 구성

이를 위해 다음 표 3.4를 적용[20]하여 설문을 실시하고 그림 3.4 및 그림 3.5에 적용된 구조방정식을 통해 디지털 서비스의 품질을 알아 볼 수 있다. 이때 비교 대상을 함께 측정하면 비교를 통해 서비스 품질을 확실히 알아 볼 수 있을 것이다.

여기서는 다음 표 3.4 및 그림 3.4, 그림 3.5 모두 디지털 장서를 디지털 제품으로 전환하여 사용했다. 또한, 설문을 위한 문항수는 조사분석자가 판단하여 적절한 문항수로 조정하여도 무방할 것으로 본다. 중요한 것은 서비스 내 조사 항목간의 비교 우위나 또는 서비스 비교 대상간의 비교 우위를 파악하여 개선점을 찾는 것이 중요하다.

표 3.4 측정도구의 구성

변인	차원	구성요인	측정 항목	설문 항목(수)
독립변인	정보시스템	검색성	검색의 편리성	13
			검색의 다양성	
			검색의 신속성	
			검색의 정확성	
		인터페이스	홈페이지 디자인(칼라, 폰트, 사이즈, 그래픽 등)	
			홈페이지 구조와 레이아웃(연계, Depth, 사이트 캡, 메뉴 등)	
			내비게이션의 수월성	
			링크의 정확성	
		접근성	언제 어디서나 신속하고 편리한 접속	
			사용 중 원활한 접속	
			이용을 위한 H/W, S/W의 지원	
			열람을 위한 출력의 편리성	
			웹 접근성 준수	

20) 황재영, 이응봉(2010), "DL-SQI 모형을 이용한 디지털도서관의 서비스 품질측정에 관한 연구"에서 디지털도서관의 서비스 품질을 온라인 서비스 또는 e-서비스 품질로 봄.

표 3.4 (계속)측정도구의 구성

<table>
<tr><th>변인</th><th>차원</th><th>구성요인</th><th>측정 항목</th><th>설문 항목(수)</th></tr>
<tr><td rowspan="17">독립
변인</td><td rowspan="7">디지털 제품</td><td rowspan="7">디지털 제품</td><td>디지털 제품의 정확성</td><td rowspan="7">7</td></tr>
<tr><td>디지털 제품의 최신성</td></tr>
<tr><td>디지털 제품의 유용성</td></tr>
<tr><td>디지털 제품의 완전성</td></tr>
<tr><td>디지털 제품의 포괄성</td></tr>
<tr><td>디지털 제품의 고유성 및 특성화</td></tr>
<tr><td>목록의 정확성</td></tr>
<tr><td rowspan="3">고객
서비스</td><td rowspan="3">고객지원
서비스</td><td>도움 요청, 건의 불만제기의 용이성</td><td rowspan="10">10</td></tr>
<tr><td>도움 요청, 건의 불만제기에 대한 응답 속도</td></tr>
<tr><td>문제 발생에 대한 담당자의 문제 해결 능력 및 의지</td></tr>
<tr><td rowspan="7">고객
커뮤니티</td><td rowspan="4">개인화
서비스</td><td>이용자 교육</td></tr>
<tr><td>고객 개인의 선호도 및 관심에 맞는 서비스</td></tr>
<tr><td>고객 개인의 정보 활용 이력에 바탕한 정보서비스</td></tr>
<tr><td>개인정보(프라이버시) 보장</td></tr>
<tr><td rowspan="3">고객
커뮤니티</td><td>고객 생성정보 제공 및 공유</td></tr>
<tr><td>고객 만족도 평가</td></tr>
<tr><td>고객 만족도 평가 결과 및 피드백 반영</td></tr>
<tr><td colspan="2">구성요인별 중요도</td><td colspan="2">7가지 구성요인에 대해 개인적으로 느끼는 중요도 평가</td><td>7</td></tr>
<tr><td>인구통계</td><td>일반사항</td><td colspan="2">사용 빈도 / 신분 / 학력 / 연령</td><td>4</td></tr>
<tr><td colspan="4">계</td><td>41</td></tr>
</table>

출처: 황재영, 이응봉(2010)의 연구에서 측정도구 일부 재구성

2) 구조방정식의 적용

다음 그림 3.4와 같이 구조방정식의 모형을 수립하고, 그림 3.5와 같은 산출식을 통해 종속변수라고 볼 수 있는 서비스 품질을 계량적으로 도출한다.

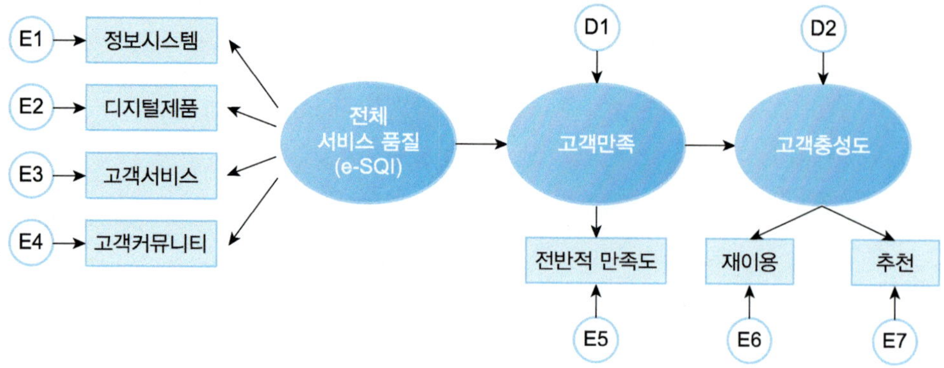

그림 3.4 구조방정식의 모형(예시)

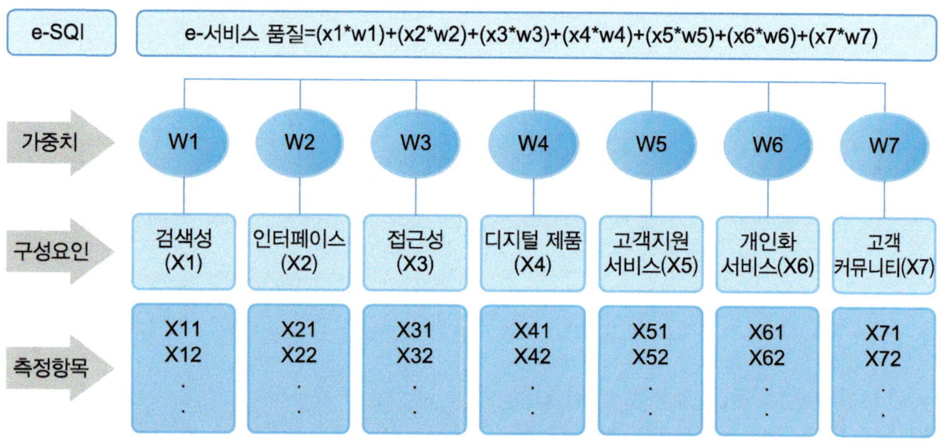

그림 3.5 e–서비스 품질 산출식(황재영, 이응봉의 연구 일부 재구성)

구조방정식에 대한 이론적 내용은 여기서 생략하고 자세한 방법은 관련 서적을 일독하기를 권한다. 보통은 설문지의 내용을 코딩한 후 SPSS 통계프로그램 또는 AMOS 구조방정식 전용 프로그램의 도움으로 e-서비스 품질의 정도를 산출해 낼 수 있다.

CHAPTER

04

개발 플랫폼의 활용과 사례

1 상품화 기획

상품화 기획이란 신제품에 대한 아이디어 착안과 우선순위를 위한 항목 평가를 거치고, 동시에 고객요구사항을 파악하며 관련 필요 기술 및 시장 동향을 고려하여 해당 시장에서 무엇을 어떻게 언제부터 팔 것이며, 어느 정도의 수익을 낼 수 있는 것인지를 예상하여 기획된 제품이 진정으로 상품으로서의 가치를 가질 수 있도록 의도하는 것으로 정의한다. 이 때 제품에 대한 상품화 기획에는 다음의 내용을 포함하여야 할 것이다.

유사 기업, 유사 제품과의 비교를 통해 새로운 차별화된 시장을 확보하여야 하고 이를 위해 기능과 편의성, 가격 경쟁력, 디자인, 안전성 등이 충분히 고려되어져야 한다. 특히, 이러한 여러 가지의 차별화 요소 뿐만 아니라 표적 시장에 대한 언급과 판매전략, 예상 판매가격 역시 상품기획서에 담게 된다.

1.1 고객 니즈 파악

1.1.1 인터뷰 조사

인터뷰 조사에는 다음의 두 가지 방법이 있다.

1) 그룹 인터뷰

그룹 인터뷰는 이용자를 몇 사람 모아서 자유로운 의견교환을 하도록 하고 그 중에서 신상품의 힌트를 얻는 기법으로, 참가자가 적극적이고 사회자가 요령이 있으면 그룹 내의 심리적인 상승효과로 인해 상당한 성과를 기대할 수 있다. 사회자는 어느 정도 질문사항을 준비해두지만, 이에 구애받지 않고 자유자재로 흐름을 컨트롤한다.

그룹 인터뷰의 경우 같은 시간에 같은 장소에 모여야 하며 그 만큼 제약이 심해 선입견 없이 말하기 힘든 것도 터놓고 말할 수 있도록 제3자(리서치 회사 등)에게 의뢰하여 실시하는 경우가 많다. 인터뷰 내용은 모두 동영상, 음성으로 기록하고 이를 도표화하여 보고하면 좋다.

2) 평가 그리드법

평가 그리드법은 다다이가 개발한 '레퍼토리 그리드 발전 기법'으로 그룹 인터뷰에 비해 자유분방하고 독특한 의견은 나오기 어렵지만 각 개인이 일정한 평가 대상을 일정한 방식으로 평가하도록 하기 때문에 시간과 장소의 제약이 적고 누구라도 인터뷰가 가능하다. 몇 명에게 실시하여 나온 내용을 줄기에서 가지가 뻗어 나오는 식의 그림으로 정리함으로써 전체의 평가 구조를 파악하고 적절한 평가 용어를 발견할 수 있다. 예상 밖의 평가 기준이 발견된다면 그것이 잠재된 니즈의 실마리가 된다. 앙케트 조사의 예비조사로도 매우 유용하다.

실제로 상품의 실물, 카탈로그, 일러스트레이션, 설명문 등 몇 가지 패턴을 준비하여 2개씩 골라 다음 사람에게 주는 식의 일정한 패턴에 따라 평가한다. 이때 진행자는 자신의 의견을 일체 말하지 않고 주관을 개입시키지 않는다. 나중에 개인별 평가 구조도를 그리고, 이를 융합하여 전원의 구조도를 작성한다. 샘플 상품이 많은 경우에는 그룹별로 나누게 하고 그 이유를 묻는 방법도 있다.

고객의 니즈 파악과 기획에 있어, 그룹 인터뷰와 평가 그리드는 각각 장단점이 있기 때문에 시장의 환경과 상황에 맞추어 잘 판단하여 실시하는 것이 바람직하다. 그룹 인터뷰에서는 의외로 재미있는 의견과 새로운 점이 많이 발견된다. 평가 그리드법은 물건을 보여주고 평가의 계층 구조를 살펴보는 데에 적합하다. 또 다음의 앙케트 조사에서 사용할 평가항목을 도출하는 데에도 크게 참고가 된다.

1.1.2 앙케트 조사

1) 명확한 목적과 가설

상품 기획을 위한 조사는 다음과 같은 목적을 가지고 실시한다.

- 인터뷰 조사 등에서 이끌어낸 가설을 검증한다.
- '정말 고객은 ~에 불만을 가지고 있는가?' '~와 같은 상품이 있다면 구입하려고 생각하는가?' '그 한도 가격은?' 등을 검증한다.
- 고객의 평가 데이터를 모아 포지셔닝에 연결한다.
- 다음의 포지셔닝 분석에서 최적의 방향성을 찾아내기 위해 현재 비슷한 상품군이나 가상 상품의 이미지를 조사한다.

2) 적절한 조사 방법과 조사 대상자

누구를 대상으로 언제 어떤 방법으로 조사할 것인가? 검증적이고 정량적인 조사가 되기 위해서는 매우 계획적으로 실시할 필요가 있다. 앙케트 조사 방식으로 전화, 우편, 면접, 인터넷 등이 있는데 각각 장단점이 있다. 예를 들면, 인터넷은 조사 대상이 타깃으로 삼고자 하는 계층에 속하는지가 문제가 되지만 트렌드에 앞서가는 계층의 의견을 빠르고 쉽게 얻을 수 있다는 장점이 있다. 우편 조사는 일반적으로 사용되는 방법이지만, 시간이 걸리고 회수율이 낮을 경우 응답의 정확도가 문제가 된다.

샘플링은 랜덤으로 명부 등을 보고 골라 실시하는데, 사회조사와 달리 양보다 질(조사 대상이 타깃 층에 속하는지)이 중요하다. 1000명 단위까지 실시할 필요는 별로 없으며 질이 좋다면 100명이라도 괜찮다. 계층별로 분석할 필요가 있다면, 각 계층별로 50명 정도는 실시하는 것이 좋다.

3) 적절한 설문지

- 너무 길거나 짧지 않을 것: 응답시간이 10분 정도(A4 용지로 4장 이내)가 가장 좋다.
- 전체상이 명쾌할 것: 조사의 의미나 의도를 알 수 없으면 대답하다 지쳐서 하기 싫어지고 만다. 조사 목적에 따라 질문의 범위를 좁혀야 한다.
- 사전에 키워드를 선정해 둘 것: 사전 준비가 중요하다. 단 10분이 걸리는 앙케트라도 3일 정도는 검토한 후 실시해야 한다. 인터뷰에서 나온 의견을 질문의 키워드로 사용하면 좋다.
- 자유응답식보다 선택방식을 사용할 것.
- 분석을 알면 앙케트 설문 작성이 전혀 달라진다.
- 상품 평가를 포함시킨다: 단계 평가(5단계 평가)로 대표적인 상품 샘플에 대한 평가를 듣는다. 포지셔닝 분석을 위해 대개 상품은 5개 이상, 평가 항목을 10개 이상을 준비해야 한다.
- 세심한 체크 필요
  - 간단한 질문으로 시작하고 어려운 질문은 후반에 배치했는가?
  - 비슷한 내용을 묻는 질문이 너무 많지 않은가?
  - 단계 평가는 홀수로 되어 있으며 좌우 대칭으로 되어 있는가?

- 한 가지 질문에서 두 가지 내용을 묻고 있지 않은가?
- 의미가 분명하지 않은 단어는 없는가?
- 복수응답을 허용하고 있지는 않은가?
- 응답을 유도하고 있지 않은가?
- 종합평가항목을 몇 개나 넣었는가?

4) 적절한 분석

① 카테고리 항목

- 단순 도수 집계
- 크로스 도수 집계
- 관련성 맵Map

② 수치, 단계 평가 항목

- 평균치, 표준편차
- 스네이크 플롯Snake plot
- 상관관계
- 요인분석
- CSCustomer Satisfaction 포트폴리오

1.2 QFD의 활용

1.2.1 품질기능전개표(QFD; Quality Function Deployment)

1) 품질기능전개의 정의

품질기능전개는 개발 및 설계의 초기부터 전개되는 모든 프로세스에서 품질을 확보하는 신제품 개발의 품질보증QA, Quality Assurance을 위한 구체적인 방법을 제시하는 것이다. 즉, 고객에게 만족을 줄 수 있는 설계 품질을 설정하고 그 설계의 의도와 품질보증상의 포인트를 생산 단계까지 전개해 나가기 위한 방법이라고 할 수 있다.

2) 품질기능전개의 활용시 효용성

한번 작성한 품질표와 기술전개표를 모델을 변경할 때마다 약간의 수정을 가해가면

서 재이용하는 것에 따라 기술적인 노하우의 축적과 활용이 가능하게 되고 효율이 좋은 신제품 개발을 추진할 수 있다.

3) 품질기능전개의 선행조건

다음과 같은 선행조건들이 미리 만들어져서 QFD를 수행하기 전에 그 조건들과 부합되어야만 한다.

① 거의 모든 문제점들은 시스템과 관련된 문제이지 사람과 관련된 문제는 아니다. (시스템의 문제: 85%, 사람에 의한 문제: 15%)

② 마케팅, 엔지니어링, 판매, 제조, 서비스 등 관련 분야의 팀들이 함께 사용을 해야만 한다.

③ 고객의 요구와 기대들을 고객입장에서 이해를 하는데 많은 시간을 할당해야 하며 상품의 특성을 보다 더 상세하게 정의해야 한다.

④ 전통적인 상품개발 과정은 고객의 요구와 기대를 이해한 상태에서 QFD의 강력한 확장을 도모하기 위해 반드시 수정되어야 한다.

4) QFD 실행의 단계별 구분

품질기능전개는 다음의 그림 4.1과 같이 제품개발 4단계를 통해 수행된다.

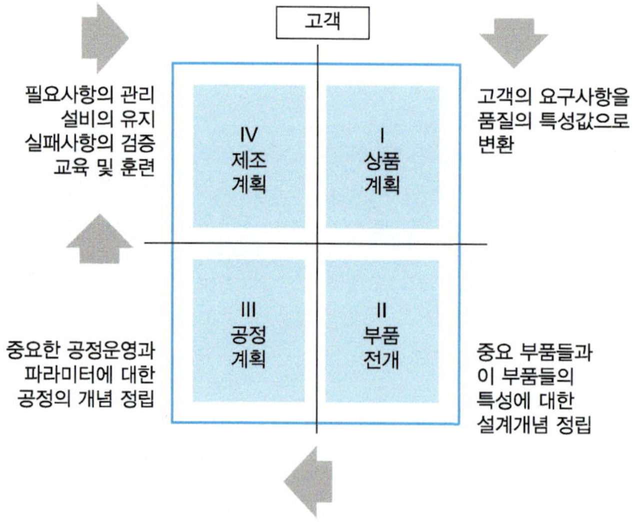

그림 4.1 제품개발 4단계

다음 그림 4.2는 위의 그림 4.1에서 설명한 제품개발 4단계에서의 제품개발 전개 방법이다.

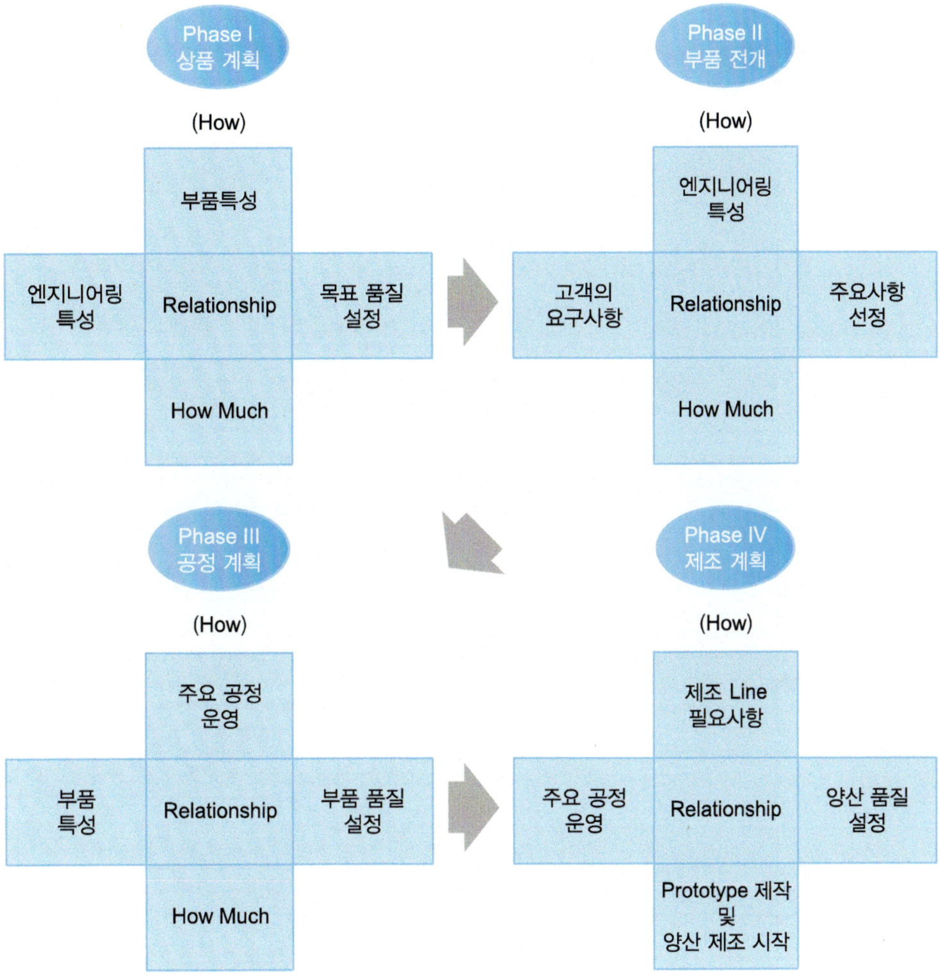

그림 4.2 제품개발 전개 방법

5) 품질의 집(House of Quality: HOQ)

이러한 품질의 집의 기본은 고객의 요구 및 취향을 반영하여 제품을 설계해야 한다는 것에 두고 있으며, 그렇게 함으로써 판매원, 상품기획자, 설계자, 제조자들은 제품이 처음 입안·기획되는 때부터 서로 밀접하게 일을 해야 한다. 품질의 집은 다음의 사항이 기록된다.

- 고객의 요구사항
- 목표들에 대한 경쟁적인 상태 및 고객의 인식 대비 품질특성
- 생산 요소나 대용품질특성 사이의 상관관계
- 품질의 목표

다음의 그림 4.3은 품질의 집House of Quality: HOQ을 예시적으로 나타낸 것이다.

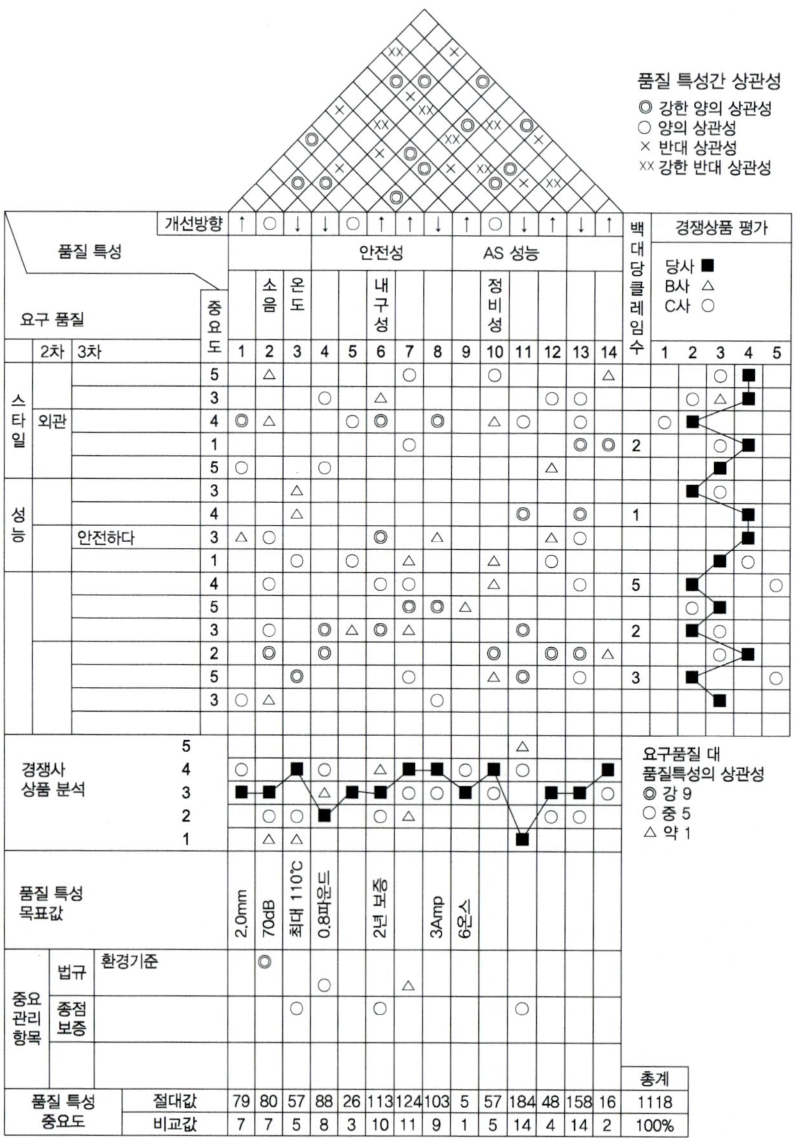

그림 4.3 품질의 집(HOQ) 예시

또한, 다음 그림 4.4는 위의 품질의 집의 주요 구성 요소를 나타낸 것이다.

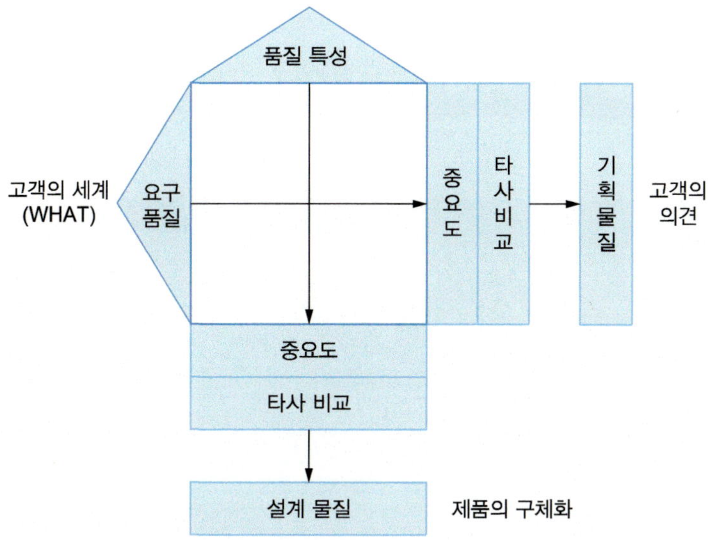

그림 4.4 품질의 집 주요 구성 요소

1.2.2 고객요구사항

■ 요구품질표

요구품질이란 고객이 원하는 요구사항 또는 기대사항으로 『What』이라는 항목으로 표현하였다. 이들 항목들은 일차원적이고 보통 시장조사를 통해 제시된다. 물론 여기에는 말해지지 않은 그 무엇 『What』도 존재할 것이다. 또한 이러한 것들은 비록 말하지는 않았지만 기능이 이미 상품 속에 존재하여 포함되거나 과거의 경험으로부터 추정된다. 말해지지는 않지만 무의식적인 요구사항은 위험한 특성을 갖는다. 이러한 특성은 고객이 만족하고 있다하더라도 크게 만족하지는 않을 것이다. 그러나 이런 특성들에 대해 만족하고 있지 않다면 아무래도 이러한 특성은 분명히 고객으로부터 강한 부정적인 영향을 갖고 있을 것이다.

요구품질에 대한 전개표는 다음 표 4.1과 같이 1차, 2차, 3차에 걸쳐 동일한 특성별로 나누어서 세분화시켜 나가면서 전개를 한다.

표 4.1 〈예시〉 요구품질전개표

1차	2차	3차
DOOR의 작동과 사용	개폐용이	밖에서 문을 열기가 쉽다.
		언덕에서 문이 열린 채 있다.
		안에서 문을 열기가 쉽다.
		안에서 문을 닫기가 쉽다.
	차단성	빗물이 새지 않는다.
		주행소음이 안들린다.
		세차시 새지 않는다.
		바람소리가 없다.
		창문을 열었을 때 빗방울이 안 떨어진다.
		떨리지 않는다.
	ARM REST	편안하다.
		제 위치에 있다.
외관	모양	닦기 쉽다.
		차체와 유격이 잘 맞는다.

여기서는 일례로 몇 개만을 예시하였지만 보통은 30~100개 정도 열거한다. 일반적으로 시장조사를 통해 분야별로 조사하거나, 기술적인 내용의 경우는 좀 더 세심한 분석을 통해 도출한다.

1.2.3 품질요구사항

■ **품질특성표**

품질의 집의 위쪽을 따라서 설계팀들은 고객의 속성에 한 가지 이상의 영향을 줄 가능성이 있는 엔지니어링 특성들을 리스트한다. 만약에 엔지니어링의 특성이 어떤 고객의 속성에도 영향을 주지 않는다면 품질의 집의 엔지니어링 특성에 필요없거나 팀이 고객의 요구속성을 지나쳐 버렸다고 볼 수 있을 것이다. 이러한 고객의 속성을 실현시킬 수 있는 '품질특성'의 집합을 설정할 필요가 있는데, 이는 고객이 요구한 사항을 대용품질의 특성값이나 설계평가기준으로 변환시킨 것이다. 이것을 여기서는 어떻게 『How』라고 부르며, 품질특성이라고 정의한다.

각각의 『What』에 대해서 복수의 『How』가 존재할 것이다. 이때 단지 측정가능하고 관리할 수 있는 포괄적인 평가기준만이 결정될 필요가 있다.

또한, 앞으로 품질기능전개도에서는 『What』과 『How』와의 상관관계를 ◎○△의 표기를 통해 각각 강, 보통, 약 관계로 표기하기로 한다.

상관성 매트릭스에서 보여준 품질특성 어떻게 『How』는 얼마만큼 이라는 목표값이 당연히 주어진다. 그 목표값은 고객의 요구들과 기대치들을 수치화한 것이며 설계팀이 수행해야 할 목표를 나타내고 있다. 고객의 요구사항이 확인되고 그 내용을 엔지니어링 특성으로 연결시킨 다음에 엔지니어링 특성이 속해 있는 '품질의 집' 하단에 목표값을 설정한다.

이렇듯 이러한 시스템을 사용하면 하나의 품질특성이 다른 품질특성에 어떤 영향을 주는지 금새 알 수 있으며, 이런 매트릭스는 엔지니어들이 동시에 개선되어야 할 여러 가지 엔지니어링 요소들의 특성을 조사하는데 도움을 준다. 또한, QFD를 활용하여 고객의 요구를 충족시켜주는 도구로 활용하며, 부정적인 상관성은 특성들 상호분석에 의해서 해결할 수 있다.

1.2.4 중요도 결정

1) 고객요구의 중요도

중요도를 나타내는 방법에는 2가지로 나누어 생각해 볼 수 있는데, 첫째는 시장조사를 기초로 해서 매겨지는 고객요구의 중요도 등급과 사내에서 계산상으로 매겨지는 품질특성의 중요도 등급이 있다. 중요도 등급은 최종적으로 상품 생산의 품질을 위한 'How'나 'What' 각각에 대한 중요도의 상대적 비교이다.

설계자의 용어와 추정들은 고객이 바라보는 관점과 다를 수 있으며 서로 상반되게 인식할 수도 있다. 또한, 고객의 선호도가 모두 동일할 수는 없을 것이고 모두 중요하다고 볼 수도 없을 것이다. 그렇다면, 어떻게 중요도를 결정해야 하는가? '품질의 집'에서는 가능한 많은 고객의 요구 속성을 상대적인 중요도를 측정하고 이러한 고객과 시장조사를 통해 경험한 바를 10점 이내로 하는 점수로 선별하여 정한다.

경우에 따라서는 전체를 100%로 해서 비율로 나누어서 그 값을 표기할 수도 있다. 예를 들어 경쟁사와의 경쟁에서 우위를 차지하려면 우선 타사 제품과의 비교를 통해 고객 요구사항에 대한 상대적인 중요도를 파악해야 하고, 또한 경쟁 제품에 대한 고객의 평가도 빼놓아서는 안 될 것이다. 이 모든 것들이 단순히 조사되어지는 것이 아니라 결국은 고객에 대한 과학적인 조사를 기초로 하여 분석되어져야 한다는 것을 의미한다. 이런 것들은 당연히 경쟁사와의 비교를 통해 개선을 위한 기회의 수단으로 사용될 것이다.

2) 요구품질의 웨이트(Weight)

이에 대해서는 다음과 같은 방식으로 계산할 수 있다.

① 중요도: 고객요구의 중요도
② 레벨업 수준: 목표제품의 상품성 점수 ÷ 기존 제품의 상품성 점수 × 100%
③ 절대 웨이트: 중요도 가중치 × 세일즈 포인트 가중치 × 레벨업 수준율
④ 요구품질 웨이트: 절대 웨이트를 백분율로 표시

3) 품질특성의 레이트(Rate) 산정

앞의 매트릭스의 관련성 표시에 대해서 ◎○△의 표기를 통해 각각 강, 보통, 약 관계로 표기하기로 하였는데, 이들 표기에 대해 다음과 같이 레이트rate(가중치) 표기를 한다.

◎ = 9
○ = 3
△ = 1

다음 그림 4.5와 같이 고객요구의 중요도 점수에 상관성의 강약에 해당되는 점수를 곱한 값 45(5 × 9)와 6, 3, 9를 더하면 63점으로 이것이 품질특성 웨이트 값이 된다.

HOW

WHAT	고객요구중요도								
	3								
	5		◎	◎			○		
	2			○				△	
	4				○			◎	
	3		△	△					
	1				△		◎		
	3		◎	○			△		
	5								
				HOW	MUCH				
품질특성의 중요도			45	63	13		27	38	

◎ = 9
○ = 3
△ = 1

그림 4.5 품질특성 웨이트 값 예시

4) 품질기능전개도의 작성 순서

① 컨조인트 분석으로 얻은 최적의 요소에

- 조사, 발상 등의 단계에서 얻은 고정적인 요소(꼭 실현해야 할 성능, 기능, 내구성, 가격 등)
- 사회적 요청(환경에 대한 배려, 안전성 등 고객으로부터 요구가 없어도 실현해야 할 사항)을 종합해서 상품 콘셉트로 한다.

② ①의 상품 콘셉트를 계통적으로 정리한 '기대항목전개표'를 만든다.

③ 이를 기술적으로 실현하기 위한 특성, 설계 시에 명확히 해야 할 특성을 모아 계통적으로 정리한 '기술특성전개표'를 만든다.

④ ②, ③을 매트릭스화 한다.

⑤ 크로스된 부분에 대응 관계의 강약을 ◎(강한 대응), ○(대응 있음), △(대응이 예상됨)로 기입한다.

5) 품질전개표의 활용

① 요구가 실현되는가

고객의 기대 항목 중에서 전혀 마크mark(표시)되어 있지 않은 것은 '기술적으로 실현될 수 없다'든지 '기존의 기술로는 평가할 수 없다'는 것이다. 이런 내용은 긴급히 검토할 필요가 있다.

② 중요 품질 특성은 무엇인가

마크가 많이 붙은 기술 특성은 고객의 시점에서 중요한 특성이다. 이것을 간단히 찾아낼 수 있다.

③ 비교한다면

타사 제품, 기존 제품 등의 품질 특성을 비교하고, 기대를 표현한다면 무엇을 어떻게 해야 하는지에 대한 방침과 대책을 쉽게 얻을 수 있다.

2 사업화를 위한 제품개발 플랫폼

사업화를 위한 제품개발 플랫폼은 다음과 같이 6단계의 프로세스로 수행할 수 있다. 이는 제품개발의 전주기를 간략하고도 명확하게 분류를 한 것이다. 초기 비즈니스 모델BM, Business Model 발굴에서 부터 이를 구체화시켜 시제품으로 제작하여 소비자의 평가와 검증을 거친 후 사업화 가능성을 객관적 지표에 의해 판단하여 사업화를 위한 최적의 제품개발 모델을 만드는 제품개발 플랫폼이라 할 수 있다.

2.1 제품개발의 6단계(6 Step)

사업화를 위한 제품개발에 있어서 비즈니스 모델BM, Business Model 발굴을 위한 아이디어 창안, 제품개발, 생산, 서비스, 마케팅, 판매, 경영, 프로모션, 투자 유치 등 모든 전주기 분야에서 가장 기본이 되는 비즈니스 모델 발굴이라는 첫 시도는 제품에 있어 발생하는 또는 소비자가 불편함을 일으키는 문제해결에서 부터이다. 따라서 우선 '문제가 존재한다는 것을 인식'하고 그 실체를 정확히 파악하여 정의하는 '문제 정의'로부터 시작된다.

- **모든 분야에 있어서의 제품개발을 위한 첫걸음은?**

  – '문제 인식/ 문제 정의 / BM 아이디어 창출 / 아이디어 분석 · 평가 / 아이디어 판단 / 아이디어 실행'의 순서(단계)에 따라 해법을 찾고 실행하는 일련의 과정을 반복하면서 최적의 제품개발에 관한 해결책solution(솔루션)을 얻는 것이다.

제품개발에 있어 최적의 해결책을 얻는 '제품개발 플랫폼'은 다음 그림 4.6과 같이 6단계의 과정을 실행하도록 한다. 이 과정을 템플릿template(어떤 것을 만들 때 안내 역할을 하는 사용상의 형식)이나 플랫폼platform(기본구조, 기준모델, 뼈대)으로 삼아 최적의 제품개발에 있어서 표준 도구tool(툴)나 수단, 방법으로 잘 활용하여야 한다.

6단계 프로세스를 수행하기 위해서는 각 단계마다 체계적이며 구체적인 내용으로 각 단계를 실행하도록 한다.

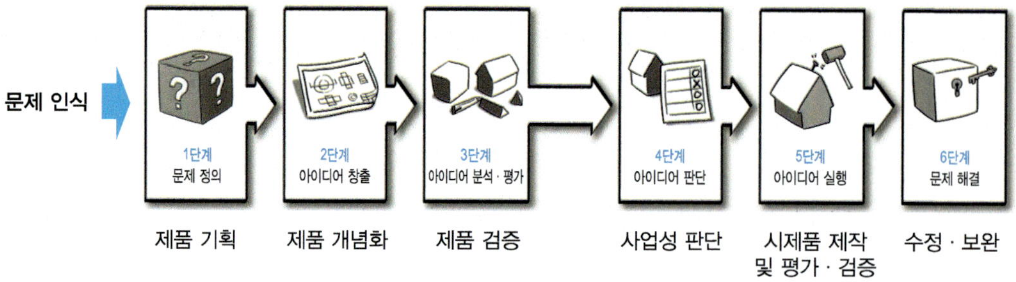

그림 4.6 제품개발 플랫폼(6단계 과정)

2.1.1 제품개발 과정

1) 1단계: 문제정의(Definition of problem)

① 제품기획–문제를 정의하기

- 제품기획에 있어 새로운 해결과정을 향상시킬 수 있는 적절한 모든 자료를 수집하고 분석한다.
- 문제정의는 제품개발의 해결과정에서 아주 중요한 단계이다. 문제가 정확하게 정의되어 있지 않으면 해결방법이 부적절하여 많은 시간과 자원이 낭비된다.
- 제품의 설계사양과 서비스의 매뉴얼을 만들어 본다. 현장에서 고객이 원하는 요구 조건을 모두 포함하여야 한다.
- 제품과 서비스의 특징이 되는 변수의 상대적인 중요성을 결정한다.
- 각 유사한 제품분야에서 발생되는 문제 즉 소비자의 클레임claim과 니즈needs가 무엇인지를 정확히 파악한다.
- 문제가 발생하는 근본 원인root cause과 문제에 대한 정확하고 명확한 정의를 내리고, 문제로 기인하는 전후관계(상관관계)를 상세히 파악해 분석하고 조사하여 규정한다(사실관계 정립 및 규명).

② 문제의 영역을 정립하기(사양 검토)

- 시장을 조사하고 고객의 요구needs를 파악한다. 현장의 목소리인 고객으로부터 문제가 제기되는 것이다.
- 만들어질 제품과 서비스의 특성을 확인한다(디자인, 기능, 가격, 차별성, 편의성 등).

- 주요 경쟁사들의 제품, 서비스, 경영전략 등을 벤치마킹bench marking(비교 분석)한다.
- 제품과 서비스에 영향을 주는 법규, 인증, 산업표준 및 환경규제 같은 제한조건을 고려한다.
- 동향 분석(기술, 시장, 제품 및 서비스, 트렌드 분석 등)을 철저히 한다.

2) 2단계: 아이디어(개념설계안)를 창출하기

① 제품개념화–아이디어의 구체화(개념설계안)의 창출

창출된 아이디어의 윤곽을 갖추기 위해서는 말보다는 스케치, 그림, 도면, 도식화 등으로 어느 정도 구체적인 개념화(개념설계안concept design)가 이루어져야 한다. 제품의 개념화는 새로운 아이디어에 대한 구체적인 모형화modeling에 의한 시각화visualization(가시화)와 기능과 특성의 설명이다. 따라서 좀 더 구체적으로, 제품개념화를 전개하면 브레인스토밍brainstorming, 하이브리드 브레인스토밍hybrid brainstorming, 특허문헌의 검색, 논문검색, 자료검색, 지식검색, 동영상 검색, 표준설계 구성요소들을 담고 있는 참고서 검토 및 생체모방적biomimetic 접근방식 등에 의하여 기술구현의 가능성을 보여주는 개념설계안이 이루어질 수가 있다. 단, 기술의 타당성은 전문가의 검토와 자문을 구하는 것이 바람직하다.

생체모방적(biomimetic) 접근방식, 자연 모사기술

- 생체모방적 접근방식은 생물체의 시스템이나 오묘한 반응계 등을 모방하여 새롭고 효율적인 시스템을 만들어 내는 방식이다. 과학기술을 활용함으로써, 생물학적 시스템과 공학 시스템 사이의 유사성을 기초로 하여 생물체에서 작동되고 있는 생물학적 시스템을 모방하고 이를 응용하여 공학적 문제를 해결하는 것이다.
- 생체모방적 접근방식에 의한 개념설계를 통하여 일본 도요타Toyota는 히말라야를 넘는 두루미를 연구해 자동차 차체 무게를 줄였고, 나비의 원리를 보고 차량용 내비게이션을 개발했다.
- 이해신 교수(KAIST 화학과)의 자연 모사기술로 홍합의 접착물질을 연구해 홍합이 가진 접착력의 핵심이 폴리페놀 성분으로 단백질에 잘 붙는 성질을 활용하여 이를 인체에 적용하였다. 우리 몸속에 피나 머리카락에도 단백질이 들어 있기에 자연스럽게 염색 샴푸에 적용하고자 하는 아이디어가 떠올라, 흰색 머리카락을 갈색으로 변하게 하는(갈변) 혁신기술의 염색 샴푸를 세계 최초로 개발하고 업체에 기술이전을 하여 히트 상품을 만들었다.

② 기술의 타당성 검토

제품개념화에 있어서 가장 중요한 것은 실제로 새로운 제품을 개발할 때 여기에 적용되는 기술을 실제로 구현하는 것이다. 이는 기술의 타당성을 검토하는 필수 과정이다. 기술의 타당성은 적용기술의 구현으로 향후 제품의 성능을 예측하고 평가하는 것이다.

새로운 제품기획을 통한 아이디어를 구체화시키기 위해서는 창출된 개념설계안을 구체적으로 디자인해야 한다. 융복합 제품에 있어서는 융복합 기술이 필요하듯이 기술의 타당성을 검토하기 위해서는 자체 검토와 더불어 반드시 다양한 공학과 산업 분야 전문가의 조언과 자문을 구할 필요가 있다.

3) 3단계: 아이디어(개념설계안)를 분석하고 평가하기

아이디어(개념설계안)에 대한 구체적인 모형화modeling인 개념설계안을 분석하고 평가해야 한다. 개념설계안을 분석하고 평가하는데 있어서 비용과 성능의 개략적인 예측을 하기 위하여 통계적 수학적인 모델과 해석이 주로 사용되고 있다. 그리고 개발 전문가와 현장 전문가의 철저한 자문을 받는 것이 유리하다.

개념설계안을 설계사양의 초기 기준과 비교해야만 한다. 가장 좋은 설계안이 될 때까지 초기 다양한 여러 가지 개념설계안이 보다 더 개선되어져야만 한다. 아무리 제품설계 및 공정, 제조 서비스가 뛰어나더라도 나중에는 창출된 개념설계안을 수정하기가 어렵기 때문에 개념설계안에 대한 철저한 분석 및 평가가 중요하다.

최근에 주목되는 빅데이터big data는 21세기의 천연자원이다. 과거에는 데이터data(자료)가 아무리 많아도 그 안에서 핵심적인 무언가를 발견할 수 없었지만, 지금은 정확도가 높은 데이터 분석 기술과 추출 기술의 발달로 데이터에 의미와 가치를 부여할 수 있게 되었다. 최적의 솔루션solution은 빅데이터 분석에 의한 정확한 예측에 비례한다. 주관성을 배제한 객관성에 의한 통계적 분석과 예측은 플랫폼 서비스 등에서 이미 그 진가를 발휘하고 있다.

데이터를 효율적으로 활용하려면 우선 광범위한 데이터를 수집해야 한다. 그 데이터 분석을 통해 시장이나 환경의 변화를 정확하게 예측해야만 한다. 융복합 다변화된 사회에서는 고려해야 할 변수가 많기 때문에 가능한 철저한 과학적 분석을 바탕으로 결정을 내려야만 경쟁력이 확보된다.

그리고 고객을 집단이나 고객층이 아닌 존중받는 하나하나의 개성을 가진 객체(인격체)인 인간으로 분석해야 한다. 고객층의 평균적인 특성이 아니라 데이터 분석을 통해 고객 개인의 특성, 특징과 욕구, 취향 등을 찾아내야 한다. 고객가치 창출을 위한 소위 맞춤형 전략이 필요한 시대이다. 앞으로 고객의 역할이 사업 전략 수립, 가격 결정, 사회 공헌 등 제품과 디자인, 서비스 경영 전반으로 확대되고 아이디어에 대한 개념설계안의 분석과 평가도 자동으로 데이터를 축적, 분석하고 추출, 가공하는 기술로 보다 정확하고 객관적인 고객의 패턴 분석 기반으로 최적화되면서 가속화 될 것이다.

4) 4단계: 아이디어를 판단하기

모형화된 개념설계안을 구체적으로 분석하고 평가한 후에 소비자와 전문가의 검증을 거쳐 개선, 보완하여 시장에 맞는 더욱 업그레이드up-grade(향상)된 제품개발을 위해서는 다음의 표 4.2와 같이 사업성을 판단해야만 한다. 사업화를 위한 제품개발에 있어서 중요한 4가지 핵심사항은 제품이 갖는 기술성, 시장성 그리고 사업화(상용화) 가능성이다. 이 3가지 사항을 종합적으로 고려하여 제품개발에 대한 아이디어를 최종적으로 판단해야 한다.

이는 향후 서비스, 새로운 신사업으로서 제품의 발굴 및 제품개발을 위해서도 필요하다.

표 4.2 제품개발의 4가지 주요 판단 사항

계획의 적정성	기술성	시장성	상용화 가능성
사업화 목표의 명확성 사업화 추진 전략의 적정성 인력 및 예산 등의 적정성	기술의 완성도, 우수성, 융합성, 기술의 차별성, 독창성	시장 규모(국내외) 예상 매출액 시장 경쟁력	상용화 의지 및 역량 상용화 전략의 합리성 상용화의 완성도 상용화 시점

이 밖에도 선행기술조사, 특허출원 및 권리의 확보, 철저한 기술성 분석 및 기술가치의 평가, 시장성 분석에 대한 자료를 갖추어야 한다. 생산성 향상을 위해서는 일반적으로 Q Quality(품질향상), C Cost(원가절감), D Delivery(개발기간 단축 또는 납기

단축)의 효율성 제고를 위하여 공정개선의 여러 기법들[실험계획법, 다구찌, DFSS Design For Six Sigma, 식스시그마(6σ) 등]을 활용하면 좋다.

5) 5단계: 아이디어를 실행하기(프로토타입의 제작) 그리고 평가 및 검증하기

아이디어를 실행하는 단계로 즉, 조치 action(실행)이다. 제품개발 뿐만이 아니라 현장에서 공정을 개선할 때도 실제로 필요한 과정이다. 제품개발을 할 때는 다음을 고려해야만 한다.

우선 제품설계 product design는 제품생산의 기초가 되므로, 생산이 시작되기 전에 대부분의 제품에 대해서 시제품 prototype(시작품)을 만들어 시험해야만 한다. 제품속성과 제조공정 속성 사이의 상호과정을 주의 깊게 고려하여 효율적인 생산에 관한 계획도 세워야 한다. 이를 제조고려설계 design for manufacture라고 한다. 프로토타입을 제작하여 아이디어를 실행하는 것이 제품에 대한 평가이며 검증이 된다. 바로 양산 이전에 앞서 선행적으로 하는 사전 고객의 객관적 검증이다.

6) 6단계: 문제를 해결하기

현장에서 나타나는 제품의 문제해결을 위해 실제 사이즈 size(크기)의 시제품을 만들어 현장시험을 한다. 이를 필드 테스트 field test라고 말한다. 그래야만 성능(동작) 테스트를 통하여 아이디어에 대한 기술 구현을 검증할 수가 있으며, 궁극적으로 현장에서 예기치 못하게 나타나는 문제를 사전에 보완하고 완전히 해결하는 것이다.

마지막으로 검증을 받아야 한다. 사전(선행) 검증을 받기 위하여 보통 시제품에 의한 파일럿 pilot(셀 라인 등을 이용한 실험제작 및 생산)을 진행한다. 그래야만 최적의 제품개발에 있어 일차적으로 철저하게 검증이 되는 것이다. 예기치 못한 환경 변수로 인한 요구 또는 시장이나 고객의 반응과 지적 사항들을 피드백 feedback 받아 수정, 보완 등을 하여 한 단계 업그레이드 시켜 제품의 완성도를 높일 수가 있기 때문이다.

2.1.2 개념시험과 목적

1) 개념시험의 정의

여기서는 앞에서 설명한 '5단계. 아이디어 실행 단계'에 있어서의 제품 개념시험 concept test에 관하여 좀 더 자세히 설명하고자 한다. 이 단계는 참신하게 발상된 아이디어를 구체화시키기 위해 아이디어 개념에 대한 모형화를 통하여 실제로 양산에 앞서 양산에 유사한 시제품prototype으로 제작하여 실제 환경에서의 현장시험(성능, 기능, 내구성, 신뢰성 등의 평가)을 거쳐 기술의 구현과 검증을 이루는 단계로 매우 중요하다. 시제품 제작은 목형을 깎는 수작업, 기계가공, CNC Computerized Numerical Control(컴퓨터에 의한 수치제어) 가공에 의한 CAM 작업, 금형 die(金型)에 의한 작업 그리고 요즘 광범위하게 널리 사용되고 있는 3D(3차원으로 입체) 프린터 등에 의해 제작된다. 이 결과 예기치 못한 문제가 발생했을 경우는 1단계 문제정의로부터 다시 반복 실행함으로써 최적의 해결책을 찾기 위해 수정 및 보완하여 이상적인 최적의 해결책을 내놓는 것이다. 이는 바로 완전한 제품에 의한 실증 단계가 된다.

2) 개념시험의 목적

① 목표시장을 구성하는 잠재적 고객으로부터의 제품의 개념이 고객의 요구사항을 만족시키는지 확인한다. → 유효성 확인 및 검증

② 제품의 판매 잠재성을 평가한다. → 실효성 확인 및 검증

③ 개념을 개선시킬 고객 정보를 취합하고 반영한다. → 고객 데이터 수집, 축적 및 추출, 가공으로 맞춤형 제공

2.1.3 사업화를 위한 이상적인 프로세스

사업화를 위해서 즉, 제품(상품)을 기획하고 개발하거나 제조 등을 통하여 상용화한다든지 새로운 서비스를 창출하여 가치를 추구하기 위해서는 아래와 같은 프로세스 절차로 수행할 수 있다. 신제품, 신기술, 신사업, 신서비스와 더불어 참신하고 창의적인 아이디어를 가지고서 사업화를 준비하는 독자들에게는 상당한 도움이 되리라 확신한다.

공개된 지식, 기술, 제품, 서비스 등을 활용하여 지금까지 없던 새로운 산출물(신제품, 신기술, 신사업, 신서비스 등)을 만들어 내는 것이 바로 창조 creation이며, 혁신 innovation이다. 이를 구현하기 위해서 창의적 아이디어를 발상하여 개념화·구체화시키고 모형화해서 시제품을 만들어 보고, 검증과 신뢰성을 거쳐 최종적으로 인간에게 유익한 상용화 개시 commercialization initiatives(상용화는 상업화, 상품화, 사업화, 실

용화라고도 하며 일반적으로 통용되어 사용된다)에 이르는 모든 활동의 원동력이 바로 창의성 creativity이며 도전정신이다.

사업화(비즈니스)를 위한 이상적이며 바람직한 프로세스[21]Process(절차)는 다음과 같다.

- **1단계 : 해결안, 원리**
  수준이 높은 문제일수록 문제의 해결책을 다른 산업분야에서 찾아 해결하라.
  과학기술의 원리를 활용하여 근본 문제를 해결하라.
  → 제품 Product / 논문 Treatise, paper / 공학기술 Engineering Technology / 특허 Patent /특허기술 Patent Technology / BM Business Model(사업모델) / 과학지식 Scientific knowledge / 과학기술 Scientific technology

- **2단계 : 아이디어 발상(창출 Ideate)**
  Creative Idea Generation(연구&개발, 실무, 교육, 훈련, 자기계발 등)

- **3단계 : 개념설계안 도출 Concept design**
  도면, 스케치, 그림, 도식화, 블록도 block diagram 등으로 구체성이 있는 즉 개략적이며 구체성이 있는 개념안을 구현한다.

- **4단계 : 특허**
  Patent Intellectual Property(지식재산권) 기술에 대한 구성과 기술성을 명료화하고, 사업모델을 구체화하여 기술타당성을 검토한다.

- **5단계 : 시제품 제작 및 시험 평가 검증**
  Prototype, Working Sample(W/S, 기능이 작동하는 시제품)을 제작하여 기술 구현 및 동작성 평가 evaluation, 검증 provement하면서 다양한 환경(온도, 습도, 악천후 등의 환경)에서 시운전, 시운행, 시작동 등 현장시험 field test을 거쳐 신뢰성을 갖는다.

- **6단계 : 사업화**
  상품/제품의 출시, 서비스의 개시, 고객의 평가

[출처] 이국환, "미래창조를 위한 창의성"(카오스북), 2013년.

21) 이 프로세스는 저자(이국환)가 다년간 연구개발 및 세미나, 교육, 컨설팅 활동 등의 다양한 경험을 바탕으로 제시하는 절차임

2.1.4 전동킥보드(Electric kickboard)의 사례

한 예를 다음과 같이 예시하여 설명하고자 한다. 그림 4.7은 요즘 공유 서비스로 각광을 받고 있는 전동킥보드electric kickboard에 대한 개념 공유를 바탕으로 하여 제품과 서비스의 이해를 돕기 위해 주요 특징을 그린 그림으로 설명한다.

콘셉트 디자인, 스토리텔링, 스토리보드 등으로 아이디어 스케치를 정의하고 전개해 나가는 과정이 필요하다. 또한 차별적이고 특징적인 면을 설명하기 위해서는 부가 설명도 포함된다.

1) 전동킥보드 개념스케치

실제 모델을 실물 비슷하게 그린 그림을 렌더링rendering이라고 한다. 그림 4.8은 컴퓨터의 디자인 프로그램을 활용하여 만든 전동킥보드의 렌더링 예이다.

그림 4.7 전동킥보드 개념스케치

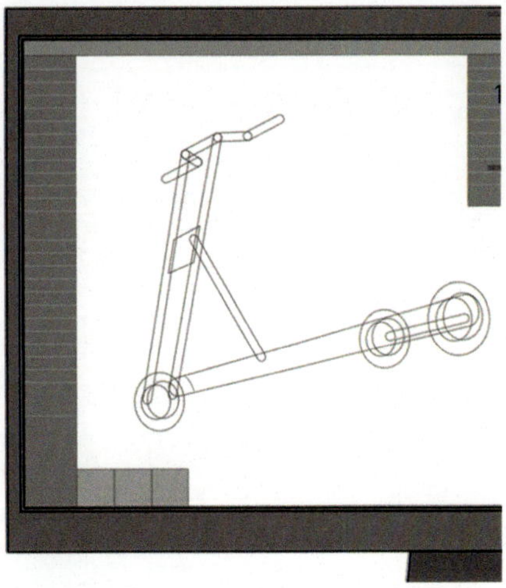

그림 4.8 전동킥보드의 개념 렌더링

2) 스토리보드(Story board)

새로운 개념의 전동킥보드 제품을 구입하여 사용하는 경우에 있어서, 킥보드의 보관과 이동이 간편하고도 편리하다는 이야기 흐름을 제공하는 스토리보드story board의 예이다.

그림 4.9와 같이 킥보드를 가지고 이동할 때에는 바퀴 달린 가방인 캐리어carrier와 같이 접어서 간편하고 편리하게 이동하며 킥보드를 탈 때는 손쉽게 펴서 탈 수 있는 콘셉트를 갖고 이동성과 편의성을 강조하고 있다. 스토리보드는 제품이 포함된 행동의 순간적인 이미지가 연결되어 하나의 이야기 흐름을 만들어 내는 순간적인 이미지의 묶음이기에 광고효과가 우수하다.

그림 4.9 보관, 이동, 사용 시나리오를 표현한 스토리보드
(제품이 포함된 행동의 흐름을 표현한 이미지)

전동킥보드는 자전거와 같이 '퍼스트 마일 모빌리티first mile mobility'와 '라스트 마일 모빌리티last mile mobility'의 대표적인 개인이동수단이다. '퍼스트 마일 모빌리티'는 집 또는 사무실 등 출발지에서 버스나 지하철(전철) 등 대중 교통수단을 이용하기까지의 이동수단을 말한다. '라스트 마일 모빌리티'도 교통 분야에서 사용되는 용어이다. '목적지까지 남은 이동구간이 1마일(약 1.6 km의 반경)'을 의미하며 걷기에는 멀지만, 버스나 지하철(전철)로는 연결이 안 되고, 택시나 자가용을 이용하기엔 여러모로 마땅치 않은 애매한 거리를 지칭한다. 이런 이동구간 거리를 사람들이 빠르고 편하게 이동토록 해주는 게 바로 '라스트 마일 모빌리티'이다. 이를 위한 이동수단인 '라스트 마일 모빌리티mobility'는 따릉이로 대표되는 공공자전거, 공유 전동킥보드, 전기자전거 등이 있다. 또한 '라스트 마일 딜리버리delivery'는 유통업체의 상품이 목적지에 도착하기까지의 전 과정을 뜻하는 용어로서, 플랫폼 서비스로 대표되는 배달업체와 유통업체들이 서비스 차별화를 위해 배송 품질에 주안점을 두며 생겨난 말이다.

여기서는 개인용으로 널리 사용하는 전동킥보드의 사용, 이동, 보관 등이 편리하도록 편의성과 휴대성과 더불어 차별성을 강조하기 위한 스토리보드이다.

3) 전동킥보드 개념의 실물 크기 모형

그림 4.10은 킥보드 제품의 형태와 구조를 명확하게 보여주는 개념의 실물 크기 모형이다. 이를 목업mock up이라고 한다. 실물 크기의 모형은 주로 나무 또는 플라스틱으로 만들어지며, 색상도 실제 제품과 거의 비슷하게 만들어진다. 어떤 경우에는 제한된 기능이 부가되어 만들어지기도 한다. 즉, 스토리보드에서 보여주는 특징 가운데 가장 큰 특징인 접이형 기능folding function을 강조하기 위해 킥보드가 접히는 특징을 실제로 구현할 수 있게 제작하는 것이다.

그림 4.10 실물 크기 전동킥보드 모형의 제작 및 평가

4) 실제 작동하는 전동킥보드 개념의 프로토타입(Prototype, 시제품 · 시작품)

실제 기능이 작동하는 시제품으로 된 킥보드로 시장에 출시되기 직전의 현장시험을 통해 성능, 기능, 신뢰성, 내구성 등의 시험 검증을 확인하기 위해 필수적으로 수행되는 개발단계이다. 작동 또는 동작하는 시제품을 워킹 샘플working sample이라고도 한다. 실제 기능이 작동하는 프로토타입prototype(실물)과 똑같은 모형 즉, 시제품(시작품) 제작은 개념시험을 평가하고 문제점 발생 시 이를 보완함으로써 양산제품으로 진행하는 데 있어서 매우 유용한 과정이며, 필수적인 과정이다. 또한 사람과의 상호작용, 전반적인 인터페이스 효과 등을 판단할 수가 있는 개발 과정에서의 마무리 단계이다.

5) 사업화 사례

그림 4.11은 앞에서 설명한 새로운 개념의 캐리어형(방식) 전동킥보드를 사업화한 사례를 보여주는 제품 사진이다. 캐리어carrier와 같이 접어서 간편하고 편리하게 이동하며 전동킥보드를 탈 때는 손쉽게 펴서 탈 수 있는 폴딩folding(접이식) 구조를 메인 콘셉트main concept으로 하여 사용자의 이동성과 편의성을 강조하고 있다.

(a) 이동 모습 (b) 사용(탑승) 모습

그림 4.11 새로운 개념의 캐리어형 전동킥보드 제품개발 및 사업화

생각하기

일반적으로 사업화를 위해서 사업계획의 적정성, 기술성, 시장성, 경제성 그리고 상용화 가능성을 주요 항목으로 검토한다. 여기서 3대 핵심 항목으로 축약하고 이를 함수로 표시하면 다음과 같다.

$$\text{사업성} = \Sigma(\text{기술성} + \text{시장성} + \text{경제성})$$

그런데 창업을 네 가지의 함수로 설명한 전문가의 의견을 살펴본다.
창업을 y = f(x)로 표시하면, 창업 = f(timing, expertise, network, money)이라 할 수 있으며, 독립변수는 합집합이 아니라 다음과 같이, 곱으로 표시된다고 했다.

$$\text{창업} = (\text{타이밍} \times \text{전문성} \times \text{인맥} \times \text{돈})$$

따라서, 이 중에서 하나라도 빠지면 0zero이 된다는 것이다. 이는 바로 사업 실패로 귀결되거나 혹은 사업 성공률이 쉽지는 않다는 의미로 해석되어 시사하는 바가 크다.

2.2 기술의 완성도(TRL)와 사업화 평가항목

2.2.1 기술의 완성도(TRL)

기술사업화의 단계에 있어 핵심기술이 실제로 구현되어져 정량적이며 정상적인 개발목표(평가지표)를 달성하여 개발목표별 고유성능과 기능을 제대로 발휘하는(동작, 작동하는) 능력을 '기술의 완성도(성숙도)'라고 한다.

1) TRL(Technology Readiness Level, 기술개발단계 또는 기술 완성도·준비도)

① 기술 완성도(준비도)

- TRL 평가기법은 기반기술 평가 방법으로 미국의 NASA(항공우주개발국)에서 개발함.
- TRL 평가방법은 체계의 개발에 필요한 기술의 하부 단계 요소기술을 분류하고 각 기술별로 현재의 기술 수준을 평가하는 방식으로, 이 방식으로 평가되는 기술은 총 9단계의 지수로 평가하는데 기술의 척도 및 의미는 다음과 같다.

② CTE(Critical Technology Element, 핵심요소기술)

제품은 소재, 부품이나, 반제품인 모듈 그리고 완제품인 세트 set로 구성된다. 따라서 요소는 이러한 제품을 구성하는 여러 단위에 있어 적용되는 가장 기본적이며 핵심이 되는 기술을 '핵심요소기술'이라고 한다.

- 제품이나 서비스 중에 핵심요소기술의 추출과 개발 능력이 그 기술의 완성도를 높인다(핵심요소기술의 필요성).
- 핵심요소기술의 도출, 발굴, 보유, 완성이 기술이전이나 사업화시 가장 큰 가치가 된다(핵심요소기술의 중요성).
- 핵심요소기술은 기술의 라이선싱 licensing(대가를 받고 기술을 허용)에서 주요 요인이 된다(핵심요소기술의 가치부여).

2) TRL(Technology Readiness Level)의 단계 및 개발 내용

TRL은 핵심요소기술의 기술적 성숙도에 대한 일관성 있는 객관적인 지표이다. TRL 도입은 기술사업화를 위한 R&D 단계별 명확한 연구개발 목표설정 및 정량적인 평가기준 설정으로 사업성과 제고에 기여한다. 그림 4.12는 TRL 9단계와 단계별 개발에 대한 정의를 나타낸다.

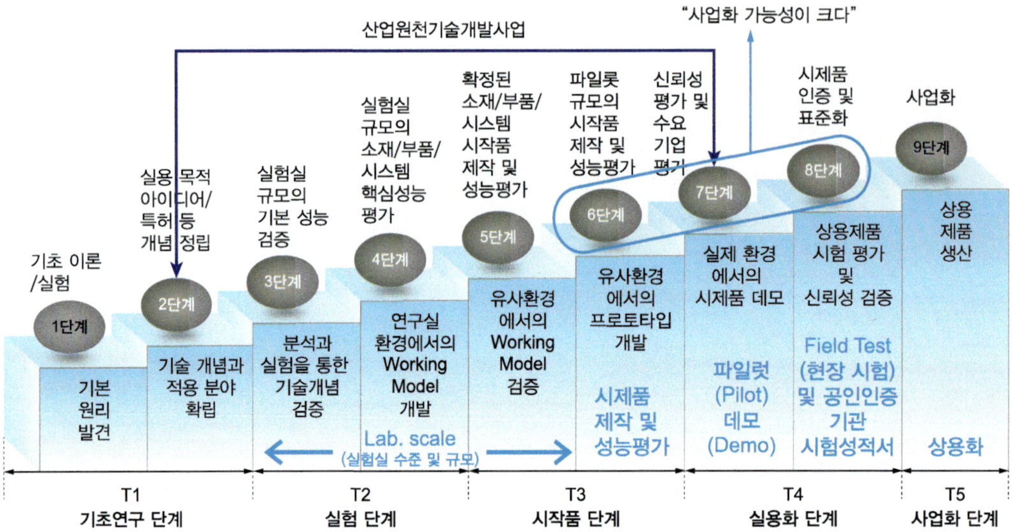

참고 : TRL 1, 8, 9 단계는 원칙적으로 정부 R&D 비지원 영역이다.

그림 4.12 TRL 9단계와 개발의 정의

TRL 9단계를 단계별로 자세히 설명하면 다음과 같다.

① 기초 연구(Research)

국가 R&D 사업 조사 · 분석 (국가과학기술위원회)		지식경제 R&D 사업		
단계	정의(OECD)	TRL 단계		단계별 정의
기초 연구	특수한 응용 또는 사업을 직접적 목표로 하지 않고, 자연현상 및 관찰 가능한 사물에 대한 새로운 지식을 획득하기 위하여 최초로 행해지는 이론적 또는 시험적 연구	1	기본원리 발견	• 기초이론 정립 단계
		2	기술개념과 적용분야의 확립	• 기술개발 개념 정립 및 아이디어에 대한 특허 출원 단계

② 응용 연구(Research)

응용 연구	기초연구의 결과 얻어진 지식을 이용하여 주로 실용적인 목적과 목표 아래 새로운 과학적 지식을 획득하기 위한 독창적인 연구	3	분석과 실험을 통한 기술개념 검증	• 실험실 환경에서 실험 또는 전산 시뮬레이션을 통해 기본 성능이 검증될 수 있는 단계 • 개발하려는 부품 또는 시스템의 기본 설계 도면을 확보하는 단계 등
		4	연구실 환경에서의 Working Model 개발	• 시험샘플을 제작하여 핵심 성능에 대한 평가가 완료된 단계 • 3단계에서 도출된 다양한 결과 중에서 최적의 결과를 선택하는 단계 • 컴퓨터 모사가 가능한 경우 최적화를 완료하는 단계 • 의약품 등 바이오 분야의 경우 목표 물질이 도출된 것을 의미 등
		5	유사 환경에서의 Working Model 검증	• 확정된 소재/부품/시스템의 실험실 시제품 제작 및 성능 평가가 완료된 단계 • 개발 대상의 생산을 고려하여 설계하나 실제 제작한 시제품 샘플은 1~수개 미만인 단계 • 경제성을 고려하지 않고 기술의 핵심성능으로만 볼 때, 실제로 판매가 될 수 있는 정도로 목표 성능을 달성한 단계 • 의약품의 GMP(Good Manufacturing Practice, 제조품질관리 기준) 파일럿 설비를 구축 등

③ 개발 연구(R&D)

개발 연구	기초·응용연구 및 실제경험으로부터 얻어진 지식을 이용하여 새로운 제품 및 장치를 생산하거나 이미 생산 또는 설치된 것을 실질적으로 개선하기 위한 체계적인 연구	6	유사 환경에서의 프로토타입의 개발	• 파일롯 규모(복수 개~양산규모의 1/10 정도)의 시제품 제작 및 평가가 완료된 단계 • 파일롯 규모 생산품에 대해 생산량, 생산용량, 수율, 불량률 등 제시 • 파일롯 생산을 위한 대규모 투자가 동반되는 단계 • 생산기업이 수요기업 적용환경에 유사하게 자체 현장 테스트를 실시하여 목표 성능을 만족시킨 단계 • 성능 평가 결과에 대해 가능하면 공인인증기관의 성적서 확보 • 의약품의 경우 비임상 시험 기준인 GLP (Good Laboratory Practice, 동물실험 규범)기관에서 전임상시험을 완료하는 단계 등

		7	실제 환경에서 시제품 데모	• 실제 환경에서 성능 검증이 이루어지는 단계 • 부품 및 소재개발의 경우 수요업체에서 직접 파일롯 시제품을 현장 평가(성능뿐만 아니라 신뢰성에 대해서도 평가) • 의약품의 경우 임상 2상 및 3상 시험 승인 • 가능하면 KOLAS 인증기관 등의 신뢰성 평가 결과 제출 등
		8	상용제품 시험평가 및 신뢰성 검증	• 표준화 및 인허가 취득 단계 • 조선 기자재의 경우 선급기관 인증, 의약품의 경우 식약청의 품목 허가 등
–	실용화/기술이전사업	9	상용제품 생산	• 본격적인 양산 및 사업화 단계 • 6시그마 등 품질관리가 중요한 단계 등

2.2.2 기술의 완성도와 사업화 성공 가능성

그림 4.13에서 보듯이 기술사업화의 성공 가능성이 높은 R&D 및 창업은 TRL 6단계에서 8단계 정도에 해당한다. 그리고 단계별 수행해야 할 주요 요점의 예를 설명하였다.

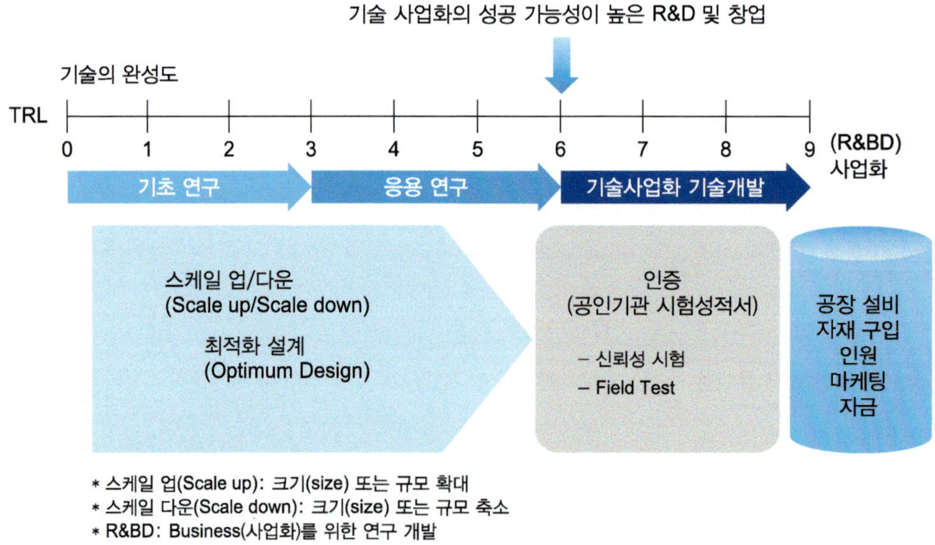

그림 4.13 기술의 완성도와 기술사업화

2.2.3 기술사업화 평가지표(예시)

여기서는 정부에서 주관하는 R&D 기술사업화를 위한 연구과제의 경우, 과제의 선정을 위한 선정 평가표와 선정된 후 연구 과제를 수행한 결과에 대한 최종 결과 평가에 대한 지표(평가항목)에 대하여 예시를 다음과 같이 보여주고 있다.

1) 기술사업화를 위한 R&D 과제 선정 평가표 사례(표 4.3)

표 4.3 R&D 과제 선정 평가표(예시)

평가항목	세부항목	평가지표	평점									
			탁월		우수			보통		미흡		불량
			A+	A0	B+	B0	B−	C+	C0	D+	D0	E
1. 사업계획 및 사업비의 적정성 (20)	• 사업계획 및 추진의 적정성	• 동사업의 목적과 부합하는가? • 구체적 근거에 의해 사업계획이 작성되었는가? • 기술개발방법 및 기간은 적정한가?	10	9	8	7	6	5	4	3	2	1
	• 사업비 산정의 적정성	• 동사업 추진을 위한 사업비 산정의 구체성, 타당성 및 적정성 여부 등	10	9	8	7	6	5	4	3	2	1
2. 기술성 및 개발 능력 (30)	• 기술의 혁신성과 차별성	• 개발 기술이 국내 · 외 기존 기술과 비교한 연구 내용 및 범위의 혁신성과 차별성	10	9	8	7	6	5	4	3	2	1
	• 과제 책임자 및 참여 연구원의 능력	• 과제 책임자의 해당 분야 기술 개발 및 실용화 실적, 참여 연구원 능력과 역할분담, 전공, 구성의 적절성	10	9	8	7	6	5	4	3	2	1
	• 기술적 파급효과	• 당해 기술의 향상, 타 기술의 발전 등 산업발전에의 효과	10	9	8	7	6	5	4	3	2	1
3. 사업화 가능성 (50)	• 목표 달성 가능성	• 제시된 기술적 수준과 목표의 구체성, 개발방법 및 과정 설계의 적정성, 기술개발 성공 가능성	10	9	8	7	6	5	4	3	2	1
	• 개발기술의 활용 가능성	• 개발결과의 제품생산 가능성 등	10	9	8	7	6	5	4	3	2	1
	• 상용화 가능성	• 개발결과의 상용화 단계 진입 가능성 및 수준	10	9	8	7	6	5	4	3	2	1
	• 사업화 계획의 적정성	• 기술 · 시장 동향 파악의 수준 및 사업화계획의 구체성 및 실현가능성	10	9	8	7	6	5	4	3	2	1
	• 시장진입 가능성 및 성장성	• 개발 결과의 상업화 소요기간 및 난이도를 고려시 시장진입 가능성 및 시장규모에 따른 향후 성장성	10	9	8	7	6	5	4	3	2	1
	과제별 상대평가 등급: 우수 / 보통/ 미흡	합계									점	

2) 기술사업화(기술개발사업) R&D 과제 결과평가 지표 사례(표 4.4)

표 4.4 R&D 과제 결과평가 지표(예시)

구분	목표달성도	기술적성과	경제적성과	고용효과	합계
배점	30	20	30	20	100

평가항목	세부항목 (평가내용)	평가지표	배점							
			탁월		보통		미흡		불량	
1. 목표 달성도 (30점)	최종목표 달성정도	• 당초 계획된 정량적, 정성적 기술 개발 목표를 달성하였는가?(공인기관 시험성적서 등)	20	18	16	14	12	10	8	8
	방법과 절차 타당성	• 목표 달성을 위한 추진방법 및 과정이 적절하였는가?(사업비 진행 포함)	10	9	8	7	6	5	4	3
2. 기술성 (20점)	기술개발 혁신성	• 혁신적인 기술적 성과(특허, 논문 등)가 발생했는가?	10	9	8	7	6	5	4	3
	기술적 성능수준	• 기술개발 결과가 국내 · 외 기존 기술대비 우수한가?	10	9	8	7	6	5	4	3
3. 사업성 및 경제성 (30점)	사업화 전략 적정성	• 향후 마케팅 전략 및 추가 투자계획이 적정한가?	5		4		3		2	
	사업화 가능성	• 국내 · 외 시장 및 제도적 변화를 고려할 때 시장 진출이 용이하고 시장점유율 확대가 기대되는가?	5		4		3		2	
	시장 진입 및 점유 가능성	• 기술이전 가능성, 매출발생, 수입 대체 및 수출효과가 우수한가? • 과제 종료시점에 매출계약 등 가시적 사업화 성과가 기대되는가?	10	9	8	7	6	5	4	3
	수익성	• 투자대비 매출이나 비용절감 등 수익성 전망이 우수한가?	10	9	8	7	6	5	4	3
4. 고용효과 (20점)	고용목표 달성도	• 당초 고용목표를 달성했는가?	10	9	8	7	6	5	4	3
	고용창출 효과	• 향후 고용효과가 기대되는가?	10	9	8	7	6	5	4	3

3 사업화를 위한 서비스 개발 플랫폼

플랫폼은 다양한 관점에서 설명할 수 있지만 스마트 시대에는 플랫폼을 '정거장'에 비유할 수 있다. 정거장은 특정한 장소로 가기 위해 반드시 도착해야 하며 도착한 사람을 태우기 위해 운송 수단이 필요하다. 여기서 운송 수단을 이용하고자 하는 사람이 이용자가 되는데 플랫폼은 바로 사람과 운송 수단이 만나는 접점, 혹은 사람과 운송 수단을 매개하는 매개 지점의 역할을 한다고 볼 수 있다. 스마트 시대에 인터넷 사업자, 콘텐츠 제공자, 사용자, 기기 제조사 등 다양한 주체들이 만나는 매개 지점이 플랫폼이다. 따라서 핵심 역량과 가치가 플랫폼에서 나오고 그 플랫폼의 중요성은 갈수록 높아지고 있다. 플랫폼의 등장은 기업에는 기회이자 한편으론 위협이 될 수 있다. 애플, 구글, 아마존 같은 기업은 플랫폼 구축에 성공해 기업 가치가 상승하고 있는 반면, 음반업계와 제조업체, 판매업체 등은 각각 아마존, 애플, 구글의 플랫폼 내에서 새로운 생존 전략을 마련해야 하는 상황이 됐다.

이제 플랫폼의 의미가 분명해졌다. 서로 관련될 수 있는 것들이 한곳에 모여 있는 일종의 생태계라 할 수 있다. 따라서 서비스 개발 플랫폼이란 서비스 개발에 필요한 것을 한 곳에 모아둔 생태계를 뜻한다고 볼 수 있으며, 물리적 공간뿐만 아니라 IT와 관련하여 가상의 공간을 의미할 수도 있다.

또한, 플랫폼은 공급자와 수요자 등 복수 그룹이 참여해 각 그룹이 얻고자 하는 가치를 공정한 거래를 통해 교환할 수 있도록 구축된 환경이다. 플랫폼 참여자들의 연결과 상호작용을 통해 진화하며, 모두에게 새로운 가치와 혜택을 제공해 줄 수 있는 상생의 생태계라고 말할 수 있다.

여기서는 디지털을 전제로 한 디지털 플랫폼 비즈니스에서 서비스를 어떻게 기획하고 개발할 것인가를 기술하였다.

3.1 플랫폼 비즈니스의 이해

플랫폼 비즈니스를 소개하기에 앞서 일반적인 비즈니스 모델에 대해 살펴보기로 하

자. 비즈니스 모델Business Model이란 어떤 제품이나 서비스를 어떻게 소비자에게 제공하고, 어떻게 마케팅하며, 어떻게 돈을 벌 것인가 하는 계획 또는 사업 아이디어를 말한다.[22] 이런 비즈니스 모델은 인터넷 기업들이 사업 아이디어 자체를 특허 출원하기 시작하면서 알려진 용어이다.

이러한 비즈니스 모델은 다음과 같이 몇 가지 전제 조건이 있다.

- 상품, 서비스와 정보가 흐르는 구조에 대한 설명과 이러한 비즈니스 모델에 참여하는 여러 사업 참여자들과 그들의 역할에 대한 설명
- 사업 참여자들이 누리게 될 잠재적 이익에 대한 설명
- 수입의 원천에 대한 설명 등이 잘 갖추어져야 할 것이다.

이를 정리하면, 비즈니스 모델은 사업을 어떻게 운영하여 이익을 창출하는가, 즉 어떤 상품을 어떻게 누구에게 판매할 것인가를 개념적으로 수립하는 것이다. 이는 디지털 플랫폼 비즈니스에서도 마찬가지로 적용된다.

이와 같은 비즈니스 모델은 비즈니스의 성공 가능성을 높여 줄 수 있기 때문에 매우 중요하다. 또한, 비즈니스 모델Business Model에 대한 특허(BM특허) 출원도 이러한 점들을 구체적으로 충분히 고려해야 한다.

3.1.1 플랫폼 비즈니스 모델과 특징

1) 플랫폼 비즈니스 모델의 개념

플랫폼이 기업 활동의 중심에 서기 시작하면서 플랫폼 비즈니스 모델이 주목을 받고 있다. 히라노 아쓰시 칼과 안드레이 학주(2011)는 "복수 그룹의 요구를 중개함으로써 그룹 간 상호작용을 환기시키고 그 시장의 경제권을 만드는 산업 기반형 비즈니스 모델"이라고 했다. 결국, 플랫폼 비즈니스 모델이란 플랫폼 서비스의 모델을 통해 수익을 내는 모델을 의미한다. 이러한 서비스 모델에는 서비스의 제공 방법, 서비스 모델 프레임워크 등이 포함되며, 수익 모델에는 수익을 창출하는 방법과 수익 모델 프레임워크가 필요하다. 이는 서비스 모델과 수익 모델의 결합에 의해 비즈니스 모델이 될 수 있다는 것이다.

22) 네이버 백과사전

2) 플랫폼 비즈니스 모델의 특징

플랫폼 비즈니스는 주변에 플랫폼 생태계로 둘러싸여 있으며 이러한 생태계 내에서 가치 value가 교환된다. 즉, 플랫폼 생태계는

① 플랫폼 사업을 수행하는 공간
② 참가하는 플레이어 player
③ 플랫폼 사업을 수행하는 규칙 rule
④ 해당 플레이어가 사용할 수 있는 도구 tool

로 구성된다.

플랫폼은 이러한 플랫폼 생태계에 참여하는 기업과 개인(참여자 player)이 많을수록 플랫폼의 가치가 상승하는 강력한 네트워크 효과가 있다.

일반적으로 비즈니스는 규모의 경제를 가질 때 수익성을 확보하는데, 플랫폼은 규모의 경제를 이룰 수 있는 최적의 조건을 갖고 있다고 볼 수 있다. 이런 플랫폼 비즈니스는 가치 창출 면에서 편의성, 가격, 다양성 등 이외 복수의 플랫폼을 구성하여 새로운 고객 가치를 창출하는데 유리하다. 특히, 플랫폼 비즈니스는 다수의 사람들이 모인 네트워크를 활용하여 그 안에서 문제점 해결과 가치를 얻는다. 애플의 앱스토어의 경우 개방된 플랫폼으로 다수의 응용 프로그램 개발자들이 프로그램을 제공하여 다양하고 혁신적인 휴대폰 사용을 가능하게 하였다. 이처럼 네트워크 안의 구성원들이 그 안에서 해결책을 찾을 수 있게 하는 것이 큰 특징이다.

플랫폼을 구성하는 참여자의 역할과 특징을 살펴보면 다음과 같다.

첫째, 플랫폼 주도기업은 플랫폼의 설계, 운영, 업그레이드를 담당하게 된다.
둘째, 모방이 어려운 해당 플랫폼의 차별화 기반 기술을 가지고 있어야 한다.
셋째, 플랫폼 주도 기업과 참여자, 또는 참여자 간 공동의 이익이 존재해야 한다. 참여자들에 대한 인센티브는 확실해야 동기 부여가 된다.
넷째, 비즈니스 플랫폼은 지속적인 확장성을 가지고 있어야 한다. 즉, 참여자의 기반 확대와 업그레이드, 인접 분야 확장 등으로 플랫폼의 진화가 지속되어야 한다.

플랫폼 경제(Platform Economy)

'정거장' 또는 '승강장'을 뜻하는 플랫폼과 경제를 합친 용어로, 디지털 네트워크를 기반 삼아 상품 및 서비스를 거래하는 활동을 의미한다. 네트워크 인프라를 바탕으로 빅데이터, 인공지능AI, 메타버스 등 첨단 기술과 스마트폰 등 IT 기기가 결합된 혁신적 서비스를 기반으로 기존 산업구조를 빠르게 대체하고 있다. 혁신으로 새로운 가치를 창출하기도 하지만 반면 독과점 등 부작용을 낳기도 한다.

3.1.2 플랫폼 비즈니스 모델의 유형

플랫폼 비즈니스의 모델은 분류 기준에 따라 다양하게 해석되고 있으나, 여기서는 디지털 플랫폼과 대체로 관계되는 스토아형store 비즈니스 모델, 상거래형commerce 비즈니스 모델, 대리인형agent 비즈니스 모델, 웹서비스web service 비즈니스 모델, 게임 비즈니스 모델 등이 있다.

1) 스토아형(store) 비즈니스 모델

수요자와 공급자들이 플랫폼을 근거로 필요한 가치를 교환하는 비즈니스 모델을 말한다. 애플은 iOS와 앱스토어를 기반으로 해서 디지털 허브를 만들고 앱 개발자들과 소비자들이 자유롭게 앱과 콘텐츠를 교환하도록 하고 있다. 애플은 하드웨어 위주로 혁신을 해오다가 MP3 플레이어인 아이팟iPod과 MP3 다운로드 사이트인 아이튠스iTunes를 개발, 서비스를 통해 하드웨어와 소프트웨어를 아우르는 업체로 급성장을 하게 되었다. 이를 기반으로 혁신적인 스마트폰인 아이폰을 출시해 현재까지 그 플랫폼 시장을 선도하고 있다.

2) 상거래형(commerce) 비즈니스 모델

다양한 상품 공급자와 수요자들이 만나는 상거래 모델과 사이트를 플랫폼으로 운영하는 비즈니스 모델을 말한다. 일례로 단순한 정보의 중개자open market였던 이베이가 현재는 스마트 기기를 통해 오프라인과 온라인을 하나로 묶는 거대한 커머스 플랫폼을 구축하고 있다. 이를 위해 API를 공개하고, 사용자의 환경에 맞는 맞춤형 상거래 서비스를 하고 있다.

3) 대리인형(agent) 비즈니스 모델

플랫폼으로서 거래 사이트가 직접 매매를 하는 것이 아니라 공급자와 수요자들이 자유롭게 매매할 수 있도록 서비스하는 대리인 역할을 하는 비즈니스 모델이다. 온라인 서점의 대표주자인 아마존은 기존의 소매점 전략을 시작해 성공한 바 있으나, 소매점 전략을 에이전트 전략으로 수정하면서부터 상승 가도를 달렸다. 아마존의 에이전트 전략은 모든 재고를 아마존이 관리하고 통제하는 것이 아니라 아마존에 납품하는 협력업체들이 스스로 통제를 하도록 하는 것이다.

4) 웹서비스(web service) 비즈니스 모델

플랫폼 기반의 각종 원격 컴퓨팅 서비스를 비즈니스로 하는 모델이다. 아마존 웹서비스AWS, Amazon Web Services가 대표적이다. AWS는 클라우드 컴퓨팅 환경에서 다른 웹사이트나 클라이언트 측 응용 프로그램에 대해 온라인 서비스를 제공하고 있다. 컴퓨팅 설비, 스토리지(저장 공간), 데이터베이스, 데이터 분석 등 12가지 이상 클라우드 서비스를 필요로 하는 수요자에게 언제 어디서나 필요한 만큼 사용하도록 서비스하고 있는데 이 서비스는 모두 플랫폼 기반에서 제공되고 있다.

5) 게임 비즈니스 모델

플랫폼 기반으로 게임에 관한 수요와 공급을 연결하는 비즈니스 모델이다. 소셜 서비스를 넘어 다양한 앱을 선보이고 있는 페이스북은 많은 플랫폼 기반의 게임 비즈니스 모델을 확보하고 있다. 한국에서는 2012년 7월 30일, 카카오톡(이하 카톡)이 '카카오톡 게임하기' 서비스를 시작했다. 플랫폼 기반의 게임 비즈니스의 시작을 알리는 서막이었다. 카톡 게임은 〈애니팡〉과 〈드래곤 플라이트〉를 시작으로 오픈 당시, 수천 명에 불과했던 카톡 사용자들을 빠르게 게임 속으로 끌어들였다. 카톡 게임이 상업적으로 성공을 거두면서 충성도 높은 사용자를 흡수하는 훌륭한 플랫폼이 될 수 있다는 것도 증명했다.

3.1.3 플랫폼의 경제적 가치

플랫폼의 가치는 기업의 비즈니스 구조나 시스템에서 차지하는 비중과 비례 관계에 있다. 만약 플랫폼이 전체 시스템에서 필수적으로 요구되는 기능들을 최대한 많이 포함하고 있다면, 그 가치는 상당할 것이다. 시스템을 개발할 때 필요한 핵심 기능들은 매번 새로 개발하는 것보다 이전에 개발된 것을 그대로 사용하거나 일부를 개선해 반복적으로 사용하는 것이 더욱 효율적이다. 즉, 시스템 내에서 핵심 기능이나 비즈니스 문제를 해결하는 기능을 수행하는 플랫폼, 다양한 용도로 활용할 수 있도록 설계된 플랫폼은 가치가 있다고 평가되는 것이다.

이와 같이 효율성을 제공하는 플랫폼은 세 가지 측면에서 기업에 가치를 제공해 줄 것이다.

첫째, 플랫폼이 어떤 기능function을 수행하느냐에 따라 가치가 달라진다. 예를 들어, 핵심 비즈니스를 수행하는 기능을 한다면 가치는 대단히 크겠지만, 고객 서비스를 위한 플랫폼으로 기능한다면 상대적으로 그 가치는 적을 것이다. 종종 플랫폼의 개념 설명에 등장하는 제품의 골격, 운영체제, 검색엔진, SNS 알고리즘 등과 같은 플랫폼은 기업의 전체 시스템에서 핵심적이고 본질적인 기능들을 수행하므로 큰 가치를 제공할 것이다.

둘째, 플랫폼의 반복적 사용과 공유에 따른 경제적 가치가 발생한다. 즉, 플랫폼은 하나의 뼈대(골격)를 반복적으로 사용하도록 하기 때문에 범위의 경제economies of scope로 인한 비용의 절감 효과를 갖게 해 준다. 특히 각 참여자들이 개별적으로 처리할 경우 시간과 비용이 많이 드는 데 비해 플랫폼을 공유하면 이러한 비용이 대폭 절감된다. 또한 플랫폼을 구성하는 부품 등 다양한 요소들이 대량으로 사용되므로 규모의 경제에 따른 비용 절감 효과도 발생한다. 이 외에도 검증된 모듈의 재사용으로 안정성 제고와 개발 기간 단축 등의 효과도 있다.

셋째, 플랫폼은 네트워크 효과network effect도 제공한다. 옥션은 판매자와 구매자를, 증권거래소는 매도자와 매수자를, 상점가는 점포와 고객을, 그리고 SNS는 다양한 개인들을 연결시켜 교류나 거래를 촉진한다. 즉, 플랫폼은 수요자와 공급자, 개발자와 사용자, 프로슈머prosumer(생산에 참여하는 소비자)가 서로 원하는 것을 주고받는 공간이므로 참여자가 많아지면 많아질수록 네트워크 효과가 발생하고 이로 인한 가치가 극대화한다.

3.1.4 기업에 주는 플랫폼의 가치

첫째, 플랫폼은 지렛대 역할을 통해 단기간에 투자 대비 높은 성과를 제공한다. 플랫폼은 마치 작은 힘으로 무거운 물건을 들 수 있게 하는 지렛대 역할을 하기 때문에 그 효과를 레버리지 효과leverage effect라고도 한다. 만약 제품 개발과 생산 과정에서 공용화 가능한 부분을 중심으로 제품 플랫폼을 탄탄하게 만든다면, 그 다음부터는 고객의 욕구에 따른 다양한 제품들을 플랫폼 위에서 조금씩 변화를 주어 생산하면 된다. 당연히 그 기업의 효율성은 배가될 것이다.

둘째, 플랫폼은 강력한 비즈니스 모델 구축의 토대가 될 수 있다. 가치 있는 플랫폼은 관련되는 공급자와 수요자들을 연결하므로 많은 관계자들을 모이게 한다. 사람들이 많이 모이도록 하는 가치 있는 플랫폼은 새롭거나 가치 있는 다양한 비즈니스 모델을 창출해 준다.

셋째, 서비스 기반 경제의 핵심 동력이 될 수 있다. 서비스는 사람들이 쓴 만큼 대가를 지불하는pay to use 개념이다. 사용자가 필요한 만큼 자원을 원하는 순간에, 원하는 방식으로, 원하는 만큼 주는 것이 서비스라면 이는 플랫폼 속성과 잘 맞아 떨어진다. 결국, 플랫폼의 폭넓은 적용으로 맞춤형 서비스 산업의 활성화가 촉진될 것이다.

넷째, 전략상의 체급을 결정짓는다. 플랫폼은 기본적으로 네트워크 기반 경제를 구성하는 시장을 의미한다. 이 시장은 네트워크의 일정 규모에 먼저 진입한 사업자와 후발주자의 격차를 갈수록 벌어지게 한다는 특징을 가지고 있다. 더구나 성공한 플랫폼은 플랫폼의 규칙을 즐기는 고객을 얻게 해주고 시간이 갈수록 그 규모를 확대해 간다.

3.2 디지털 서비스 개발

3.2.1 산업 환경의 급속한 변화

이제 새로운 서비스를 개발하려면 디지털 전환digital transformation이 이루어질 수 있는 기존 기기의 디지털화된 제품과 서비스간 디지털 컨버전스digital convergence를 생각하지 않을 수 없다. 영상, 음성, 데이터 등 디지털 기술 기반의 여러 제품이나 서비스가 단말기, 서비스, 네트워크의 제약 없이 자유롭게 융합되는 현상이 계속 가속되고 있기 때문이다.

디지털 전환을 위해서는 그림 4.14와 같이 아날로그 형태를 디지털 형태로 변환하는 '전산화digitization' 단계와 산업에 정보통신기술을 활용하는 '디지털화digitalization' 단계를 거쳐야 한다.

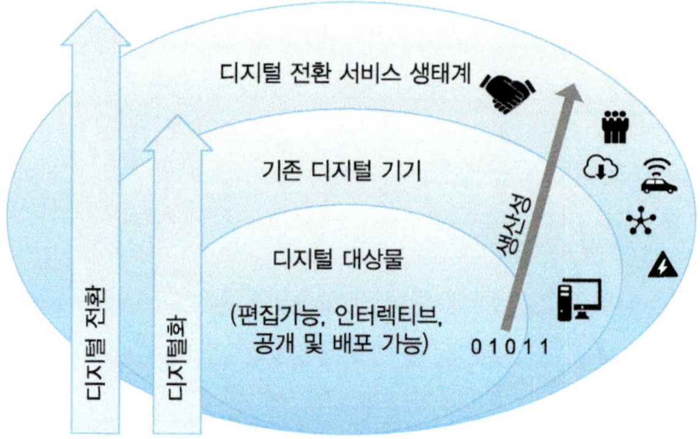

그림 4.14 디지털 전환 진화 과정
출처: Andreas Pfeiffer(2018)

그림 4.15에서와 같이 디지털 컨버전스는 음성/데이터 혼합에서 시작하여 유선/무선 통합, 그리고 이어지는 통신/방송 융합, 다음으로 단말기 통합에 이르렀고 이젠 온라인/오프라인 결합이 지속적으로 이루어지고 있다. 여기서 제품과 서비스의 융합이 이루어지고 이는 그림 4.16과 같은 플랫폼 서비스를 통해 다양한 플랫폼 비즈니스로 전개되어 가고 있다.

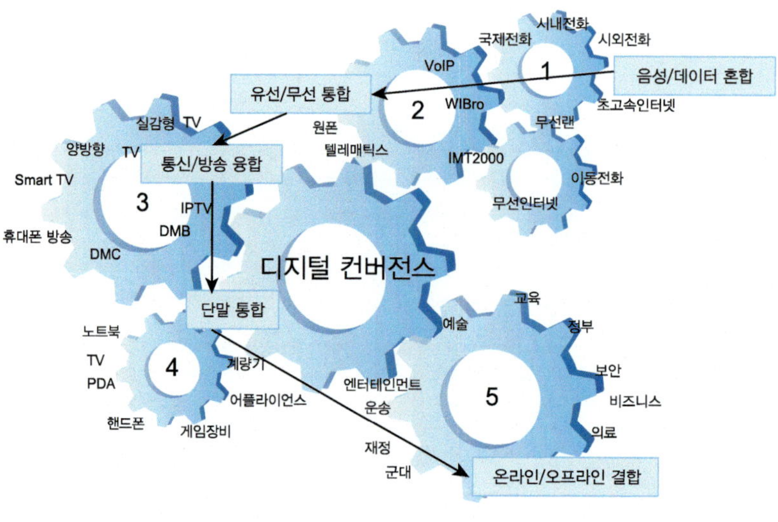

그림 4.15 디지털 컨버전스 진화 과정
출처: ETRI

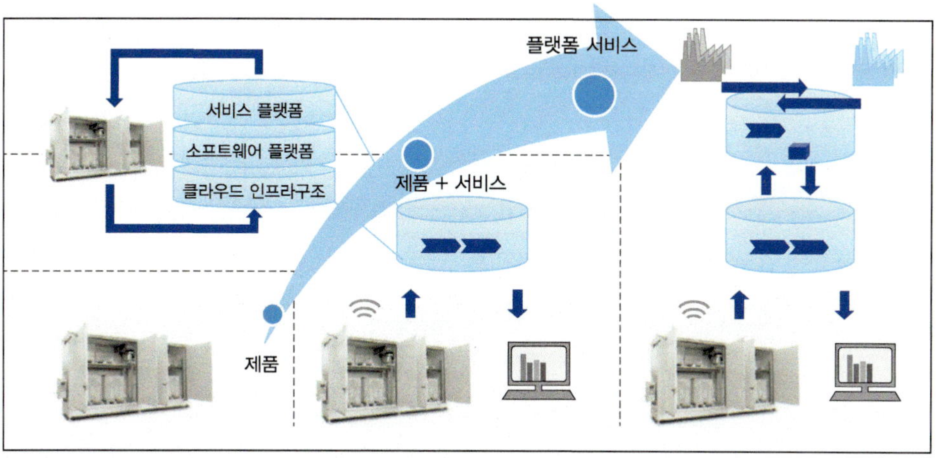

그림 4.16 디지털 플랫폼 서비스로의 전개 과정
출처: 독일 it's OWL Clustermanagement GmbH 브로슈어

3.2.2 융합 서비스

1) 제품과 서비스의 융합

① 제품의 서비스화(Product Servitization)

기업이 제품 판매를 촉진하기 위한 경영 전략적 측면에서 접근할 수도 있겠지만 여기서는 특히 서비스 측면에서 생각한다면 제품과 관련된 서비스를 개발하고 궁극적으로 통합솔루션을 구성하기 위한 서비스 개발로 국한한다. 예를 들면, TV, 휴대폰, IT시스템, SW 애플리케이션 등 하드웨어나 소프트웨어인 제품에 대해 고객의 니즈를 지원하는 서비스, 즉 SI 애플리케이션 개발이나 유지보수, 관련 교육 등을 종합함으로써 기업의 매출을 늘리는 방법을 생각할 수 있다. 대표적으로 A/S 센터의 서비스업이 해당된다. 더 나아가, 유사한 제품 끼리 또는 동일 기업의 제품을 묶어 서비스를 만드는 방법도 있을 것이다. 예를 들면 대여 서비스업이나 사무환경 제공 비즈니스와 같은 서비스가 해당된다고 볼 수 있을 것이다.

② 서비스의 상품화(Commercialization of services)

이제 단순히 제품에 부가적으로 제공되는 것을 넘어 기업이 고객을 위해 제공할 수 있는 모든 가치를 통합적으로 제공하는 하나의 플랫폼 형태로 진화하고 있다. 즉, 서비스가 복합적 또는 융합형 상품이나 여러 가지 조건들과 결합하여 제공될 때 강력한 플랫폼의 역할을 하게 되고 기업은 이를 바탕으로 고객의 요구 변화에 맞춰 제공하는 제품과 서비스를 조합한 패키지를 주력 서비스 상품으로 출시하게 된다.

2) 플랫폼 비즈니스 서비스

① 플랫폼 비즈니스 개념과 기능

전통적인 선형 비즈니스는 원자재/구성 요소를 가져와 제품이나 서비스를 만들어 고객에게 판매한다. 반면에, 그림 4.17에서와 같이, 플랫폼 비즈니스는 둘 이상의 상호 의존적인 그룹을 가지며, 일반적으로 공급자와 수요자 간의 가치 교환을 촉진하는 서비스가 이루어진다.

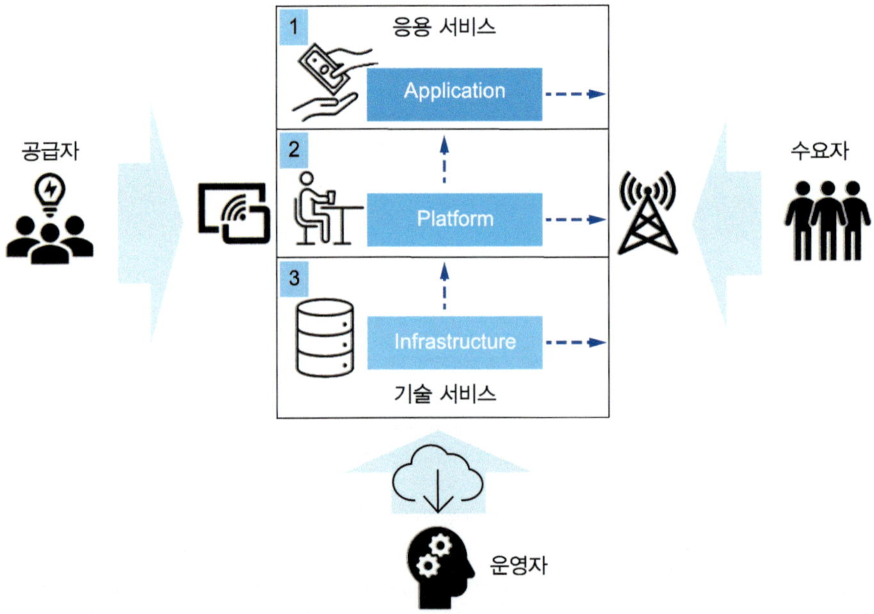

그림 4.17 디지털 플랫폼 비즈니스 개념도

플랫폼 서비스는 물리적일 수도 있고 가상일 수도 있다(Alibaba, eBay). 그러나, 여기서는 가상(디지털)을 전제로 하며, 이러한 디지털 플랫폼 서비스는 B2B, B2C 및 공공 및 민간 부문에 모두 적용 가능하다. 이 플랫폼 비즈니스 내에서 서비스 운영자는 플랫폼에 가치를 부여하며 공급자는 플랫폼에서 가치를 얻고 마찬가지로 수요자도 플랫폼에서 가치를 얻는다. 이러한 플랫폼은 비즈니스 서비스 형태에 따라 2개 이상을 가질 수 있다.

② 디지털 플랫폼의 구조

이와 같은 디지털 플랫폼은 구조 기능상 기술 서비스와 응용 서비스로 나누어 볼 수 있다. 기술 서비스 측면에서는 위의 그림 4.17에서와 같이 서버, 스토리지와 같은 3 인프라 영역과 애플리케이션을 만들고 배포할 수 있는 관련 저작 도구들로 구성되는 개발을 위한 2 플랫폼 영역으로 이루어진다. 응용 서비스 측면에서는 기술 서비스를 거쳐 여러 가지의 지식 콘텐츠를 갖는 다양한 응용 소프트웨어로 구성되는 1 애플리케이션 영역으로 이루어진다.

또한, 이를 그림 4.18과 같이 구조 개념상 디지털 플랫폼 내부를 빌려 쓰는 개념의 클라우드 컴퓨팅 구조로 설명하면, 애플리케이션 영역에 해당하는 SaaS Software as a Service(서비스로서의 소프트웨어)와 플랫폼 영역에 해당하는 PaaS Platform as a Service(서비스로서의 플랫폼), 인프라 영역에 해당하는 IaaS Infrastructure as a Service(서비스로서의 인프라스트럭처)로 구별되는 각각의 플랫폼으로 볼 수 있으며, 이는 수평적 플랫폼이라 할 수 있다. 반면에, 애플리케이션 영역의 플랫폼을 기준으로 볼 때 한 업종의 비즈니스 형태의 응용 소프트웨어가 있으면 단일 플랫폼으로 볼 수 있으며 여러 업종의 비즈니스 형태의 응용 소프트웨어로 구성될 경우 복합 플랫폼이라 할 수 있다.

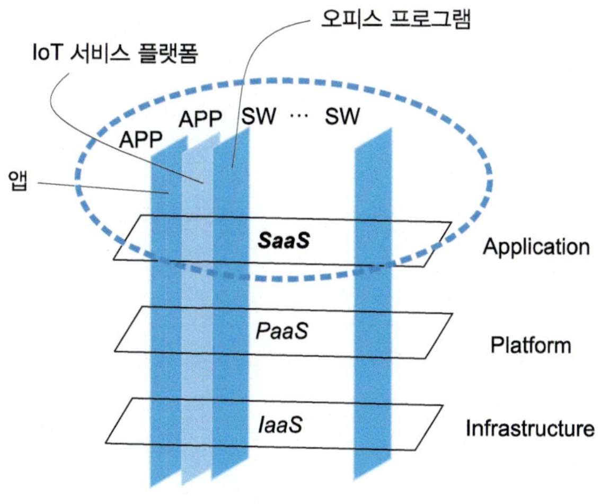

그림 4.18 디지털 플랫폼의 구조

또한, 지원 서비스로서 플랫폼 영역을 나타내는 PaaS는 예를 들어 웹 애플리케이션 등을 개발하는 플랫폼으로 다음의 그림 4.19와 같이 구성되는 콘텐츠 등을 통해 개발하는 것을 나타내고 있다.

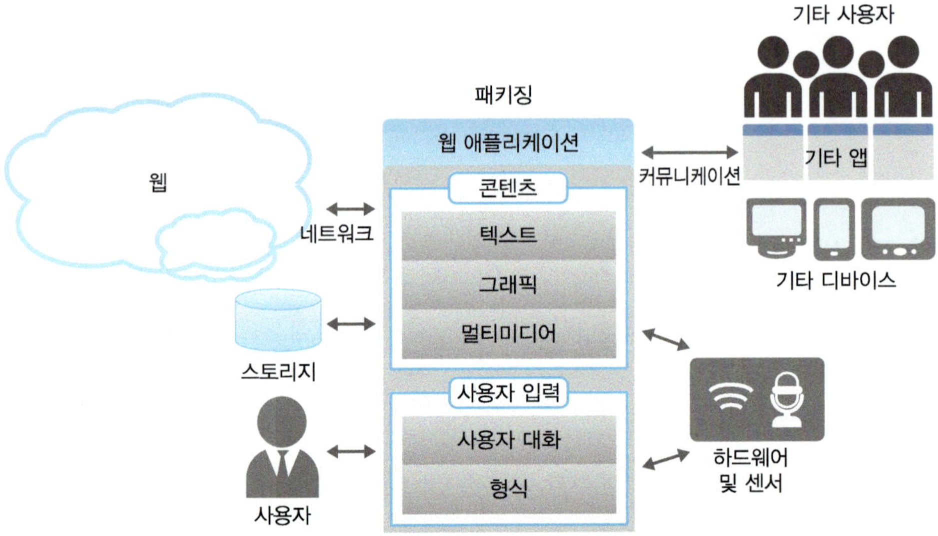

그림 4.19 애플리케이션 개발 플랫폼
출처: [네이버 지식백과] 개방형 생태계 구축을 위한 서비스 플랫폼

③ 플랫폼의 비즈니스 특성 및 형태에 따른 분류

비즈니스 측면에서 보통 플랫폼의 형태는 위 그림 4.17에서 나타내는 것과 같이 플랫폼 비즈니스에 참여하는 참여자가 서비스 운영자, 공급자, 수요자 등일 경우 다면 플랫폼이라 하며, 서비스 운영자가 동시에 공급자일 경우는 단면 플랫폼이라 한다. 또한, 동일한 산업 군에 대한 서비스로 이루어 질 경우 수직적 산업 서비스(단일 플랫폼)라고 하며, 동일하지 않은 여러 산업 군에 대한 서비스로 이루어지는 경우를 수평적 산업 서비스(복합 플랫폼)라고 한다.

이와 같이 여러 상황을 고려하여 적용된 플랫폼의 형태에 따라 플랫폼 비즈니스를 하는 대표적인 기업들을 분류하면 다음 그림 4.20과 같다.

	수직적 산업 서비스	수평적 산업 서비스
다면 플랫폼	B 유튜브 에어비앤비 우버 페이스북	A 애플 구글 카카오
단면 플랫폼	C 뱅크샐러드 웅진씽크빅 스타벅스	D SAP 아마존

그림 4.20 플랫폼의 형태

출처: 이성열 · 양주성(2021)

④ 디지털 플랫폼의 입출력

그림 4.21에서와 같이 디지털 플랫폼에서 데이터의 입력과 출력 과정을 보면, 입력 면에서는 기기에 의한 자동 생성과 오퍼레이터에 의한 입력을, 출력 면에서는 데이터 처리 장치를 거쳐 유용한 정보(마켓, 서비스, 제어 등)로 전환되는 것을 볼 수 있다. 이때, 데이터 처리 장치를 클라우드 컴퓨팅으로 구축할 수 있다.

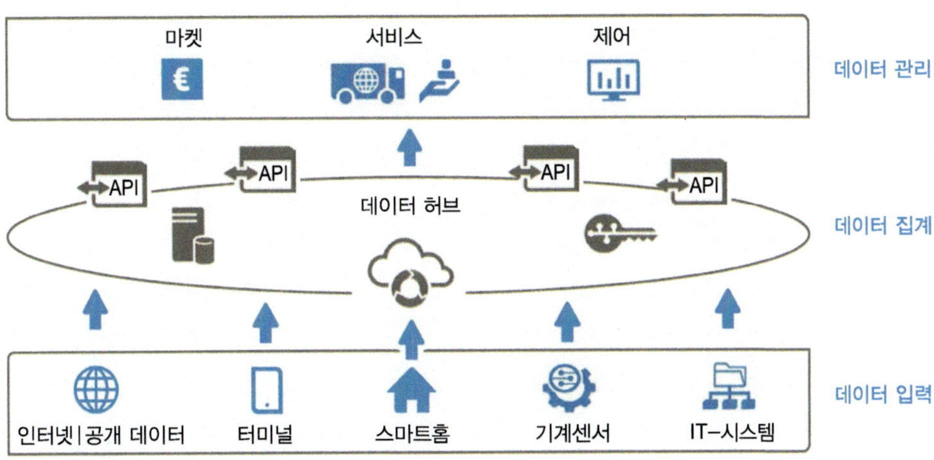

그림 4.21 디지털 플랫폼의 입출력 과정

출처: Ansgar Baums, Analyse, Was sind digitale Plattformen?[23]

23) http://plattform-maerkte.de/wp-content/uploads/2015/10/Kompendium-I40-Analyserahmen.pdf

3) 클라우드 서비스

기존에는 사업자가 필요한 장비를 구축하여 서비스를 제공하였으나, 그림 4.22와 같이 빌려 쓰는 개념의 클라우드 컴퓨팅 서비스가 도입된 후 여러 형태의 플랫폼 서비스가 활발하게 시도되고 있다.

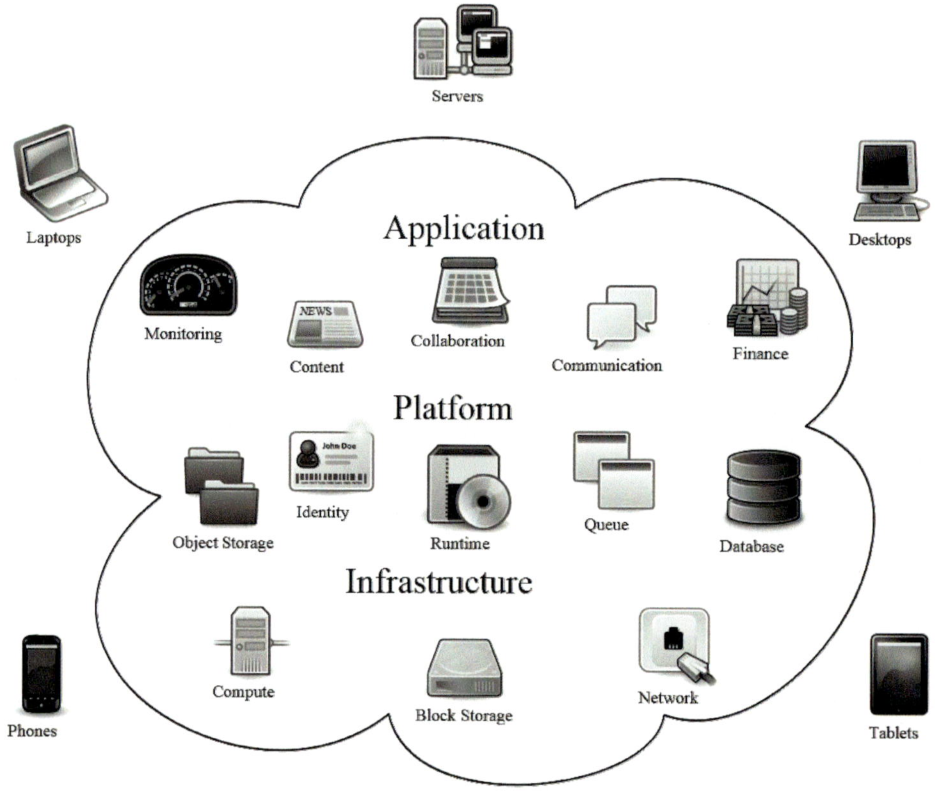

그림 4.22 클라우드 컴퓨팅 개념도
출처: Wikipedia

미래학자 니콜라스 카Nicholas Carr의 정의에 따르면 클라우드 서비스는 IT 자원을 구매하거나 소유할 필요 없이 필요한 만큼 사용료를 주고 쓰는 서비스를 말한다. 중앙 집중화된 대형 데이터센터에서 서비스를 받고 소프트웨어나 프로그램을 인터넷을 통해 자유롭게 빌려 쓰는 방식을 가리킨다.

최초 클라우드 서비스는 '지메일Gmail'이나 '드롭박스Dropbox', '네이버 클라우드'처럼 소프트웨어를 웹에서 쓸 수 있는 SaaS Software as a Service(서비스로서의 소프트웨어)가 대부분이었다. 그러다가 서버와 스토리지, 네트워크 장비 등의 IT 인프라 장비를 빌려주는 IaaS Infrastructure as a Service(서비스로서의 인프라스트럭처), 플랫폼을 빌려주는 PaaS Platform as a Service(서비스로서의 플랫폼)로 확장되었다.

그림 4.23에서와 같이 클라우드 서비스는 구조적인 측면에서 어떤 자원을 활용하느냐에 따라 다음과 같이 크게 3가지로 구별해 볼 수 있다.

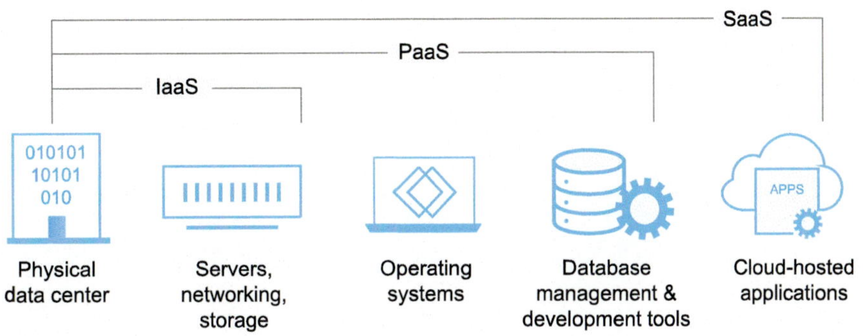

그림 4.23 클라우드 컴퓨팅의 구조
출처: Cloudflare 클라우드 서비스기업 홈페이지[24)]

SaaS는 클라우드 환경에서 운영되는 애플리케이션 서비스를 말한다. 모든 서비스가 클라우드에서 이뤄진다. 소프트웨어를 구입해서 PC에 설치하지 않아도 웹에서 소프트웨어를 빌려 쓸 수 있다. SaaS는 중앙에서 해당 소프트웨어를 관리하기 때문에 사용자가 일일이 업그레이드나 패치 작업을 할 필요도 없다.

> 대표적인 SaaS 서비스는 구글 앱스, 세일즈포스닷컴, MS오피스 365, 드롭박스와 같은 클라우드 스토리지 서비스 등이 있다. 이 중 세일즈포스닷컴은 고객관리솔루션 CRM을 최초로 SaaS 방식으로 서비스한 회사다. 국내에서는 한글과컴퓨터가 SaaS 형태의 오피스 솔루션인 '넷피스'를, 인프라웨어는 클라우드 오피스인 '폴라리스 오피스 Polaris Office'를 선보였다.

PaaS는 소프트웨어 서비스를 개발할 때 필요한 플랫폼을 제공하는 서비스다. 사용

24) https://www.cloudflare.com/learning/serverless/glossary/platform-as-a-service-paas/

자는 PaaS에서 필요한 서비스를 선택해 애플리케이션을 개발하면 된다. PaaS 운영 업체는 개발자가 소프트웨어를 개발할 때 필요한 API를 제공해 개발자가 좀 더 편하게 앱을 개발할 수 있게 돕는다. 개발자는 PaaS에서 개발에 필요한 자원을 빌려 사용하고 사용한 만큼만 비용을 내기 때문에 비용 부담을 덜 수 있다.

> 대표적인 PaaS 서비스로는 세일즈포스닷컴(salesforce.com), 구글 앱 엔진Google App Engine, 번지랩스Bungee Labs의 '번지커넥트' 등이 있다. 이는 직접 온라인 서비스를 개발에서 배포, 관리까지 할 수 있는 플랫폼을 제공하고 있다. 그러나, 특정 사업자의 파스PaaS를 쓰면 해당 업체의 서비스 체계와 개발 언어에 종속될 수도 있고, 개발한 애플리케이션을 다른 사업자의 서비스를 통해 제공하기도 어렵다.

IaaS는 인터넷을 통해 서버와 스토리지 등 데이터센터 자원을 빌려 쓸 수 있는 서비스를 일컫는다. 이용자는 직접 데이터센터를 구축할 필요 없이 클라우드 환경에서 필요한 인프라를 꺼내 쓰면 된다. 이렇게 빌려온 인프라에서 사용자는 운영체제를 설치하고, 애플리케이션 등을 설치한 다음 원하는 서비스를 운영할 수 있다.

> 대표적인 Iaas 서비스로는 아마존웹서비스AWS뿐 아니라 MS, 구글, IBM, 오라클 등 다양한 회사가 IaaS 서비스를 운영 중이다. 국내에서는 KT, LG유플러스 등이 서비스를 운영하고 있다.

앞으로 클라우드 컴퓨팅의 확장성과 보편성을 기반으로 하여 디지털 플랫폼 비즈니스는 더욱 다양한 서비스 형태로 발전할 것으로 보인다. 특히, 표 4.5와 같이 ①애플리케이션 활용형을 기반으로 콘텐츠의 다양화를 통해 많은 플랫폼 비즈니스가 생길 것으로 보인다.

표 4.5 디지털 플랫폼 비즈니스 개념도에 따른 서비스 예시

플랫폼 비즈니스 형태	지원 형태	공급자	사용자
① 애플리케이션 활용형	응용서비스	지식콘텐츠 제공자	지식콘텐츠 소비자
② 애플리케이션 개발형	기술서비스	개발도구 제공자	App 개발자
③ 인프라 제공형	기술서비스	인프라 제공자	OS 개발자
①,②,③ 통합/부분 제공형	응용, 기술서비스	인프라, 개발도구, 지식콘텐츠 제공자	개발자, 소비자

4) IoT 서비스

IoT Internet of Things(사물인터넷)는 사물에 센서를 부착해 실시간으로 데이터를 인터넷으로 주고받는 기술이나 환경을 말하는데, IoT 서비스는 그림 4.24와 같이 클라우드 서비스 플랫폼에 기반하여 제공될 수 있다.

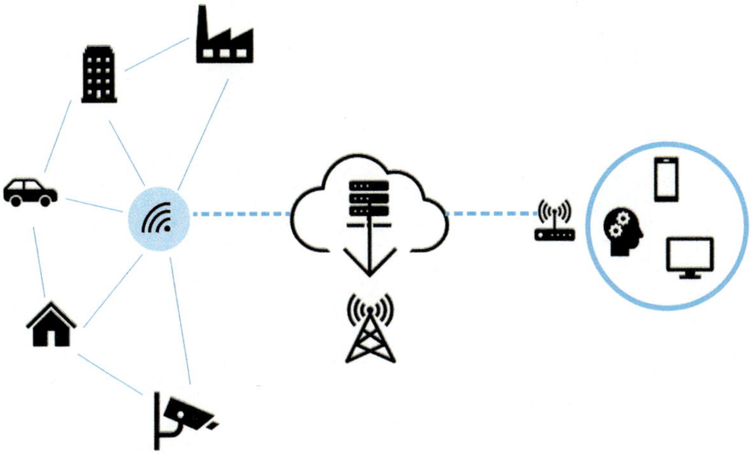

그림 4.24 IoT 서비스 플랫폼 개념도

또한, 다음 그림 4.25에서 보는 것처럼 처음에 개별 플랫폼의 형태로 시작하여 이제는 하나의 통합 플랫폼의 형태로 진화되고 있다.

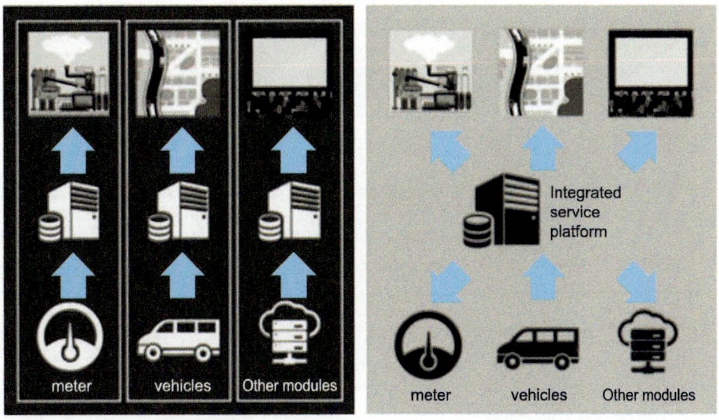

수직적으로 분산된 플랫폼　　수평적으로 통합된 플랫폼

그림 4.25 IoT 서비스 플랫폼의 변화
출처: 국립중앙과학관, 사물인터넷(http://www.science.go.kr/)

다음의 그림 4.26은 여러 플랫폼이 적용될 수 있는 스마트 홈 기반의 IoT 서비스 플랫폼을 예시적으로 보여 주고 있다.

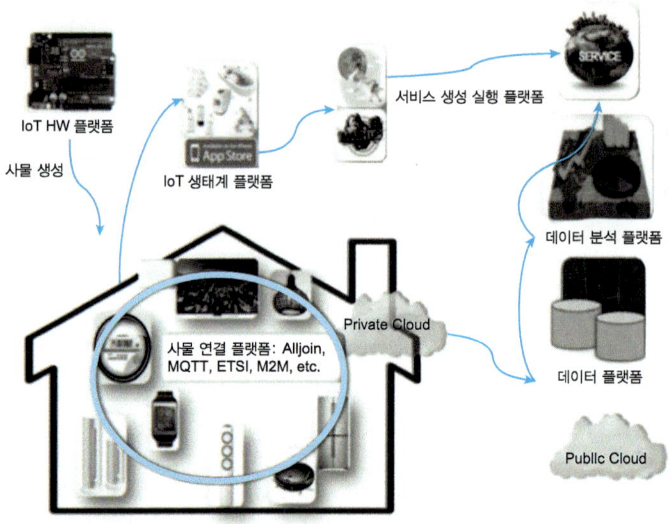

그림 4.26 스마트 홈 기반 IoT 서비스의 적용 플랫폼 예시
출처: [네이버 지식백과] 사물인터넷의 미래(2014)

이러한 서비스는 표 4.6과 같은 플랫폼 운영 제품들을 활용하여 구축할 수도 있을 것이다.

표 4.6 IoT 서비스 플랫폼에 적용되는 플랫폼 관련 제품 예시

DEVICE → DATA → SERVICE

플랫폼 분류	제품
운영 체제	Linux, Adroil, Apple, MS, Samsung(Tizen)
IoT HW 플랫폼	Arduino, Raspberry Pi, MOBIUS
사물 연결 플랫폼	Modacom, Cisco, KT/LG U+ M2M, SKT M2M, Alljoin, Evrythng, SensorCloud, COMUS, COWEB
데이터 플랫폼	Naver, Daum, Google, Yahoo, COMUS
데이터 분석 플랫폼	Intel, Oracle, IBM, COMUS
서비스 생성 · 실행 플랫폼	MOBIUS, COWEB, Kakak, LINE, Facebook, Google
IoT 생태계 플랫폼	MOBIUS, AppStore, Google play, Naver Appstore

출처: [네이버 지식백과] 사물인터넷의 미래(2014)

최근에는 중소기업 등이 공동으로 활용할 수 있는 지능형 IoT 서비스 기반 플랫폼으로 다음 그림 4.27과 같은 ICBM 융합 플랫폼 환경을 계속 구축하고 있다.

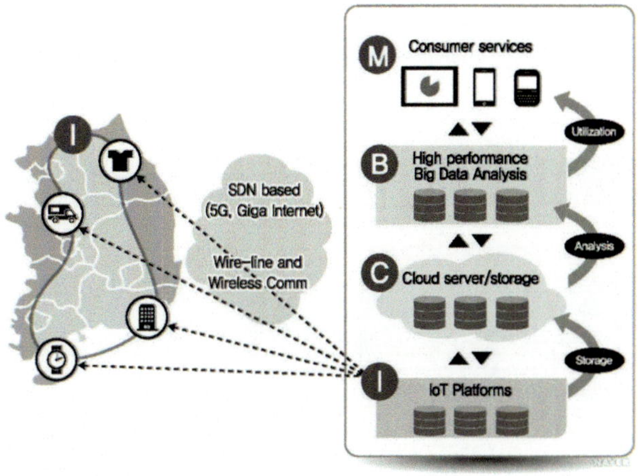

그림 4.27 ICBM 융합 플랫폼 예시
출처:[네이버 지식백과] 사물인터넷의 미래(2014)

또한, IoT의 생태계를 보면 다음 그림 4.28과 같이 서비스, 플랫폼, 네트워크, 디바이스, 보안 등으로 이루어져 있다.

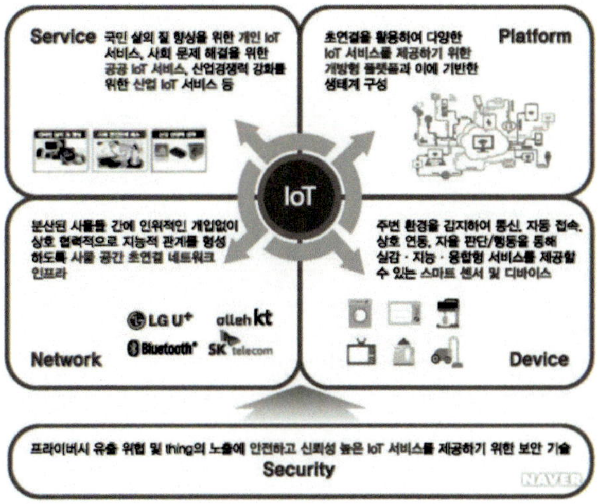

그림 4.28 IoT 생태계의 주요 구성 요소
출처: [네이버 지식백과] 사물인터넷의 미래(2014)

다음 그림 4.29는 ICBM 융합 인프라에 적용될 수 있는 핵심 기술을 나타낸 것이다.

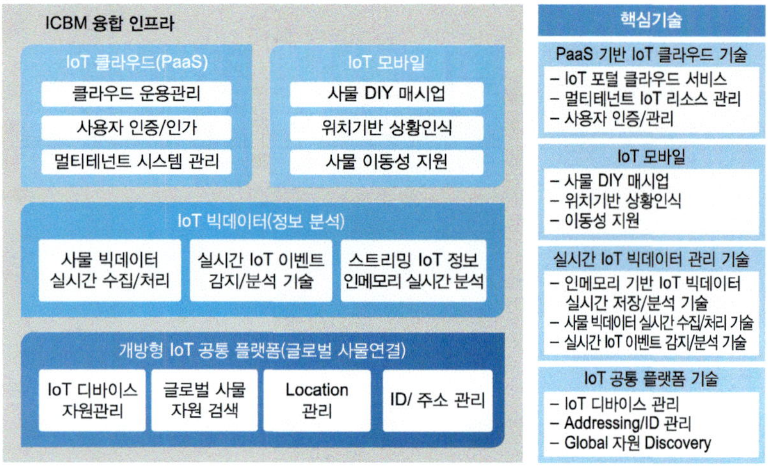

그림 4.29 IoT 플랫폼의 주요 적용 기술

출처:[네이버 지식백과] 사물인터넷의 미래(2014)

3.2.3 서비스 비즈니스 모델

1) 서비스 시장의 변화

서비스 시장은 그림 4.30과 같이 제품 외 부가적인 서비스로 시작하여 점점 지식기반 개인화 서비스로 진행되고 있다. 이에 따라 매우 다양한 비즈니스 모델이 생기고, 특히 주목받고 있는 플랫폼형 비즈니스 모델에 대해 살펴본다.

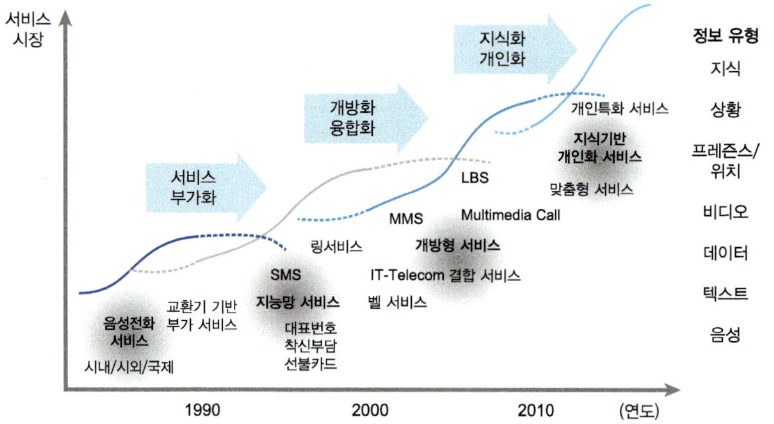

그림 4.30 서비스 시장의 변화

출처: 전자통신동향분석 제23권 제5호

최근에는 가속화되는 기술로 인해 플랫폼 비즈니스 모델은 운송에서 의료에 이르기까지 모든 산업 분야에 영향을 미치기 시작했다. 선형 비즈니스 모델은 100년 넘게 오래도록 세계를 지배했지만 앞으로는 디지털 전환을 요구 받고 있는 4차 산업혁명 시대에서는 더 빠르게 플랫폼 비즈니스로 전환될 것이다. 또한, 이러한 디지털 플랫폼 비즈니스는 그림 4.31과 같이 거의 모든 기존 산업에서 응용될 것이다.

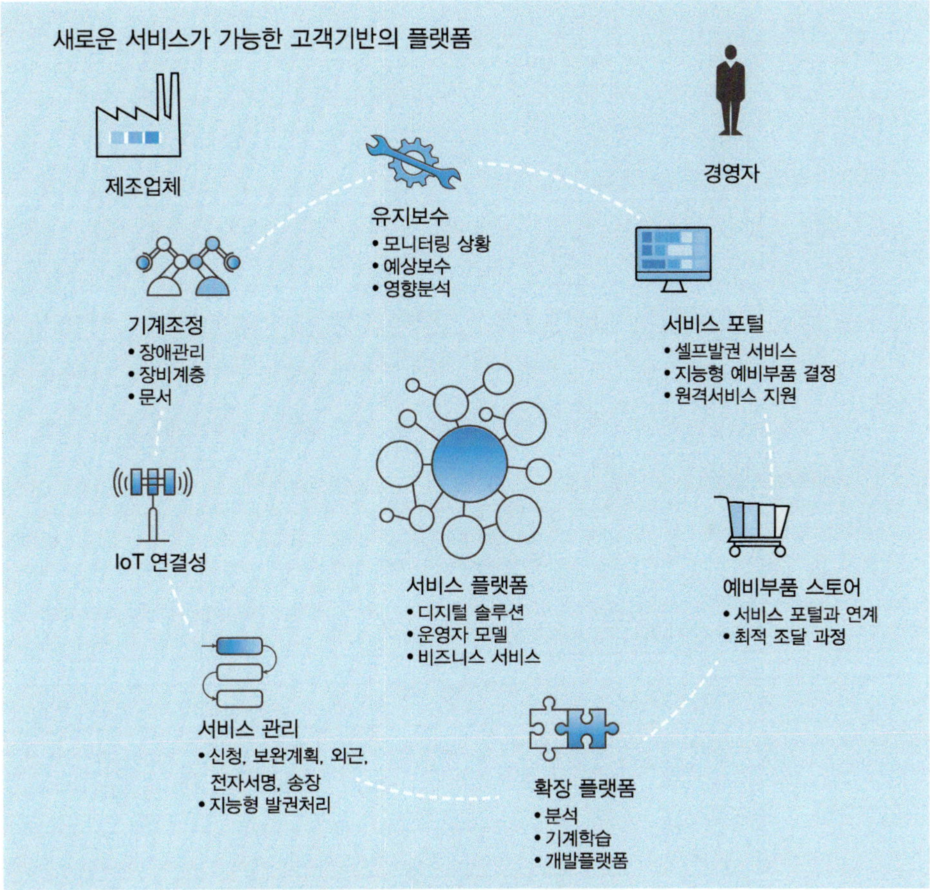

그림 4.31 전 산업에 적용 가능한 디지털 서비스 플랫폼
출처: SAP SE oder ein SAP Konzernunternehmen

이와 같이 플랫폼에 대한 관심이 폭발적으로 증가하고 있는 주요 원인을 정리해 보면 다음과 같다.

첫째, 선도 ICT 기업들이 플랫폼을 통해 수익을 확대하거나 거대 기업으로 급성장하고 있는 현상이 나타나고 있다.

둘째, ICT의 혁명적 진화에 힘입어 플랫폼 구축과 활용이 더욱 용이해졌다.

셋째, 글로벌 경쟁의 심화와 고객의 다양한 니즈 발생, 기술 혁신의 가속화 등으로 제품의 수명주기 product life cycle가 단축되고 이에 따라 늘어나는 비용을 최소화하면서도 다품종 소량생산에 대응해야 하기 때문이다.

넷째, 모든 영역간 경계를 무너뜨리는 융복합화가 가능해지면서 이종 산업 간 결합이 플랫폼을 통해 일어나고 더욱 활성화하기 때문이다.

2) 개방형 서비스 플랫폼

앞으로는 모든 단말들이 상호 연동되고 시공간적 제약 없이 콘텐츠 공유 및 이동이 용이한 멀티스크린 서비스 환경이 보편화될 것이며, 다양한 단말에 적용 가능한 플랫폼의 경쟁력이 강화될 것이다. 그러므로 그림 4.32와 같이 각 기기별로 특화된 독립적인 운영체제와 플랫폼 및 서비스를 제공하던 기존 방식에서 탈피하여, 기기에 상관없이 동일한 이용 환경을 제공할 수 있는 플랫폼을 지향하는 개방형 서비스 플랫폼이 요구된다.

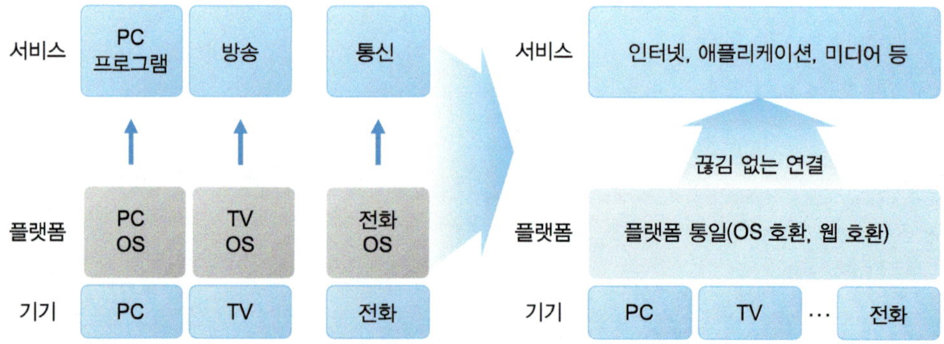

그림 4.32 개방형 서비스 플랫폼의 개념
출처: 개방형 생태계 구축을 위한 서비스 플랫폼

이와 같은 개방형 서비스 플랫폼의 근간이 되는 소프트웨어 플랫폼SaaS은 다양한 응용 프로그램 개발 및 타 산업과의 융합을 위한 기반 제공 등으로 그 역할 및 중요성이 증대되고 있다. 그러나 록인lock-in 속성으로 인해 한 번 채택된 소프트웨어 플랫폼은 다른 제품으로 교체하기 어려운 특성이 있다.

3.3 플랫폼 서비스 기획

새로운 지식서비스를 발굴하고 기획하려면 제조업과 지식서비스와의 관계를 살펴볼 필요가 있다. 그 동안 꾸준히 진행되어 온 제품간 또는 제품과 서비스간 디지털 컨버전스digital convergence는 다보스포럼에서 제시된 4차 산업혁명을 통해 더 빠른 디지털 전환digital transformation이 요구되고 있어서 서비스 기획시 이를 고려치 않을 수가 없게 되었다.

3.3.1 지식서비스의 분류

2006년 한국은행 자료에 따르면, 1980년부터 2005년까지 약 25년간 우리나라의 지식서비스 산업의 GDP 성장기여율은 23% 정도를 차지하였다. 앞으로 지식서비스 산업은 제품과 서비스의 융합을 통한 산업의 부가가치 향상에 지속적으로 기여할 것으로 예상된다.

1) OECD의 경우

OECD는 지식기반 서비스업Knowledge based Service Industry을 '지식을 창출 · 가공 · 활용 · 유통시키거나 지식이 체화된 중간재를 생산 활동에 집약적으로 활용하여 고부가가치의 서비스를 제공하는 산업'으로 정의하고 통신, 금융 · 보험, 사업서비스(법률, 회계, 컨설팅, 디자인, R&D 등), 교육, 의료, 문화산업 등으로 구분하였다.

이를 바탕으로 지식서비스 산업의 특성을 정리하면 다음의 표 4.7과 같다.

표 4.7 지식서비스 산업의 특성

구분	특성 설명	유형
R&D	기술혁신을 위한 연구개발(R&D) 활동이 활발함	통신, 금융, 보험, 사업서비스, 교육, 의료, 문화
ICT	정보통신기술(ICT) 관련 제품 · 서비스 투입비중이 높음	
고급인력	고숙련 인력의 투입 비중이 높음	

출처: OECD(1998)

2) 우리나라의 경우

2007년 지식경제부(현 산업통상자원부)에 의해서 다음의 표 4.8과 같이 지식서비스를 분류하였다.

표 4.8 우리나라의 지식서비스 분류

중분류	소분류
경영전략 금융/무역 서비스	전자금융서비스
	투자분석/위험관리기법
	기술사업화/가치평가기법
	비즈니스 모델링/프로세스 관리/시뮬레이션 기술
	서비스 표준화/품질관리
	서비스 네트워크/협업 지원
	지식창출/유통/평가기술
	인사관리/법무/회계서비스
	전자무역서비스
	기타경영전략/금융/무역서비스 기술
연구개발 엔지니어링 서비스	생산관리/계량분석기법
	생산공정모델링/시뮬레이션
	설계정보통합관리/협업시스템 성능향상기술
	제품품질 관리기술
	시험/검사/분석기법
	지식재산권분석/관리기술
	첨단/친환경소재 응용포장(패키징) 기술
	사업설비/시설물 조사/설계/예측/평가/관리기술
	기타연구개발/엔지니어링 관련 기술
디자인 서비스	제품 · 환경 · 인테리어 디자인 기술
	시각 · 포장디자인 기술
	디자인 · 멀티미디어 디자인 기술
	패션 · 텍스타일 디자인 기술
	공예 디자인 기술
	기타 디자인 서비스 기술

중분류	소분류
인적자원 역량개발 서비스	지능형 학습지원/관리기술
	감성시스템 및 처리기술
	인간-시스템 상호작용 기술
	뇌 인지기반 인간수행 능력향상 기술
	기타 인적자원역량개발 서비스
유통/물류 마케팅 서비스	지능형 기업 물류지원 기술
	유통물류 응용기술
	시장조사/마케팅관리기술
	소비자 행동 모델링/테스트 기법
	지능형 고객관계관리 기술
	기타 유통물류/마케팅 관련 기술
부가가치 사후관리 서비스	재제조 서비스/제품 · 서비스 시스템(PSS)
	제품-서비스 유지/운영/사후관리
	문화-의료-환경기반 지식표현/지능형 융합서비스 기술
	방송/광고/영화미디어 관련 기술
	기타 부가가치/사후관리 서비스
서비스 사이언스	서비스 사이언스 기반기술
	서비스 플랫폼
	서비스 관리
	서비스 비즈니스
	서비스 디자인
	융합 서비스

출처: 지식경제부(2007)

또한, 유망서비스 11개를 다음 표 4.9와 같이 선정한 바 있다.

표 4.9 지식서비스업 유망 서비스

선정기준	업종
제조업과의 직접적 융합발전을 통해 제조업의 경쟁력 향상에 기여하고 제조업과의 동반 성장 가능성이 높은 업종	디자인, 컨설팅, 패키징, R&D 지원 서비스, 시험/분석(5개 분야)
제조업 발전을 지원하고 높은 고용 흡수력을 통해 고용 창출에 기여할 것으로 예상되는 업종	유통/물류, 프랜차이즈, 패션, 이러닝, 전시산업, 에너지절약 전문업(6개 분야)

출처: 지식경제부(2007)

2009년 이래 산업통상자원부 지식서비스 연구개발 사업을 통해 지식서비스에 대한 정의가 재제시되었는데, 이는 과학적인 검증과 체계화를 통해 다수가 공유, 활용할 수 있는 전문적인 지식베이스를 구축하고 이를 이용하여 사용자 관점에서 고객에게 최적화된 가치를 제공하는 서비스로 정의하였다. 결국, 지식서비스는 정보로 제공될 수 있는 정보시스템을 기반으로 하고 있는 셈이다.

그림 4.33과 같이 새로 정의된 지식서비스를 기준으로 기존의 제시된 제조업 연계성과 부가가치 창출 측면에서의 4가지의 유형을 참고로 하여 디지털 서비스 연계성과 부가가치 측면에서의 디지털 서비스로 정리하였다. 물론, 보는 관점이나 인식에 따라 다를 수 있지만 분명한 것은 새로 정의된 지식서비스 분야가 디지털 서비스로의 전환이 충분히 가능한 부분으로 예상할 수 있다.

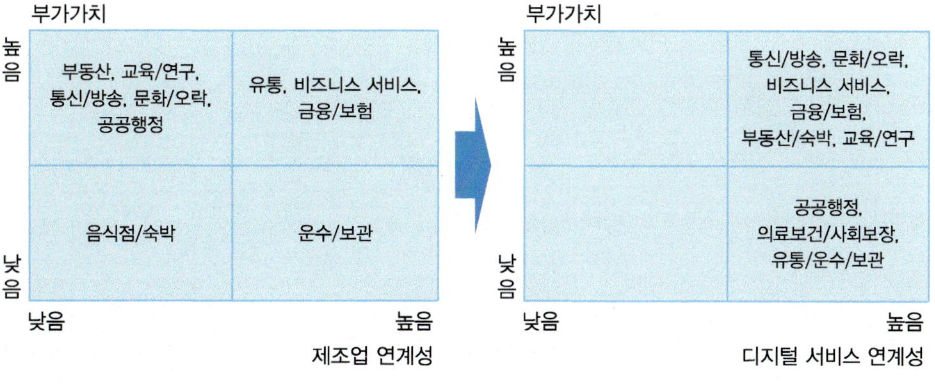

그림 4.33 지식서비스의 디지털 서비스 전환

이와 같은 점을 고려하면, 새로운 유망 디지털 서비스를 발굴할 때에는 이를 참고해 볼 수도 있을 것이다.

3.3.2 서비스 개발의 과정

새로운 플랫폼 서비스를 개발하기 위해서는 사전 준비 과정으로 개발하려는 서비스 분야의 관련 사업자의 서비스 생태계를 분석하고 그 서비스에 대한 가치 분석을 먼저 해야 한다. 가치가 있다면 비로소 서비스 구현을 위한 비즈니스 모델을 수립하고 이에 따른 서비스 모델을 결정하고 구현을 구상한다. 다음으로 전반적인 사업타당성을 평가하여야 한다.

특히, 사업 가치 평가시에는 사업자(운영자)가 손익에 대한 요인에 따라 플랫폼에 투자되는 비용과 가치 창출을 분석하여 현금흐름을 파악해야 한다. 최종적으로는 손익 요인에 대한 정량적 계산을 경제성에 대한 핵심 지표로 바꾸어 서비스 모델에 대한 사업타당성을 검증한다.

다음 그림 4.34는 이러한 디지털 플랫폼 서비스를 개발하는 순환적 과정을 나타낸 것이다.

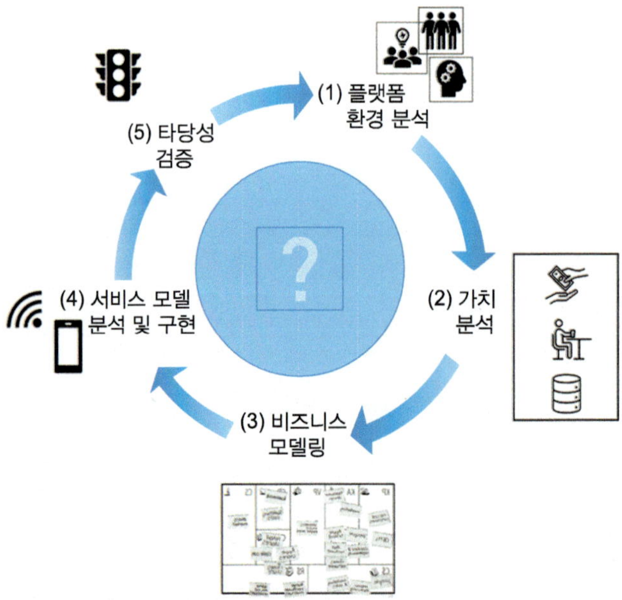

그림 4.34 플랫폼 서비스 개발 프로세스

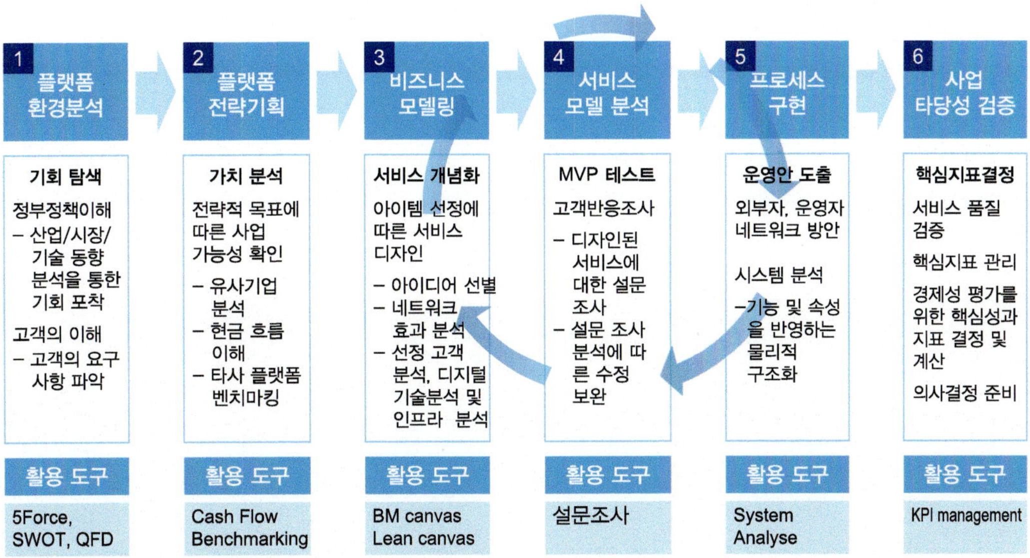

그림 4.35 플랫폼 서비스 개발 세부 프로세스

마찬가지로, 그림 4.35는 이와 같은 프로세스 내에서 일어나는 주요 내용을 설명한 것으로, 특히 각 단계별로 활용 도구를 사용하여 기술하였다. 여기서 나타낸 플랫폼 서비스 개발 과정은 안드레아스 파이퍼Andreas Pfeiffer[25]의 서비스 지향 비즈니스 모델 프레임워크Service-oriented Business Model Framework의 이론과 독일 컨설팅 회사[26]의 실무 매뉴얼을 바탕으로 플랫폼 서비스를 개발하기 위한 새로운 방법론으로서 재구성하고 이를 위해 서비스 공학에서 사용하는 다양한 방법들을 도구로 활용하여 사례를 예시하였다.

1) 플랫폼 환경 분석

① 정부정책의 분석

최근 들어 플랫폼 기업들이 자사의 비즈니스 영향력을 높이기 위해 자사 플랫폼에 다양한 산업군의 비즈니스를 구축하는 경우가 계속 늘고 있으며, 이는 기업의 확장 및 성장 수단으로 활용하려는 경향을 보이고 있다. 이렇게 거대화 되어가는 기존 플

25) 아헨대 교수(Chair of Computer Science 5, Information Systems, RWTH Aachen University)

26) it's OWL Clustermanagement GmbH

랫폼 기업의 비즈니스는 정부의 공공 정책에 종종 반할 때가 많아지고 있다. 그로 인해 정부는 규제 정책을 쓰기도 하지만 한편으로는 크고 작은 플랫폼 기업들의 성장을 저해할 우려가 있어 이해 관계자간의 협의된 긴밀한 소통이 필요하다. 특히, 대표적인 국내 사례로 카카오택시를 예로 들 수 있는데 이와 같이 기존 산업에서의 비즈니스와 충돌되지 않게 정부정책에 가능한 부합한 사업 아이템을 찾거나 기존 산업과의 연계가 중요하다.

정부 정책을 분석하는 방법으로는 다양한 방법이 있을 수 있지만 우선적으로 보아야 할 부분은 관련 부처에서 발행되는 여러 유형의 백서나 보고서를 참고하고, 관련 공공 연구원의 각종 보고서를 열람하는 것이 가장 손쉬운 방법이 될 것이다. 그러나, 경우에 따라서는 비슷한 사안을 놓고 다르게 분석될 경우도 있을 수 있으므로 이때는 해외 보고서도 함께 열람하여 판단하는 것이 합리적일 수가 있다.

② 분석도구의 활용

위에서 제시한 각종 보고서를 바탕으로 그림 4.36과 같이 산업분석 도구로 알려진 5Force와 마케팅도구로 쓰이는 내외부 자원을 토대로 한 SWOT 분석을 통해 비즈니스의 방향을 설정한다.

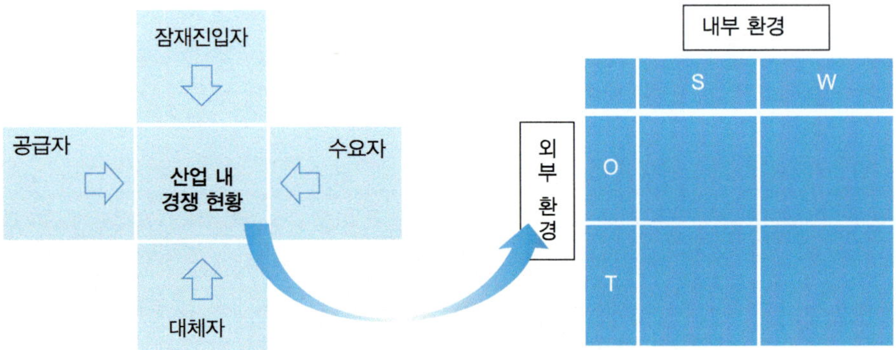

그림 4.36 5Force 및 SWOT 분석 활용 예시

2) 유사 플랫폼 분석

유사 플랫폼은 결국 경쟁 플랫폼이 될 수밖에 없어서 이에 대한 분석이 필요하며 플랫폼의 구조는 물론 플랫폼 내 정주되어 있는 여러 형태의 서비스와 이를 이용하는

핵심 고객에 대한 파악이 중요하다. 다음으로 플랫폼 내 고객의 관심과 체류 시간을 유인하는 요소들이 무엇인가를 면밀히 따져 봐야 한다. 플랫폼 비즈니스의 성공 요소라고 할 수 있는 네트워크 효과를 극대화하기 위한 모종의 방법이 무엇인가를 찾아내는 것이 가장 중요하다고 볼 수 있다.

플랫폼의 형태가 단면 플랫폼에서는 주로 수직적 서비스 플랫폼으로 시작하여 시간이 지날수록 궁극적으로는 다면 플랫폼의 수평적 서비스 플랫폼으로 이동하는 게 일반적 현상이랄 수가 있어서 그 복합성에 대한 비즈니스 효과를 파악하는 것은 너무나도 당연하다고 할 수 있다.

① 핵심고객 분석

그림 4.37은 미래 융합 플랫폼 서비스를 개념적으로 예시하여 보여주는 것이지만 비즈니스의 특성에 따라 핵심 고객에 대한 특성도 모두 달라 특정적으로 분석하기가 곤란할 수 있다. 물론 융합 플랫폼이라 하더라도 유사한 특성의 비즈니스 군으로 구성될 가능성이 높지만 극단적으로 복합도가 매우 높다고 볼 때는 특정 비즈니스에 대한 분석보다는 비즈니스간의 관계도를 따져 보는 것이 유익할 수 있다. 이와 같은 일은 결국 네트워크 효과를 감안한 사업자의 구상이 밑에 깔려 있다고 볼 수 있기 때문이다.

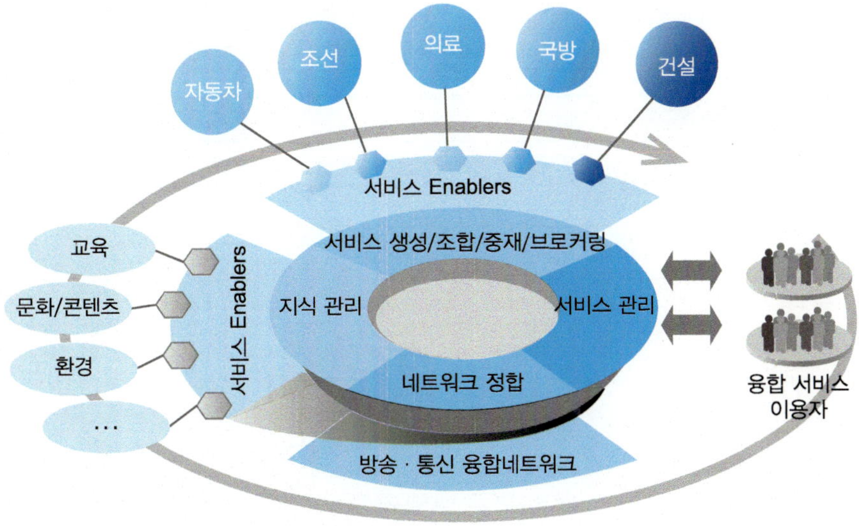

그림 4.37 미래 융합 플랫폼 서비스
출처: 전자통신동향분석 제23권 제5호

② QFD를 통한 고객 요구 사항 파악

유사 플랫폼으로 상정한 플랫폼의 이용 고객에 대한 요구 사항을 간접적으로 파악하기 위해 고객 설문조사를 실시한다. 설문 내용은 QFD의 고객 요구 사항에 대한 후보 항목을 도출할 수 있게 설문을 구조화하여 실시하고 그 결과를 항목화하여 그림 4.38과 같이 QFD의 고객 요구 사항 ①로 정리한다.

다음으로 플랫폼의 요구 사항을 5Force와 SWOT 분석 또는 플랫폼 전문가의 도움으로 찾아내어 QFD ②로 정리한다. 다음 ①과 ②를 비교한 매트릭스 점수에 따라 고객 요구 사항이 반영된 플랫폼의 특성 ③을 결정한다. 다음으로, 벤치마킹 대상 플랫폼을 ④에 열거하고 ③과 ④를 마찬가지로 매트릭스 계산하여 최종적으로 ⑤에 정리하여 플랫폼의 우선순위를 결정하고 정해진 플랫폼의 운영 방향을 설정한다. 이 때, 위의 대상 플랫폼은 우선 매개형 플랫폼인지 IoT 기반 플랫폼인지 미리 결정하고 그에 따른 대상 플랫폼을 찾아보는 것이 좋다. 왜냐하면 플랫폼 사업자로서 사업을 처음 시작하는 개인 창업자에게는 기기간 연결을 기본으로 하는 IoT 기반 플랫폼보다 매개형 플랫폼이 다소 접근하기가 용이할 것으로 예상되기 때문이다.

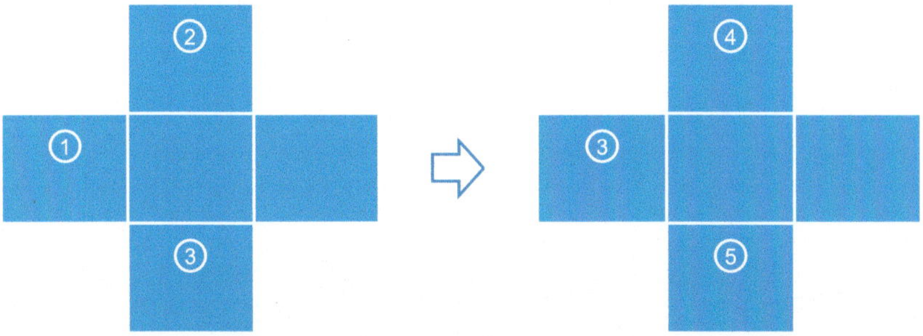

그림 4.38 QFD 전개 과정

3) 플랫폼 전략 기획

① 가치분석

■ 대상 기업 선정 방법

플랫폼 환경 분석에 이어 분석 대상 플랫폼 기업을 앞에서 설명한 그림 4.20의 플랫폼의 형태와 다음 표 4.10의 운영 방식에 의해 선정하고 그 기업의 손익계산서와 현금흐름을 파악한다. 더 나아가, 대상 기업의 사업가치를 추정해 본다. 특히, 벤치마킹 대상으로 보고 플랫폼의 구성은 물론 서비스 운영 실태, 고객관리 그리고 현금흐름을 통해 성장 가능성을 파악한다.

표 4.10 플랫폼의 운영 방식

운영 방식	플랫폼 기업	플랫폼 소비자
점진적	타입 1	타입 2
혁신적	타입 3	타입 4

예를 들어, 앞 그림 4.20에서의 플랫폼 형태에 의해 우선 대상 기업군을 찾고, 다음으로 플랫폼 기업 또는 플랫폼 소비자의 특성을 기준으로 플랫폼의 확대 전략을 운영 방식에 있어서 점진적 방식을 택할 것인지 혁신적 방식을 택할 것인지를 결정한다.

플랫폼 환경 분석에 이은 가치 분석 과정은 다음에 있을 비즈니스 모델 수립에 매우 중요한 역할을 한다.

■ 현금흐름 평가

분석 대상 기업의 우량 정도를 파악하기 위해서는 보통 현금흐름으로 파악할 수 있는데, 일반적으로 영업활동으로 인한 현금흐름은 (+)로 나타나고, 투자활동으로 인한 현금흐름은 (−), 재무활동으로 인한 현금흐름은 (−)로 나타나는 것이 보통이다. 따라서 다음 표 4.12를 이용하여 현금유입과 현금유출을 고려하여 표 4.11과 같이 현금흐름에 의한 평가를 실시해 본다.

표 4.11 현금흐름에 의한 기업 평가

영업 활동	투자 활동	재무 활동	점수 (7점 만점)	설명
+	−	−	7 (초우량기업)	꾸준한 영업활동을 통한 현금흐름을 바탕으로 투자활동을 하면서 차입금을 갚는 기업
+	−	+	5 (신규성장기업)	영업활동 및 재무활동의 현금조달을 바탕으로 더욱 적극적 설비투자를 하는 기업(한참 성장하는 기업의 현금흐름표). 단, 금융상품가입, 유가증권 매수도 투자활동에 포함되므로 현금흐름표의 투자활동 부분에 대한 확인이 필요

표 4.11 (계속) 현금흐름에 의한 기업 평가

영업 활동	투자 활동	재무 활동	점수 (7점 만점)	설명
+	+	−	3 (구조조정기업)	과잉설비(공장부지, 기계설비)나 무리한 투자자산 처분(금융상품 증권, 투자부동산 등)을 통해 차입금을 상환하는 기업
−	−	+	2 (재활기업)	차입금, 유상증가 등의 자금조달을 통한 설비투자 (모 아니면 도)
−	+	−	2 (위험기업)	영업활동이 마이너스이므로 고정자산, 투자자산의 처분을 통해 차입금을 상환하는 경우(퇴보하는 기업)
−	−	−	0 (도산직전기업)	영업활동, 투자활동, 재무활동이 마이너스이므로 그동안 추적해 놓은 이익으로 시설투자를 하면서 차입금을 상환하는 경우(리스크가 매우 크다)

출처: https://blog.naver.com/gojump0713/140125844057

표 4.12 현금 유입 및 유출

	현금 유입	현금 유출
영업 활동으로 인한 현금 흐름	1. 제품 등의 판매 2. 이자수익, 배당금 수익	1. 상품의 구입 2. 용역공급자와 종업원에 대한 지출 3. 이자비용, 법인세 비용 등
투자 활동으로 인한 현금 흐름	1. 대여금 회수 2. 유가증권의 처분 3. 고정자산의 처분	1. 현금의 대여 2. 유가증권의 취득 3. 고정자산의 취득
재무 활동으로 인한 현금 흐름	1. 현금의 차입 2. 주식의 발행	1. 차입금의 상환 2. 유상감자 및 자기주식의 취득 3. 배당금의 지급

출처: https://blog.naver.com/gojump0713/140125844057

■ 사업 가치 평가

사업 가치를 알아보려면, 우선 손익계산서가 필요하며 다음 그림 4.39의 사업가치 평가 예시와 같이 영업이익을 기준으로 잉여현금흐름[FCF]을 구한다. 다음으로, 전체 사업 기간에 대해 이 잉여현금흐름에 할인계수를 곱하여 더하면 곧 사업 가치가 된다. 여기서 r은 이자율을 의미하며 그림 4.40과 같이 기업 형태 또는 규모별 6개 그룹에 따른 할인율을 참고할 수 있으며 할인계수는 $1/(1 + r)^n$로 나타낸다.

$1/(1+r)^n$

FCF x 할인계수

현금 흐름의 추정 (단위 :)

구분	2013년	2014년	2015년	2016년	2017년
영업이익					
법인세			추정 손익 계산서 적용		
세후 영업이익					
감가상각비					
운전자본 증분(-)					
운전자본 회수(+)					
FCF	-78	161	369	251	9445
할인율	9 %				
할인계수	0.92	0.84	0.77	0.71	0.65
현재가치	-72	136	285	178	6139
현재가치 합계(NPV)	6665				

그림 4.39 사업 가치 평가 예시

- 업종별 7개 Group

기술군	기술 분야
IT(group1)	전기/반도체, 전자/통신, 정보매체, 컴퓨터
BT(group2)	농수산, 바이오, 식료품, 의약, 의료·레저, 생명공학, 보건의료, 환경
기계(group3)	기계부품, 엔진/펌프, 포장, 의료정밀기기, 기반기술
소재(group4)	고분자, 금속가공, 분리/혼합, 비금속가공, 섬유, 야금/도금제지, 조명/가열, 초미세기술, 측정/광학, 가정용품, 광업
화학(group5)	무기화학/수처리, 무기/폭발, 석유/정밀화학, 원자력, 유기화학
건설, 수송(group6)	수송교통, 건설·토목
기타(group7)	출판, 기타제조업, 도소매

규모별	업종별	할인율	규모별	업종별	할인율
코스피	group1	0.070	비상장(중)	group1	0.111
	group2	0.062		group2	0.097
	group3	0.077		group3	0.095
	group4	0.067		group4	0.096
	group5	0.066		group5	0.097
	group6	0.076		group6	0.105
	group7	0.068		group7	0.106
코스닥	group1	0.091	비상장(소)	group1	0.131
	group2	0.078		group2	0.119
	group3	0.077		group3	0.120
	group4	0.077		group4	0.120
	group5	0.079		group5	0.119
	group6	0.082		group6	0.128
	group7	0.089		group7	0.129
비상장(대)	group1	0.101	비상장(창업)	group1	0.159
	group2	0.087		group2	0.145
	group3	0.084		group3	0.153
	group4	0.086		group4	0.151
	group5	0.088		group5	0.146
	group6	0.091		group6	0.166
	group7	0.094		group7	0.159

그림 4.40 할인율 결정 예시

출처: 기술신용보증기금, "기술 가치 평가 실무 요령"

■ 벤치마킹 평가

벤치마킹을 위한 기업을 분석할 때는 다음과 같은 표 4.13과 같은 간단한 양식지를 이용하는 것이 편리하다.

표 4.13 벤치마킹을 위한 플랫폼 기업 비교

플랫폼 기업 비교표			bm1	bm2	bm3	bm4	bm5
플랫폼	플랫폼 형태						
	비즈니스 모델						
	서비스 형태						
	애플리케이션						
가치 창출	물리적 서비스	기능성					
		확장성					
		편리성					
		유지보수					
		...					
	기본 서비스 ICT	지리정보					
		디지털인증					
		웹서비스					
		예약					
		마켓 연동성					
		...					
	편의성	결제 유연성					
		공개정보 요구					
		원격 조정					
		쉬운 조작					
		...					
	커뮤니티	활동성					
		다양성					
		유익성					
		기여도					
		...					
가치 획득	수익구조						
	수익모델의 유연성						
	비즈니스 성장성						
	비즈니스 확장성						
	자본적 지출[capex] (Capital expenditures)						
	운영비용(opex)						
	...						

+보통 ; ++ 만족 ; +++ 매우 만족 / – 불만족 ; –– 매우 불만족

② 전략적 목표

우선 플랫폼의 형태가 결정되면 그와 유사한 벤치마킹 대상 기업을 선정하고 가장 작은 단위로 시작할 수 있는 방법을 강구한다.

4) 비즈니스 모델링

① 플랫폼 서비스의 개념화

■ 문제 해결을 통한 아이템 도출

린 캔버스의 목적은 기존 사업에서의 문제점을 찾아내어 그 해결 방안을 새로운 가치 모델로 제시하려는 것이다. 린 캔버스를 활용하기 위해서는 각각의 중요 요소에 대해 다음 그림 4.41에서 보여주는 바와 같은 기준으로 칸을 채워 나간다.

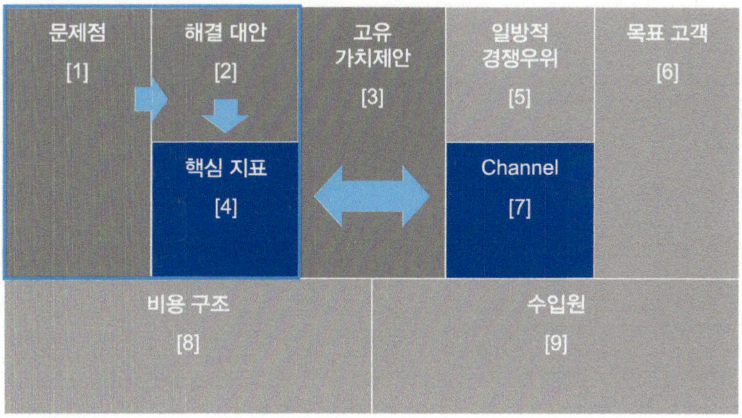

그림 4.41 린 캔버스의 주요 구성 요소

특정한 경쟁자의 플랫폼 서비스에서의 문제점을 찾아내어 문제점을 간단히 정의하여 문제점 칸[1]에 기술하는데, 이때 문제점은 유사한 플랫폼과 비교하여 플랫폼의 기능이나 플랫폼 내 서비스 등에서 문제점을 찾아 기술하고, 이에 대한 적절한 솔루션을 해결 대안 자리[2]에 기술한다. 다음으로 플랫폼 비즈니스를 하려는 나의 플랫폼 목표를 핵심지표에서 찾아내고 이를 관리 지표화[4]하여 관리한다.

해결 대안을 위한 솔루션은 곧 고객에게 무언가 개선되어 분명한 가치를 제공할 것이며 이를 어떤 가치로 표현할 것인지 단순명료한 말로 [3]에 기술한다. 이러한 가치를 바탕으로 다른 경쟁자와의 경쟁에서 어떤 우위가 있는지를 일방적 경쟁우위를 표시한 자리[5]에 기술한다. 또한, 이러한 가치를 가질 수 있는 세분화된 고객을 목표 고객 자리[6]에 나열해 본다.

이렇게 세분화된 고객에게 제품 및 서비스는 어떤 경로로 전달할 수 있는지를 채널 자리[7]에 기술한다. 또한, 플랫폼 서비스를 유지하는 유지비용 구조를 비용 관련 자리[8]에 그리고 플랫폼 서비스로부터 얻게 되는 매출 구조를 수입을 나타내는 자리[9]에 기술한다. 주의할 점은 캔버스 작성 시 주요 요소에 대한 기술 순서는 분석자에 따라 다를 수 있으며, 후술할 비즈니스 캔버스의 경우도 마찬가지이다.

다음 그림 4.42는 카카오택시를 예로 들어 작성된 사례이다.

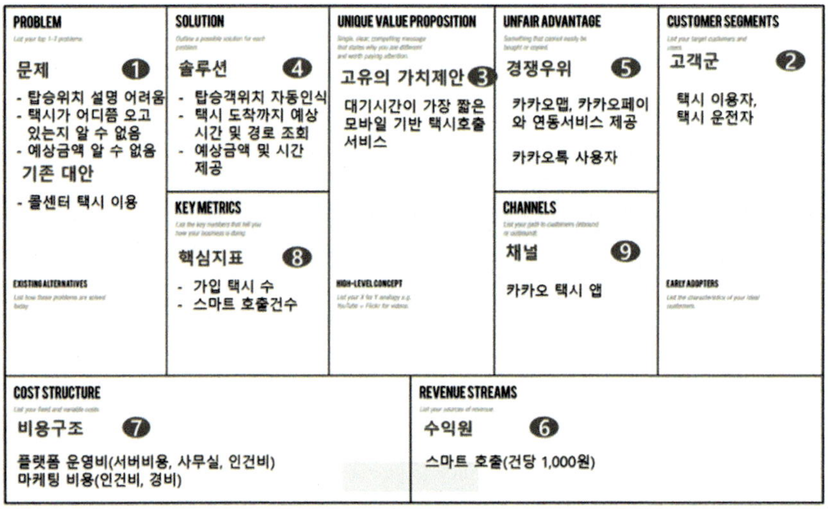

그림 4.42 린 캔버스 작성 사례(카카오택시)
출처: https://brunch.co.kr/@kbhpmp/44

② 비즈니스 서비스 개발

위에서 설명한 린 캔버스는 문제점 제기와 해결 방안이 주요 이슈라면 비즈니스 캔버스는 전체 사업에서 어떻게 수익을 창출할 수 있는지가 주요 관심사이다. 따라서 린 캔버스는 문제 해결을 통한 아이템 개발에 유효하다면 비즈니스 캔버스는 수익 개발에 유효하다고 말할 수 있다. 비즈니스 캔버스의 경우, 표 4.14에 따라 비즈니스 캔버스를 작성하되 그림 4.43의 캔버스 내 원형 모양의 모델 흐름을 고려하여 작성한다.

표 4.14 비즈니스 캔버스의 주요 구성 요소와 내용

관점	핵심 주제	기술 내용
제품/서비스	가치 제안	고객을 위한 제품과 서비스의 가치에 대한 종합적 관점
고객	목표 고객	가치 제공을 위한 소비자 세분화
	채널	고객을 연결하는 수단
	고객 관계	자사와 고객을 지속적으로 유지하는 방법
인프라	주요 파트너	고객가치 창출을 위한 기업의 협력 네트워크 구축
	주요 활동	고객가치를 위한 실행 능력
	주요 자원	고객을 위한 가치를 만들어내기 위한 필요한 활동과 자원의 준비
재무	비용	고객가치 창출을 위한 모든 비용
	수입	고객가치 창출에 따른 다양한 수입원

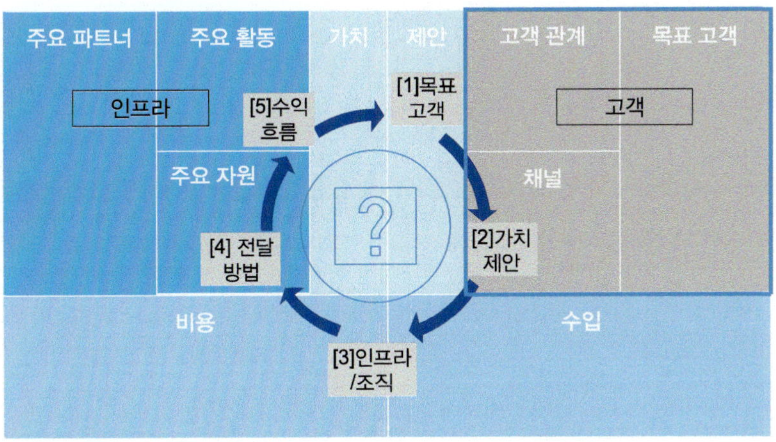

그림 4.43 비즈니스 모델 캔버스의 주요 구성 요소의 흐름

특히, 위에서 설명한 바와 같이 비즈니스 모델 캔버스는 수익 창출을 위한 방법이 목표가 되므로 그림 4.44와 같이 구성 요소를 바라보는 관점, 즉 How, What, Who 개념에서 기술하는 것이 효과적이다.

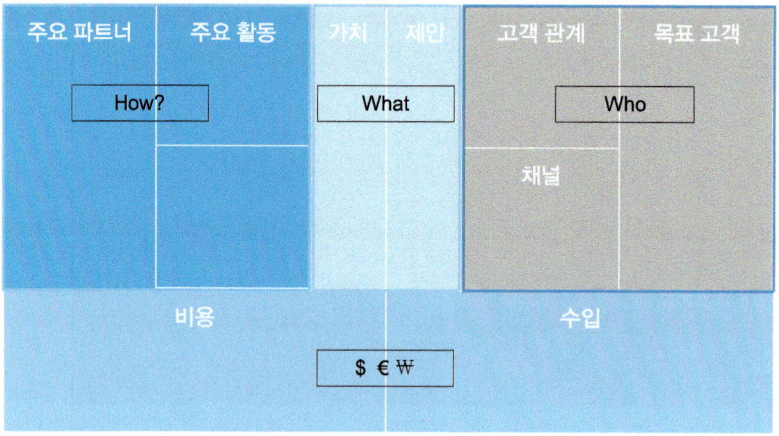

그림 4.44 비즈니스 모델 캔버스의 구도

뿐만 아니라, 그림 4.45와 같이 개발 서비스 레이어 및 애플리케이션 레이어 측면에서 각각 인프라 및 고객, 재무를 대상으로 2개의 캔버스를 작성한다.

즉, 개발 서비스 레이어layer에서는 모든 구성 요소를 대상으로 개발과 관련하여 어떻게 개발하여 수익을 창출하는가에 초점을 맞춰 기술하고 애플리케이션 레이어의 경우에는 애플리케이션을 기준으로 애플리케이션을 어떻게 활용하여 수익을 창출할 것인가에 초점을 맞춰 기술한다.

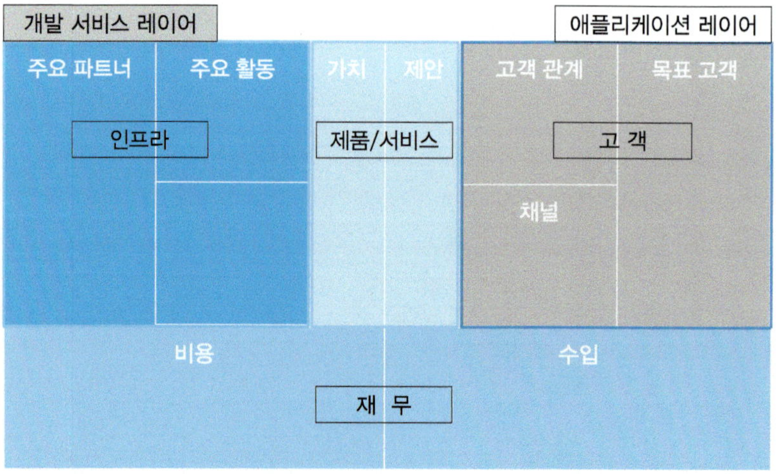

그림 4.45 개발 및 애플리케이션 측면의 비즈니스 캔버스

다음으로 개발 서비스 레이어layer와 애플리케이션 레이어layer에서 기술되는 비용 및 수입의 재무적 내용을 참조하고 다음 표 4.15에서 필요시 사업 기간을 연장하여 추정 손익분기점을 예측해 본다. 만약, 연차별 추정이 곤란할 경우 D+1차년도의 값에 관련 시장성장률을 적용하여 계산한다.

표 4.15 연차별 예상 수익(예시: 애플리케이션 레이어(layer)의 경우)

구분	항목	사업 기간			비고
		D+1년	D+2년	D+3년	
① 수입	웹/앱 서비스				웹/앱 사업자 기준
	....				
② 비용	SW개발				
	인프라				
	....				
수익	① - ②				

또한, 가능하면 손익분기점이 D+3차년도에 도래할 수 있도록 응용서비스의 다각도의 활용 방안 등을 생각해 본다.

5) 서비스 모델 분석

① 서비스 MVP(Minimum Viable Product)

제품이나 서비스에서 가장 핵심적인 가치인 필수기능을 선정한 다음, 시간과 돈을 적게 들여 빨리 출시하는 제품을 말한다. 출시 후 고객의 반응을 분석하여 발 빠르게 개선하는데 의미가 있다. 마치 소프트웨어 프로그램의 출시 전 베타 버전을 배포하는 경우와 비슷하다. 전체 메뉴는 들어가 있으면서 일부만 작동하게 하여 사용자가 전체 메뉴를 고려하여 한 번 사용해 보고 문제점이나 개선점을 찾아 최종 제품 출시에 반영하여 궁극적으로는 소비자의 뜻을 반영하면서도 개발 기간을 단축할 수 있는 점에서 MVP의 개념적 내용과 같다고 할 수 있다.

더욱이, 디자이너 유시 파사넨은 MVP의 정의를 다음 그림 4.46을 통해 설명하면서 맨 아래 있는 프로덕트 기능을 의미하는 것이 아니고 모든 요소를 갖지만 구현 정도가 완전하지 않다 하더라도 서비스의 핵심 요소는 모두 포함하여야 한다고 했다.

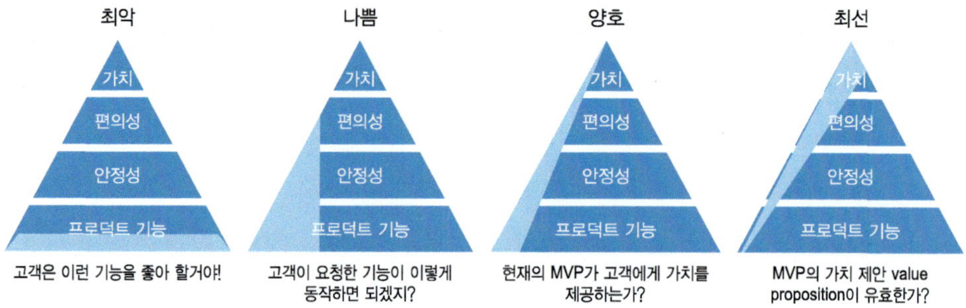

그림 4.46 서비스 MVP(Minimum Viable Product)의 내용
출처: http://blog.wishket.com/%EC%A2%8B%EC%9D%80_mvp_%EB%9E%80/

다음 그림 4.47은 이와 같은 MVP화 과정을 도식화한 것이다.

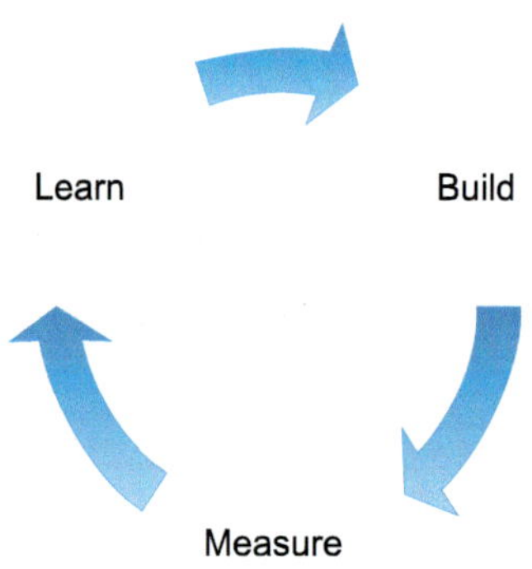

그림 4.47 MVP화 과정

일단 아이디어가 제품화Build되면 고객 반응 조사 등을 통해 고객검증Measure을 하고 여기서 나온 문제점이나 개선점을 분석Learn하여 보완한 후 이를 반영한 최종 제품을 출시한다는 것이다. 디지털 플랫폼 서비스에서도 앱 비즈니스 플랫폼 사업자의 경우 결국 사용자와의 인터페이스가 중요하므로 앱 개발 시 이런 MVP 사고방식이 필요하다. 마찬가지로, 플랫폼 운영자로서의 플랫폼 사업자도 가장 단순한 형태의 플랫폼으로 시작하는 것이 바람직하다. 이런 사례는 얼마든지 있지만 대표적으로 5대 차량으로 시작한 플랫폼 기업인 미국의 '우버'가 예가 될 수 있다.

② 고객반응조사

MVP의 개념에서 중요한 건 고객 반응을 통한 고객 검증이다. 이 과정을 거치기 위해 다음 표 4.16과 같은 양식지를 활용해 본다. 이때, 설문지 구성은 예를 들어 이미 앞 단계에서 실행한 표 4.13과 같은 플랫폼 기업 비교표에서 조사된 내용을 바탕으로 설문지를 구성하는 것이 편하다. 중요도를 조사하여 중요하지 않다고 생각하는 부분은 과감하게 없애거나 또는 불편 정도가 상(上)에 해당되는 부분은 적극적으로 개선 방안을 찾아야 한다.

표 4.16 고객 설문 조사 양식 예시

고객 반응 조사		
실시기간:		
이름:	성별:	연령대: 10~20대, 30~40대, 50~60대 이상
거주지:		

다음의 부문별 항목에 대해 중요도와 불편 정도를 표시하여 주십시오.

부문	항목	중요도					불편 정도			
		5	4	3	2	1	상	중	하	
기본 서비스 ICT	지리정보									
	디지털 인증									
	웹서비스									
	예약									
	마켓연동성									
	…									
편의성	결제유연성									
	공개정보요구									
	원격조정									
	쉬운 조작									
	…									
커뮤니티	활동성									
	다양성									
	유익성									
	기여도									
	…									

6) 서비스 구현

서비스가 제대로 구현되려면, 디지털 서비스 플랫폼 내부가 물리적 구조와 응용 소프트웨어간의 연동이 잘 이루어져야 한다. 그러나 더 중요한 것은 오프라인상에서의 플랫폼과 마찬가지로 플랫폼 참여자(운영자, 공급자, 수요자)의 역할과 기능이 잘 구동되어야 하고 또한 플랫폼 내 체류하는 시간이 많도록 다양한 정보와 커뮤니티의 구성이 중요하다.

다음 그림 4.48은 이들 관계를 도식화한 것이다. 여기서 플랫폼상의 응용서비스 영역이라 할 수 있는 하드웨어 1에서 비즈니스 기능을 작동시키기 위해 서비스 생태계에 참여하고 있는 운영자, 공급자, 수요자 간의 네트워크가 잘 작동되고 그로 말미암아 창출되는 고객 가치가 수요자에게 제대로 전달될 수 있게 구조화한다.

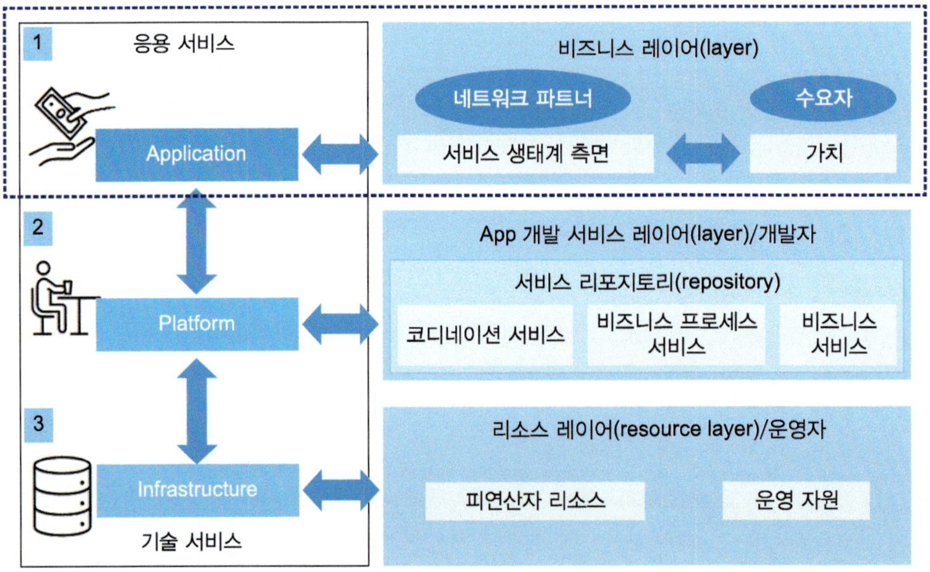

그림 4.48 디지털 플랫폼 서비스의 HW 및 SW 관계

① 운영안 도출

■ 외부자, 운영자 네트워크 방안

플랫폼 운영자 입장에서는 외부자가 공급자, 개발자, 수요자 모두가 해당되며, 플랫폼 운영자가 공급자나 개발자를 같이 할 수도 있다. 그러나 무엇보다도 플랫폼

운영자로서의 사업자는 자기 플랫폼에 어떤 공급자를 어떻게 구축할 것인지가 가장 중요하다. 처음에 대부분 단면 플랫폼의 단일 수직적 서비스 플랫폼으로 시작하지만 많은 사업자들이 다면 플랫폼의 다종의 수평적 서비스 플랫폼을 지향하므로 사업 시작 전 기획 단계에서부터 고려하는 것이 바람직하다. 잘못하면 백화점식 플랫폼이 될 수 있는데 플랫폼 비즈니스의 장점인 네트워크 효과를 잘 살려 효율적으로 기획을 했는지 살펴본다.

② 시스템 분석 체크

▪ 기능 및 속성을 반영하는 물리적 구조화

다음 그림 4.49에 나타낸 바와 같이, 디지털 서비스 플랫폼의 물리적 구조화에 있어서 비즈니스 모델의 속성이라고 할 수 있는 가치제안, 서비스 형태 및 전달방법, 운영자원, 비즈니스 모델에 참여하는 참여자인 행위자player, 사용가치 여부를 핵심적인 체크 요인으로 보아야 하고, 또한 구조 기능을 구성하는 요소로서 각 객체간의 세분화 및 모듈화, 그리고 이로 인한 결합의 용이성, 유연한 연동성, 지연 없는 역동성을 체크 요인으로 보고 본래 기획한 대로 설계되었는지를 확인 검토해 본다.

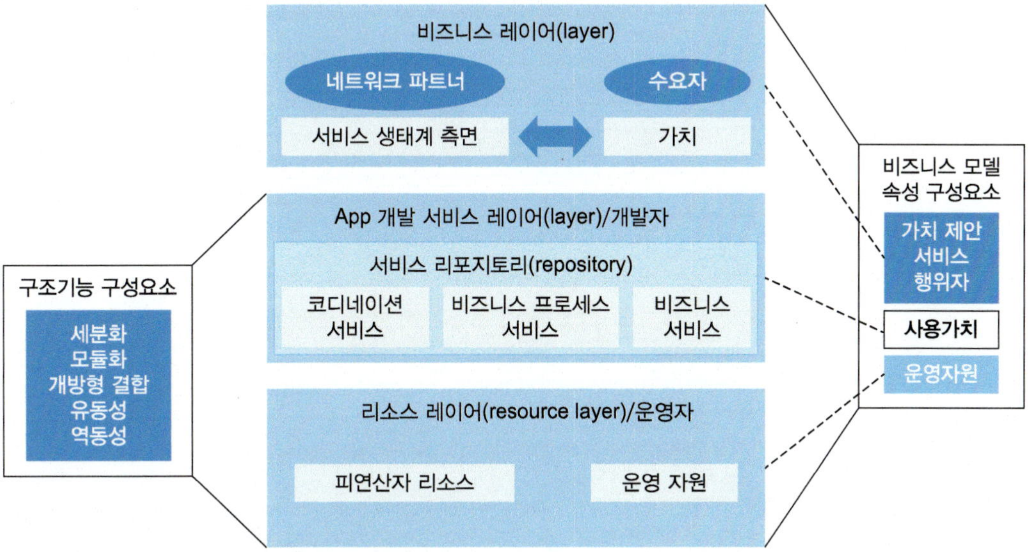

그림 4.49 디지털 서비스 플랫폼의 물리적 구조화

7) 사업타당성 검증

① 서비스 품질 검증

서비스 품질을 검증하기 위해 앞 단계에서 수행된 고객 반응 조사에서 사용된 질문들을 활용하여 다음의 카노 Kano 방식으로 고객 검증을 시도한다.

② 카노(Kano) 기법에 의한 고객 검증

카노에 의하면 고객 요구 사항의 특성은 그림 4.50과 같으며 다음의 3가지 기본 유형이 있다고 하였다. 이로 인해, 이러한 유형은 고객의 소리 voice of customer로 대변하여 QFD에 사용되기도 한다. 그러나, 아래 요구사항 외에 모순적 요구사항, 회의적 요구사항, 무관심 요구사항이 있어 고객 검증으로도 활용 가능할 것으로 본다. 다시 말해, 이와 같은 요구사항이 상대적으로 많다면 서비스 기획에 문제가 있으므로 전면적인 재검토가 이루어져야 한다.

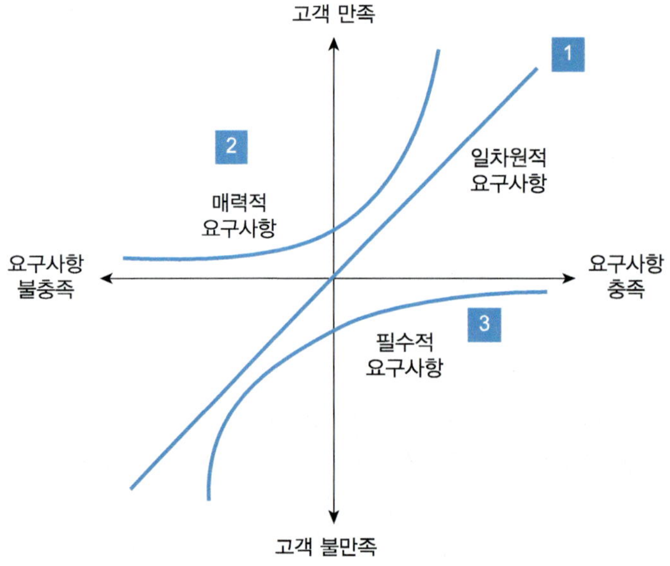

그림 4.50 카노(Kano)의 고객요구사항의 특성

■ **필수적 요구 사항**

제공되지 않으면 강한 불만이 발생하지만 많이 제공되어도 만족이 증가되지 않는다. 예를 들어, 자동차의 브레이크 성능이 해당된다고 볼 수 있다.

■ **매력적 요구사항**

제공되지 않더라도 불만은 없으나, 제공되면 강한 만족을 얻을 수 있다. 예를 들어, 자동차의 스마트키가 해당될 수 있다.

■ **일차원적 요구사항**

제공 기능의 수준에 따라 만족도가 증가한다. 예를 들면, 자동차의 연비가 해당된다. 카노의 고객 요구사항을 서비스 구현 단계를 거쳐 사업타당성을 확인하기 위한 하나의 방편으로 활용하기 위해 표 4.17과 같은 요구사항 유형에 따른 판정표를 참고하여 사업타당성을 확인한다.

표 4.17 카노(Kano)의 요구사항 유형에 따른 판정표

요구사항		고객 요구사항이 제대로 구현되지 못함				
		1	2	3	4	5
고객 요구사항이 제대로 구현됨	1	Q	A	A	A	O
	2	R	I	I	I	M
	3	R	I	I	I	M
	4	R	I	I	I	M
	5	R	R	R	R	Q

A: 매력적 요구사항 M: 필수적 요구사항 O: 일차원적 요구사항
R: 모순적 요구사항 Q: 회의적 요구사항 I: 무관심 요구사항

즉, 카노 기법을 활용하는 방법은 다음 표 4.18과 같이 요구사항별로 요구사항이 제대로 구현되었는지와 안되었는지의 2가지 측면에서 동시에 질의하는 방식으로 하여 판정표에 따라 평가하는데 응답자(고객)의 응답을 집계해서 최종 평가에서 부정적 평가인 R, Q, I가 전체의 과반수이면 플랫폼 기획을 전면적으로 재검토하고 수정해야 한다.

표 4.18 응답자의 최종 집계에 따른 요구사항별 최종 판단

요구사항	A	M	O	R	Q	I	최종평가
1	1	2	24	1	1	1	O
2		28			1	1	M
…	…	…	…	…	…	…	…

예를 들어, 여기서는 표 4.19와 같은 방식으로 모든 설문지 내용을 구조화한다.

표 4.19 설문지 내용 중 질문 1의 예시

<table>
<tr><td rowspan="2">1. 지리정보</td><td>요구사항이 제대로 구현됨</td><td>지리 정보가 편하면 어떻게 느끼십니까?</td><td>1. 아주 좋아한다.
2. 좋다고 느낀다.
3. 모르겠다.
4. 싫다고 느낀다.
5. 아주 싫어한다.</td></tr>
<tr><td>요구사항이 제대로 구현되지 못함</td><td>지리 정보가 불편하면 어떻게 느끼십니까?</td><td>1. 아주 좋아한다.
2. 좋다고 느낀다.
3. 모르겠다.
4. 싫다고 느낀다.
5. 아주 싫어한다.</td></tr>
</table>

응답자의 응답이 질문 1에서 위의 경우 1번, 아래의 경우 2번이 나왔다고 가정하면 판정표 표 4.17을 근거로 "A"를 얻을 수 있다. 이런 식으로 각각의 응답자의 문항별 평가를 결정하고 모든 응답자의 결과를 집계한다.

여기서는 총 50명의 응답자의 응답을 집계하여 표 4.20과 같은 결과를 얻었다고 가정하면, 최종적으로 어느 평가 항목이 고객의 어떤 요구사항을 잘 반영하였는지 또는 잘 반영이 되지 않았는지를 알 수 있게 되고 이를 토대로 사업타당성을 판단한다.

표 4.20 최종 평가표 예시

CR	A	M	O	R	Q	I	합계	최종평가
1	32	10	5	1	1	1	50	A
2	3	45	2				50	M
3	3	3	42		1	1	50	O
4	4	2	39	2	1	2	50	O
5	34	3	11		1	1	50	A
6	2	47	1				50	M

③ 핵심 성과 지표 결정

■ **핵심지표 관리**

린 캔버스에서 수집된 핵심 지표에서 매출과 관련될 수 있는 지표를 특히 관리 목표로 삼는다. 그림 4.51에서는 린 캔버스의 주요 구성 요소와 문제 해결 방안을 위한 핵심 지표를 보여주고 있다.

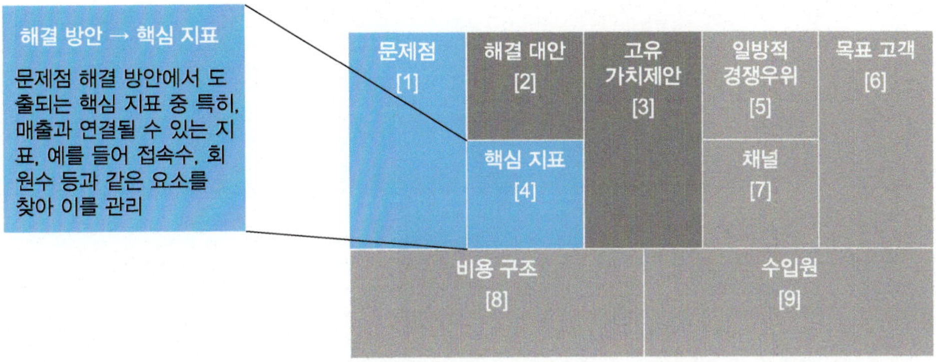

그림 4.51 린 캔버스의 주요 구성 요소

■ **경제성 평가를 위한 항목화 및 경제성 판단 지표 결정**

그림 4.52는 경제성 평가를 위한 항목화 및 경제성 평가를 위한 판단 지표 결정과 평가의 흐름도이다.

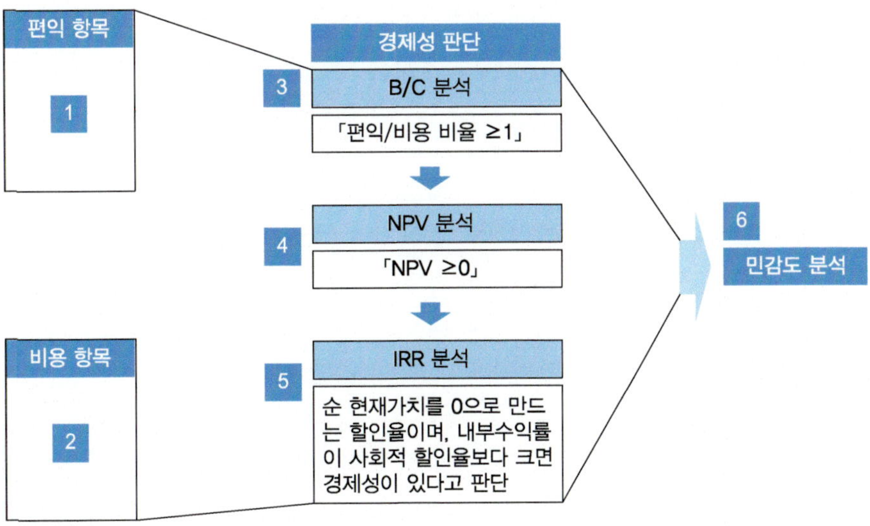

그림 4.52 경제성 평가 흐름도

여기서, 1 및 2의 경우는 앞에서 언급한 위 표 4.15의 연차별 예상 수익을 고려하여 작성하고, 3 B/C 분석의 경우 경제성 판단의 기준은 편익/비용 비율로 총편익과 총비용의 할인된 금액의 비율, 즉 장래에 발생될 비용과 편익을 현재가치로 환산하여 편익의 현재가치를 비용의 현재가치로 나눈 것을 말한다. 이때, 비율이 1보다 크면 경제성이 있다 한다. 또한, 4 NPV의 경우 순현재가치란 사업에 수반된 모든 비용과 편익을 기준년도의 현재가치로 할인하여 총편익에서 총비용을 뺀 것을 의미하고 이 값이 0보다 크면 경제성이 있다고 판단한다. 5의 IRR의 경우는 내부수익률을 의미하며 편익과 비용의 현재가치로 환산된 값이 같아지는 할인율을 구하는 방법으로 사업의 시행으로 인한 순현재가치를 0으로 만드는 할인율이며, 내부수익률이 사회적 할인율보다 크면 경제성이 있다고 판단한다.

■ 의사결정 준비

위 그림 4.52의 경제성 평가 흐름에서와 같이 경제성 평가를 실시한 후 민감도 분석을 통해 새로 개발되는 플랫폼 서비스의 실행을 위한 최종 의사 결정을 하는데, 이때 민감도 분석은 기획의 첫 단계인 플랫폼 환경 분석에서 살펴본 산업/시장/기술 동향에 대한 분석을 고려하여 해석한다.

④ 통계적 검증

앞서 사업타당성 검증으로서 서비스 품질 검증의 경우 카노 기법으로 확인하는 방법을 알아 보았으며 성과지표를 통한 검증의 경우는 린 캔버스에서 구한 핵심 지표와 매출액과 관련된 경제성 지표로 확인을 할 수 있다.

또한, 설문지를 활용한 구조방정식 모델을 통해 검증해 볼 수도 있다. 구조방정식 모델은 종속변수에 영향을 주는 여러 변수들 간의 상호 인과 관계를 찾고 그에 대해 설명하는 모델로, 마케팅 분석에도 많이 사용되고 있다.

여기서는 앞에서 진행된 고객 반응 조사에서 사용된 '부문'을 잠재 변수(종속 변수)로, '항목'을 측정 변수(독립 변수)로 적용한 설문지의 응답 데이터를 구조방정식 모델로 전환하여 분석함으로써 모형의 적합도 및 타당도를 확인한다. 그렇게 하여 설문지 응답에 대한 분석 신뢰도를 높여 마케팅에 활용한다. 따라서 설문지 설계시 구조방정식 모델링을 고려하여 세심하게 구상하는 것이 중요하다. 구조방정식 모델링은 전용 프로그램인 AMOS에 의해 사용이 편리하므로 그에 관한 서적을 일독하기를 권한다.

그림 4.53은 앞 단계에서 실시한 고객 반응 조사에서 사용된 잠재 변수와 측정 변수를 구조방정식의 모델에 부합되게 재구성한 구조방정식의 모델링 예시로 변수에 있어서 계량적 측정을 위해 먼저 조작적 정의를 하고 그에 맞는 계량 방법을 생각한 후 그에 맞춰 결과값을 산출한다.

이러한 고객 반응 조사의 설문지 데이터를 구조방정식의 전용 프로그램 AMOS에 의해 분석하고 모형의 적합도 및 타당도를 분석 기준에 따라 해석하여 확인한다. 적합도나 타당도에 문제가 있으면 변수를 조정하여 정리된 변수로 구성되는 설문지로 다시 한 번 고객 반응 조사를 실시하고 구조방정식 모델을 재분석하여 검증한다.

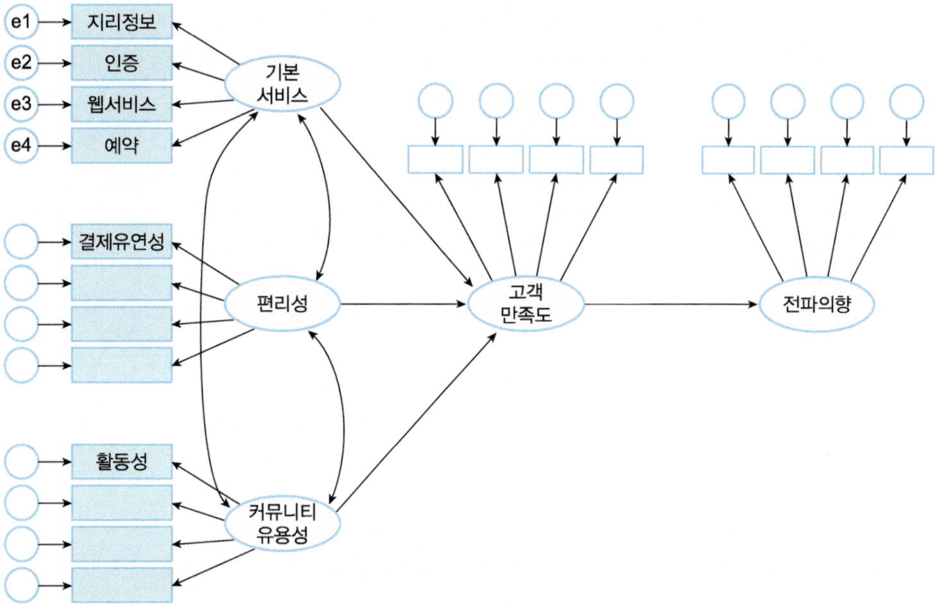

그림 4.53 사업 검증을 위한 구조방정식 모델링 예시
출처: 노경섭(2016)의 재구성

3.4 서비스 플랫폼 전략 수립

3.4.1 플랫폼 비즈니스의 구성

그림 4.54는 플랫폼 비즈니스의 구성에 있어 플랫폼 비즈니스의 논리적 요구사항의 예시이다.

그림 4.54 플랫폼 비즈니스의 논리적 요구사항

3.4.2 전략적 플랫폼 비즈니스

1) 전략의 이해

경영 전략이란 조직이 항상 변하는 환경 속에서 장기적으로 좋은 성과를 거두려면 환경 변화와 조화를 이룰 수 있는 목적을 설정하는 것은 물론, 이를 달성하기 위해서 기업 내부의 인력, 자금, 기술, 시설 등 모든 자원을 효율적으로 동원시키는 통합적이며 종합적인 장기 계획을 말한다. 특히 오늘날 세계의 유수 기업들과 경쟁이 격화되면서 경영 전략의 개념은 기업에 경쟁우위를 제공하고 유지시켜 줄 수 있는 중

대한 의사결정이라는 경쟁 전략적 개념으로 발전하기에 이르렀다.

① 플랫폼 사고의 출발점

정의에서 본 바와 같이, 플랫폼은 상호이익과 공생관계를 추구하는 생태계 시스템과 맥을 같이한다. 따라서 플랫폼은 플랫폼 자신 혹은 플랫폼 운영 주체만을 위한 방향으로 설계를 해서는 안 된다.

즉, 플랫폼은 참여하는 주체들을 위한 방향으로 설계하고 운영될 때 성공할 가능성이 한층 높아진다. 플랫폼 설계는 기존의 각각이 제공하는 제품이나 서비스의 가치를 얼마나 높일지, 앞으로 새로운 가능성을 얼마나 만들어줄지를 기본적으로 고려하게 된다.

또한 그 결과가 플랫폼과 플랫폼을 보유하고 있는 주체의 성장과 이익으로 이어져야 하기 때문에 성공적인 플랫폼을 만든다는 것은 그리 쉬운 일은 아니다. 사람이든 다른 존재이든 상관없이 플랫폼을 활용하는 주체의 니즈를 잘 파악하고 그들의 입장에서 생각하고 만든다면 그 플랫폼은 성공 확률이 높아진다고 할 수 있다.

결국 성공하는 플랫폼이 되기 위해서는 그전에 어떤 서비스를 할 것인지, 이것을 플랫폼으로 전환했을 경우에는 이 플랫폼을 이용할 주체들에게 어떤 가치를 추가로 제공할 것인지, 어떠한 공생관계로 상호이익을 공유할 것인지 등을 먼저 생각해야 한다. 즉, 플랫폼 사고를 토대로 플랫폼으로 가는 전략을 취해야 성공 가능성을 높일 수 있는 것이다.

궁극적으로 플랫폼 사고란 한 기업이 보유한 모든 것(제품, 브랜드, 시장, 고객, 경쟁자 등)에서 공통분모를 찾고 이를 기반으로 해 모든 제품들을 하나의 전략으로 묶어 내는 것을 말한다. 가령, 기존의 다양한 전자 제품을 만들어 팔던 A사가 자신의 공통분모로 모든 전자 제품을 언제 어디서나 접근해 조작할 수 있는 것에 두고 이를 통해 모든 제품을 묶어 내는 것을 플랫폼 사고라 할 수 있다.

② 플랫폼 전략적 사고

플랫폼 사고에 기반을 두어 개발되는 모든 제품은 하나의 일관된 전략으로 수렴할 수 있고 이를 통해 보다 신속한 개발도 가능하다. 또한 이들 제품은 하나의 일관적 마케팅과 영업 전략에 따라 판매되기 때문에 이 과정에서 적은 비용으로 큰 효과를 누릴 수도 있다. 이러한 것을 가장 잘 수행한 업체가 바로 애플이고 구글이다.

애플은 'Think Different'라는 광고 슬로건으로 대표되는 플랫폼 사고를 바탕으로 애플 스토어와 아이폰 그리고 아이튠스로 이어지는 전략적 플랫폼을 구축해 MP3와 스마트폰 시장을 질주하고 있다. 애플이 만든 제품은 다르다. 그러나 그 제품은 모두 애플 플랫폼에 연동되어 더욱 편하게 사용할 수 있다. 바로 이 점이 애플 사용자가 애플 제품을 계속해서 구매하는 원인 중의 하나다.

구글은 '모든 데이터는 구글에'라는 플랫폼 사고를 가지고 개방형 API Application Programming Interface(특정 프로그램이 운영 체제에서 처리를 위해 호출할 수 있는 하위 프로그램으로 플랫폼 기업이 표준화한 API를 공개하면 손쉽게 프로그램을 개발할 수 있음)를 기반으로 한 웹 플랫폼을 만들어 많은 외부 개발자가 제공한 콘텐츠를 확보해 갔다. 이러한 플랫폼 사고를 바탕으로 애플은 애플 TV를 비롯해 신규 ICT 가전 시장으로 진출을 노리고 있으며, 구글 역시 안드로이드 플랫폼을 통해 시장을 넓혀가고 있다.

플랫폼을 만드는 것도 중요하지만 플랫폼 사고와 이를 기반으로 한 전략과 그 수행 doing이 더욱 중요하다. 즉, 좋은 플랫폼은 있지만 제품과 서비스의 개발이 플랫폼과 무관하게 진행된다면 플랫폼은 무용지물일 뿐만 아니라 개발된 제품과 서비스의 성공을 담보하기가 어렵기 때문이다. 이런 결과를 낳지 않기 위해서는 플랫폼 사고에 의한 전략과 수행 능력을 항상 염두에 두어야 할 것이다.

③ 플랫폼 사고의 응용

예를 들어, 플랫폼적 사고를 다른 분야로 확장해 보자. 자동차는 스마트폰 만큼이나 사용자에게는 떨어질 수 없는 필수적 장치이며 나아가 활용 공간이다. 이런 이유 때문에 자동차 분야도 서비스 플랫폼이 아주 중요한 경쟁 요소인 것이다. 초기 자동차 산업이 기계 장치 산업의 대표 주자였을 때에는 자동차 생산 라인과 프로세스를 표준화해 플랫폼을 구축하는 데 초점이 맞춰졌다.

플랫폼도 경쟁이 치열해지고 있어 그에 걸맞은 전략이 필요하다. 독자적인 플랫폼을 구축해야 할지, 구축한 후에는 어떻게 활성화해야 할지, 지속적인 발전과 진화는 어떻게 해나가야 할지 고민이 아닐 수 없다. 자체 구축이란 엄청난 자원과 노력을 수

반하므로 그 구축된 플랫폼을 활용하는 대안도 전략의 일환이다. 이러한 플랫폼 전략에 대해 살펴보고자 한다.

④ 플랫폼 전략의 방향

플랫폼 전략은 플랫폼에 대한 전략이 아니라 플랫폼을 기반으로 하는 전체 시스템에 대한 전략이어야 한다. 플랫폼만 잘 만들면 되는 것이 아니라 전체 시스템을 잘 구성하는 것이 중요하기 때문이다. 여기에서는 나의 경쟁력이 아니라 전체 생태계의 경쟁력이 중요하다. 내가 무엇을 제공할까보다는 어떻게 하면 남이 잘 제공할 수 있도록 할까를 고민하는 것이 필요하다. 내가 가진 것과 외부의 힘을 잘 조직해 경쟁력을 높여 주는 것이 바로 플랫폼 전략인 것이다.

제품 전략이 선택과 집중을 통해 포트폴리오를 구성하는 것이라면, 플랫폼 전략은 폭넓게 오픈해 참여자와 함께 장을 구성하는 역량에 대한 전략인 것이다. 결론적으로 플랫폼 전략은 관련 있는 수많은 관계자(참여자)를 장(場)에 모아 새로운 사업의 생태계 시스템을 창조하는 전략인 것이다.

⑤ 플랫폼 전략을 주목하는 이유

첫째, 기술이 급속도로 발전하고 있기 때문이다. 기술 혁신의 가속화는 더 효율적이고 신속한 대응을 위해 기업이 모든 서비스를 직접 제공하기보다 기술력을 갖춘 기업과 제휴하도록 요구하기 때문이다.

둘째, 고객의 요구가 다양화하고 있기 때문이다. 즉, 다양해진 요구에 한 기업의 능력만으로 대응하기란 쉽지 않기 때문에 다른 회사의 힘을 현명하게 활용하도록 하는 체계가 요구되는 것이다. 이는 오픈 이노베이션 전략과 서로 맥을 같이한다.

셋째, ICT 발전으로 네트워크 효과가 커졌기 때문이다. 인터넷, 스마트 기기와 각종 디지털 기기의 보급 확대, 정보통신과 커뮤니케이션 확대에 비해 관련 비용 감소 등으로 네트워크 효과의 작용과 영향력이 확대되었다. 플랫폼은 네트워크 효과를 기반으로 하기 때문에 이 효과를 극대화하기 위해 플랫폼 전략이 주목받고 있는 것이다.

넷째, 융합convergence 현상이 계속 진척되고 있기 때문이다. 융합이란 자동차, 조선, 의류 등 전통 산업이나 음악이나 영상 콘텐츠, 컴퓨터, 가전, 소프트웨어 등의 디지털 산업의 경계가 무너지고 새로운 산업으로 수렴되는 것을 의미한다. 융합에는 디지털이든 기존 산업이든 경계가 없기 때문에 기존 산업이 쌓아 올린 틀과 장벽은 더 이상 의미가 없다. 이런 상황에서 플랫폼은 다양한 아이디어와 창의성을 결합할 수 있는 융합의 토대로 작용하므로 이런 융합 현상을 선도해 갈 최적의 도구인 것이다.

⑥ 플랫폼 전략의 유형

플랫폼 전략의 첫째 고민은 플랫폼 비즈니스에 어떻게 접근해야 할 것인지에 대한 것이다. 이는 플랫폼 비즈니스를 하기 위한 개괄적인 사업 전략부터 시작된다. 현재의 비즈니스를 플랫폼화할 것인지, 신규 비즈니스로 플랫폼을 구축할 것인지를 고민해야 한다.

2) 플랫폼 비즈니스 전략 수립 방법

플랫폼 비즈니스 전략을 수립하기 위해서는 먼저 내부 환경과 외부 환경에 대한 분석이 필요하다. 여기에는 플랫폼 전략적 사고가 필요하다. 자신의 비즈니스를 플랫폼 전략적 사고를 기반으로 냉철하게 바라보아야 하기 때문이다.

내부 환경 분석은 강점과 약점을 파악해야 하는데, 이는 플랫폼 관점에서 이루어져야 한다. 아울러 플랫폼 비즈니스를 시행했을 때의 강점과 약점도 분석해야 한다.

이어 외부 환경 분석을 하게 되는데, 이 역시 플랫폼 관점에서 이루어져야 한다. 이에는 자사의 비즈니스 관련 기술의 발전, 사용자의 변화, 시장 규모와 경쟁 구도 등의 분석이 포함되며, 거시적으로는 국내 환경뿐 아니라 세계 경제, 정치적 상황도 고려해야 한다. 내외부 환경 분석에는 SWOT Strength, Weakness, Opportunity, Threaten 분석 도구가 사용된다.

내외부 분석이 끝나면 개괄적인 플랫폼 접근 대안이 도출될 수 있다. 그것은 플랫폼 구축 대안과 구축된 플랫폼 참여 대안으로 압축될 것이다. 또한 시장 재편을 위한 구축 전략과 안정적인 수익 극대화를 위한 참여 전략도 선택 방안으로 도출될 수 있다(윤상진, 2012).

이러한 여러 플랫폼 접근 전략을 대상으로 한 타당성 분석은 최종 전략 확정을 위한 분석 작업이 될 것이다.

① 플랫폼 구축 전략

- 플랫폼 구축 전략은 사업 도메인domain을 정하면서 시작된다.
  사업 도메인이 정해지면 목표target 그룹도 정해지게 되고 그들이 필요로 하는 것이 무엇인지도 파악할 수가 있다. 이 단계가 되면 구축하고자 하는 플랫폼의 역할이 분명해진다. 이와 같은 플랫폼의 목표 그룹과 역할이 필요로 하는 기능을 조합해 플랫폼의 전체 기능을 정하게 된다.
- 그런 다음에는 비즈니스 모델을 구축해야 한다.
  수익 모델이 없는 플랫폼은 결국 사양될 수밖에 없기 때문이다. 그러나 플랫폼을 구축하는 기업은 참여자를 끌어들일 수 있는 혁신 방안을 도출해 낼 수 있어야 한다. 플랫폼이 기존의 비즈니스 구조에 대한 변화를 만들어 내지 못한다면, 소비자의 관심을 끌어내고 참여자를 유인할 만한 가치 창출은 매우 어렵기 때문이다(김창욱 · 강민형 · 박성민, 2012).

② 플랫폼 활성화 전략

만들어진 플랫폼은 처음부터 스스로 굴러가지 않는다. 일단 플랫폼이 만들어지면 참여자들을 확대하고 가치 교환이 활발히 이루어지도록 하는 전략을 강구해야 한다. 플랫폼을 활성화하기 위해서는 수요자와 공급자들 간 요구가 잘 연결되도록 해야 한다. 목표 그룹을 플랫폼으로 끌어들이기 위한 장치도 마련해야 한다.

우선 플랫폼을 활성화하려면 선순환 구조의 생태계가 되도록 해야 한다. 이에는 목표 그룹의 유인 방안, 콘텐츠 확보와 사용자 유인의 우선순위 결정, 인센티브 제공 여부 등의 전술적 결정이 포함된다.

이러한 전술 대안을 결정하기 위한 기준으로 자신의 핵심 역량이 어디에 있는지 파악하는 것을 들 수 있다. 즉, 플랫폼 활성화의 첫걸음은 핵심 역량을 최대한 활용할 수 있는 쪽의 그룹을 먼저 모으는 것이 유리하기 때문이다. 콘텐츠를 가지고 있다면 그것을 활용해 사용자를 모을 수 있다.

그러나 사용자를 많이 보유하고 있다면 그것을 활용해 콘텐츠를 모을 수 있는 것이다. 물론 핵심 그룹은 플랫폼의 특성에 따라 다를 수 있다. 오픈 마켓 플랫폼이라면 판매자 그룹을 먼저 끌어들여야 하고, 소셜 플랫폼이라면 사용자를 먼저 끌어들여야 한다. 결국 핵심 그룹은 자신의 핵심 역량과 플랫폼의 특성, 플랫폼의 사업 분야에 따라 다를 수밖에 없다.

플랫폼 활성화 전략은 플랫폼이 스스로 굴러가도록 도와주는 것이다. 끊임없이 분석하고, 분석된 것을 토대로 전략을 조정하고, 적용해 가면서 결과를 지켜보아야 한다. 꾸준한 분석, 조정, 적용과 재적용 과정을 통해 스스로 진화하는 선순환 구조의 플랫폼이 되도록 치밀한 전략적 접근이 필요한 것이다. 특히 플랫폼의 선두 기업으로 발돋움하고 그 위치를 공고히 하기 위해서는 참여자 간 기회와 권한, 수익의 배분 체계 등을 공정히 하고 관리하는 전략도 포함되어야 한다.

③ 플랫폼 진화 전략

플랫폼 진화 전략은 플랫폼을 재편하고 난 후 기존의 전략을 기반으로 한 가치 기반과 기업 생태계를 확장해 나가는 전략을 의미한다. 신규 참여 그룹을 위해 새로운 서비스와 가치 제공 영역, 기능의 추가, 보완 제품과 플랫폼의 흡수 내지 결합 방안 등이 포함된다. 추가로 필요한 기능이 무엇인지 등에 대해 잠재그룹을 통해 사전에 파악하는 것도 중요하다.

지속적인 진화를 위해 보완 제품이나 서비스를 흡수해 보완 기업이 활동하던 영역으로 플랫폼의 영역을 확장하기도 한다. 이러한 보완 제품의 흡수는 플랫폼 지위를 공고히 하는 유력한 수단이 된다.

또 다른 플랫폼이 제공하던 기능을 자사의 플랫폼에 통합함으로써 그 플랫폼이 장악하고 있던 시장에 진출하기도 한다. 이를 플랫폼 포획platform envelopment이라 하는데, 이는 자사가 보유하고 있던 플랫폼을 중심으로 활용해 외부의 플랫폼을 흡수함으로써 다른 플랫폼 기반 시장을 쉽게 잠식하도록 한다(Eisenmann et al., 2011). 플랫폼의 포획은 독자적으로 존재하는 플랫폼에 비해 경쟁우위를 발휘할 수 있게 해준다.

④ 플랫폼 참여 전략

플랫폼을 구축해 성공한다는 것은 그리 쉬운 일이 아니다. 오히려 섣불리 플랫폼을 구축하다가 비용만 허비하고 자칫 사업상 큰 낭패를 당할 수가 있다. 더구나 플랫폼을 기반으로 성공시킬 뚜렷한 비즈니스 모델이 없는 경우에는 유행을 따라갈 필요도 없다. 따라서 많은 사업자는 플랫폼을 직접 구축하기보다 잘 구축된 플랫폼에 참여해 비즈니스를 성장시키고자 할 것이다. 이때의 전략을 플랫폼 참여 전략이라 칭한다.

플랫폼 참여 전략은 당장의 수익보다는 플랫폼을 이용해 자신의 비즈니스를 어떻게 성장시킬 것인가에 초점을 맞추어야 한다. 플랫폼 참여 전략도 기업의 상황에 따라 천차만별이다. 삼성전자와 같이 시장 선도 기업이 플랫폼에 참여한다는 것은 플랫폼 사업자에게도 대단히 반가운 일이다. 오히려 시장 참여자가 주도권을 쥐고 플랫폼을 이끌어갈 것이기 때문이다. 이에 비해 시장 추종 기업의 플랫폼 참여 전략은 플랫폼 규칙을 따르는 등 수동적일 수밖에 없다. 그러나 참여 플랫폼에 대한 비교·분석을 통해 자신의 비즈니스와 잘 맞는 플랫폼을 선택해 참여해야 한다.

우선 순서로 볼 때, 참여하게 되면 바로 수익을 발생시킬 단기 전략 수립이 먼저일 것이다. 그러나 장기적인 관점에서 비즈니스 로드맵과 성장 전략도 동시에 수립해야 한다. 이에는 독자적인 서비스를 운영하면서 플랫폼 내에서 구축된 고객을 자신의 서비스로 옮겨오는 방안, 플랫폼 의존도를 낮추는 방안, 최종적으로 플랫폼에서 독립하는 방안이 포함되어야 할 것이다.

3.5 기술사업화 사례

여기서는 플랫폼 서비스에서 최근 주목받고 있는 영유아 및 노약자 관련 케어 서비스의 구조를 예를 들어 설명하고자 한다.[27)]

3.5.1 디지털 플랫폼의 구성

그림 4.55와 같이, 일반적인 주요 구성을 살펴보면, 인프라, 개발 플랫폼, 애플리케이션, 공급자와 수요자 측면에서 볼 수 있으나, 최종적으로 수요자를 위한 서비스 메뉴 구성이 이루어진 앱을 스마트폰에 설치하여 수요자가 서비스를 이용하게 된다.

27) 저자: 특허등록(제 10-0790000호, 2007), 논문발표 "TRIZ를 활용한 유아 및 노약자를 위한 안전감지시스템 개발에 관한 연구, 2008"; 이를 디지털 플랫폼 서비스 사업화에 맞게 재구성한 내용임

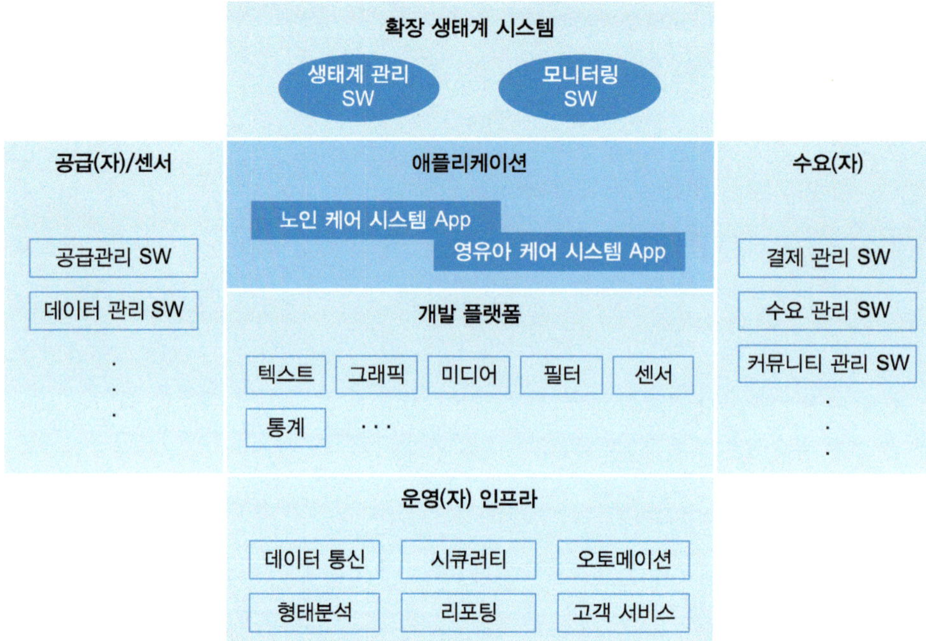

그림 4.55 디지털 케어시스템 플랫폼의 구성(예시)

1) 플랫폼 서비스 사례 연습

① 영유아 케어시스템의 구성

여기서는 우선 영유아 케어시스템을 중심으로 설명한다. 케어시스템의 구성 요소와 개념도는 그림 4.56과 같다.

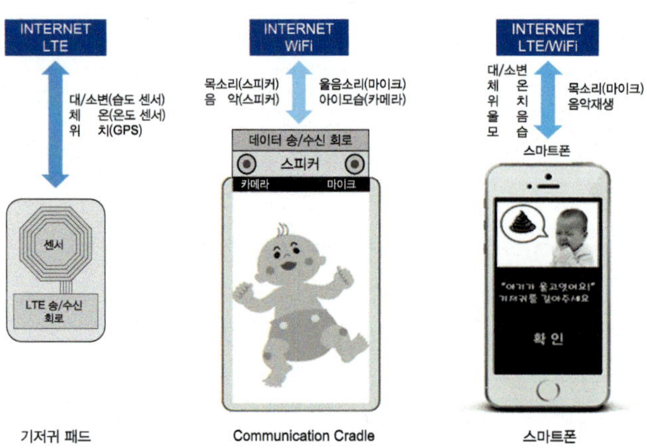

그림 4.56 영유아 케어시스템 구성 요소

영유아 케어시스템은 크게 기저귀 패드와 커뮤니케이션 크래들, 스마트폰으로 이루어지며, 그 기능 및 역할은 다음과 같다.

② 기저귀 패드 구성품 및 역할

ⓐ 습도 센서 - 대/소변 여부 확인(쾌적한 상태 유지 및 인체 안전성 확보)

ⓑ 온도 센서 - 체온 측정(고열 예방 및 모니터링으로 인체 안전성 확보)

ⓒ 위치 센서 - 위치 측정(GPS를 사용한 실시간 위치 모니터링)

ⓓ 통신 모듈 - LTE 망을 이용하여 인터넷 접속, 스마트폰으로 데이터 송/수신

- 일반 기저귀에 탈부착이 가능한 패드 형태 타입의 제품이 구성된다. 제품은 기본적으로 방수가 가능하며 아이가 대/소변을 보더라도 세척을 하여 재사용이 가능하다.
- 패드에 부착된 센서에는 열 센서, 수분 센서, 위치 센서GPS와 무선 데이터 송/수신기가 내장되어 있다.
- 습도 센서는 아이의 대변 및 소변 여부를 확인하는 역할을 한다.
- 온도 센서는 아이의 체온을 실시간으로 24시간 측정한다.
- 위치 센서는 GPS를 이용하여 아이의 위치정보를 실시간으로 확인한다.
- LTE 통신 모듈을 이용하여 인터넷으로 접속해, 스마트폰으로 데이터를 송/수신한다.

③ 커뮤니케이션 크래들(Communication Cradle)의 구성과 역할

ⓐ 스피커 - 부모와 의사소통 및 아이의 감정을 완화하고 정서를 유지하는 음악 송출(엄마 목소리, 심장 박동소리, 클래식 음악, 자장가 등)

ⓑ 마이크 - 아이의 울음소리 확인

ⓒ 카메라 - 아이의 현재 상황을 모니터링

ⓓ 통신 모듈 - 와이파이WiFi를 이용하여 스마트폰으로 데이터 송/수신, 실시간 데이터 송/수신 및 모니터링, 대응 및 조치

- 아이가 자는 부분의 깔개(매트mat) 부분인 커뮤니케이션 크래들은 스피커와 마이크, 카메라로 구성되어 있다.
- 스피커는 엄마의 목소리를 실시간으로 전달한다. 또한 여러 가지 아이의 정서

에 좋은 클래식 음악, 자장가 등도 재생이 가능하다.

- 마이크는 아이의 울음소리를 감지한다. 울음소리를 감지하여 아이에게 발생한 돌발 상황을 즉각 스마트폰으로 전송한다.
- 카메라는 아이의 현재 상태를 실시간으로 모니터링 해준다. 부모가 멀리 떨어져 있어도 실시간으로 전송되는 아이의 화면을 보며 확인이 가능하다.
- WiFi를 이용하여 인터넷망에 접속을 한다. 스마트폰의 애플리케이션을 통해 앞에서 말한 정보들을 실시간으로 확인이 가능하다.

④ 스마트폰 애플리케이션의 구성과 역할

ⓐ 데이터베이스화(대/소변 횟수, 병변 확인, 체온의 변동으로 인한 신체상태 확인 및 대응 조치)

ⓑ 아이와 의사소통 및 정서 안정화

- 기저귀에 부착된 패드의 정보를 받아 아이의 체온/배변 활동/위치 정보를 실시간으로 모니터링해주며, 이러한 정보를 데이터베이스DB화하여 통계적으로 분석해준다. 여기에서 수집된 데이터는 향후 빅데이터가 되고 이를 인공지능AI으로 분석, 가공, 추출, 생성하여 영유아 케어를 위한 최적의 서비스를 소비자에게 제공한다.
- 이러한 정보를 바탕으로 아이의 신체 상태를 실시간으로 확인이 가능하다.
- 갑작스런 돌발상황에 따른 응급처치를 안내 할 수 있다. 커뮤니케이션 크래들Communication Cradle의 정보를 받아 아이의 상태를 실제로 CCTV로 보는 것처럼 볼 수 있으며, 스마트폰의 마이크를 통해 부모의 목소리를 깔개의 스피커로 전달해 줄 수 있다. 또한 아이의 정서에 도움이 되는 음악의 재생이 가능하다.

2) 영유아 케어시스템이 적용된 IoT 플랫폼

① 서비스 구상도

영유아 케어시스템은 그림 4.57과 같이 [1]에서 [3]을 거쳐 [7]을 통해 실현된다. 마찬가지로, 노인 케어시스템은 [2]에서 [3]을 거쳐 [5]와 [4]를 통해 구현된다. 양쪽의 시스템은 [3]에서 데이터 처리 과정을 밟고 주요 데이터를 송수신 제어하고 기록한다. 이 때, 클라우드 컴퓨팅[3] 내 서비스 플랫폼은 주요 애플리케이션 외에 여러 측면에서 지원하는 SW 프로그램들이 부가될 수 있다. 6의 운영자는 전체 시스템을 모니터링하고 운영 관리하며 필요한 데이터 및 정산을 처리한다. 운영자는 그 외에 플랫폼 내의 각종 정보 관리 및 교류를 주도하고 커뮤니티를 운영하는 등 플랫폼 참여자의 조정자이자 사업자로 참여한다.

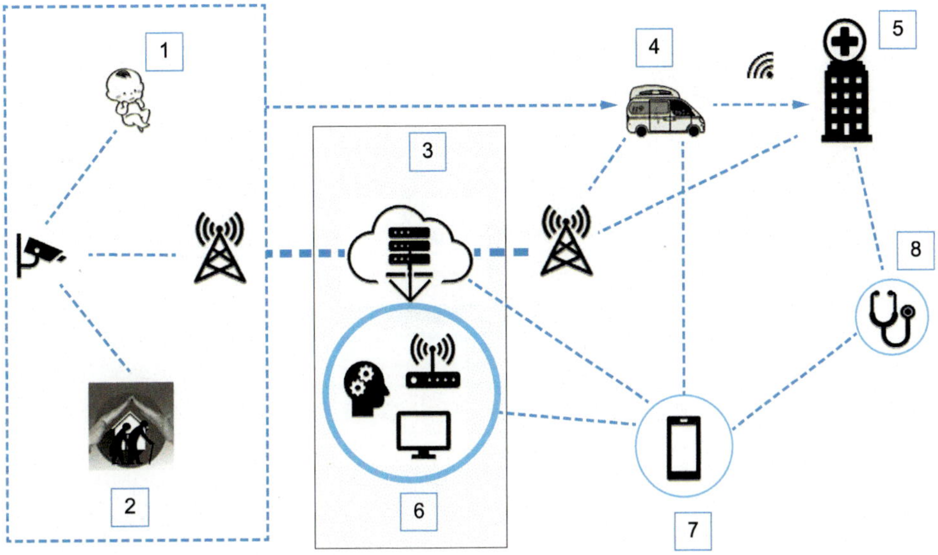

그림 4.57 IoT 플랫폼 서비스 구상도

② 서비스 개념화

그림 4.57은 IoT 플랫폼 서비스 구상도이고, 그림 4.58은 서비스 모델 구현을 보여주는 서비스 개념도이다. 플랫폼 서비스 기술사업화를 위해서는 이렇듯 어느 정도 구체적으로 명확하게 서비스 개념화로 구성 요소와 구조 즉, 체계를 설계해야 한다.

본 사업의 서비스를 설명하면, 서비스희망자인 7서비스사용자는 중앙관제소를 운영하는 6플랫폼사업자에게 서비스를 신청하고 6플랫폼사업자는 영유아케어의 경우 케어시스템을 교부하여 사용하게 한다. 카메라를 통해서 영유아나 노인의 위급상황이 발생될 경우 중앙관제소의 의사와 관계없이 즉시 응급차와 병원에 동시 연결하여 응급 상황에 대처한다. 이때, 참여자인 응급차와 병원은 사전에 중앙관제소에 의해 등록되고 그 사용에 대한 대가는 중앙관제소가 부담한다. 또한, 7서비스사용자는 영유아케어의 경우 평상시에 영유아를 카메라를 통해 관찰할 수 있으며, 앱

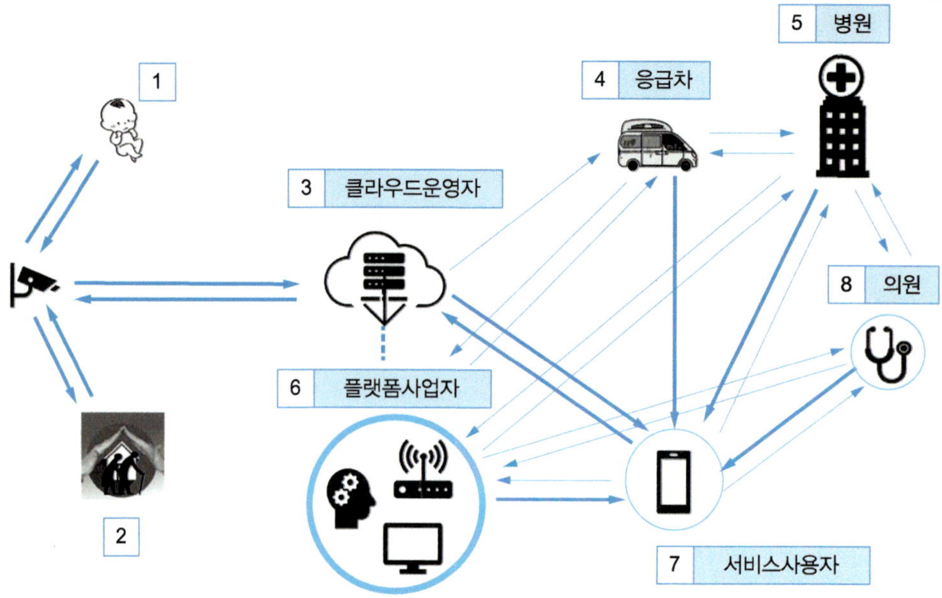

그림 4.58 서비스 모델 구현

상에서 적절한 영유아노래 또는 실제 보호자 목소리를 선택하여 영유아에게 전달함으로써 안정감을 줄 수 있다.

노인케어의 경우는 중앙관제소가 항시 모니터링 하여 위급시 빠른 대응으로 응급차와 병원 이송을 지휘하고 또 다른 예기치 않은 위급 상황을 수습한다.

또한 영유아케어는 민간차원의 서비스로 운영하고 노인케어는 정부지원사업으로 운영할 수 있게 한다. 8의원은 사전에 6플랫폼사업자에게 서비스를 신청 등록하고 7서비스사용자의 희망에 따라 영유아나 고령자의 체온이나 맥박 등의 일부 의료정보를 병의원에 제출할 목적으로 서비스사용자에게 제공한다.

3.5.2 사업 제안

위에서 제시한 여러 가지의 방법을 활용하여 다음과 같이 기본적인 사항을 담은 사업 제안을 예시적으로 생각해 본다.

1 사업 필요성

돌봄 시스템에서 영유아의 경우 부모가 안심을 하려면 아이의 상태를 실시간으로 확인하고 아이의 불편함을 바로 알 수 있어야 한다. 특히, 다음과 같은 이유에서 부모들의 어려움과 고충을 이해하고 육아에 도움이 되는 시스템을 개발한다면 많은 부모들에게 획기적인 도움을 줄 수 있다.

① 아이의 대/소변을 실시간으로 바로 확인하여 부모들이 신속하게 기저귀를 교체해야 하는데 이를 위해서 부모들이 아이의 옆을 떠나지 못하고 있다.
② 갑작스런 아이의 고열은 아이의 건강에 치명적인 결과를 초래할 수 있다. 따라서 부모가 이를 재빨리 확인하고 대처할 수 있어야 한다.
③ 아이는 울음을 통해 자신의 의사를 표현한다. 이러한 울음이 대/소변 때문인지 열 때문인지 혹은 배고픔 때문인지 바로 알아차리고 대처하기 어렵다.

그림 4.59와 같이 우선, 관련 산업 환경을 5Force를 통해 살펴보고 SWOT 분석을 거쳐 4개의 운영 전략 방향을 설정하였다.

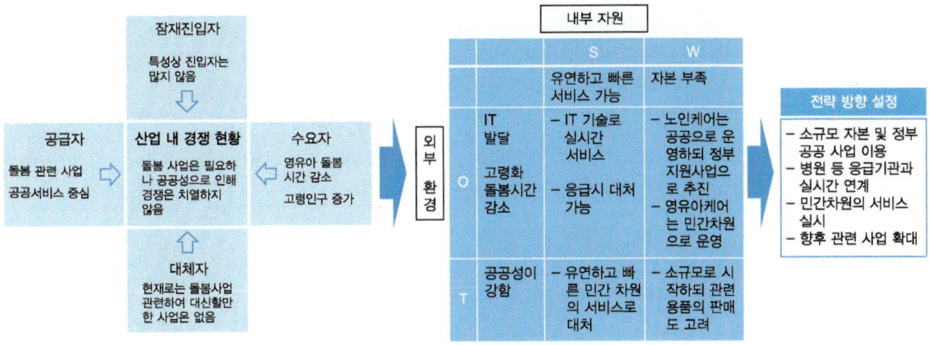

그림 4.59 플랫폼 사업화를 위한 5Force와 SWOT 분석

첫째, 영유아 케어시스템은 소규모 자본으로 사업을 시작하되, 노인케어는 공공성이 큰 만큼 정부공공지원사업으로 시도한다.

둘째, 보호자들의 염려를 줄이기 위해 희망시 실시간 모니터링이 가능하고 응급시 바로 긴급조치가 가능하게 한다.

셋째, 민간차원의 서비스를 실시하고

넷째, 사업 확장성을 위해 관련 용품의 판매를 대행한다.

2 사업 내용

아래 그림 4.60과 같이 비즈니스 모델을 작성하고, 그림 4.61과 같이 서비스를 개념화하였다.

(1) 비즈니스 모델

주요 파트너	주요 활동	가치제안	고객 관계	목표 고객
– 시스템 운영자 – IT 개발자 – 응급차 – 병원	실시간 모니터링 응급조치 항시 대기	보호자의 근심을 덜고 노약자 신변을 보호, 삶의 질을 높임	영유아 및 고령자에 대한 건강정보 제공 및 플랫폼 내 가입자의 공동커뮤니티 설치 운영	유아 보호자 고령자 보호자 요양병원
	주요 자원 IoT 플랫폼 구축 응급차/병원지원		**채널** 스마트폰	

비용	수입
투자금: ₩700,000,000 – 케어시스템 개발비 – 제품양산비 – 플랫폼 구축비	– 케어시스템 1세트 당 ₩120,000 (CCTV 카메라 포함) – 영유아 케어, 노인 케어 각각 월 회비 ₩90,000 – 광고수입 연 ₩100,000,000

그림 4.60 비즈니스 모델의 작성

(2) 서비스 개념화

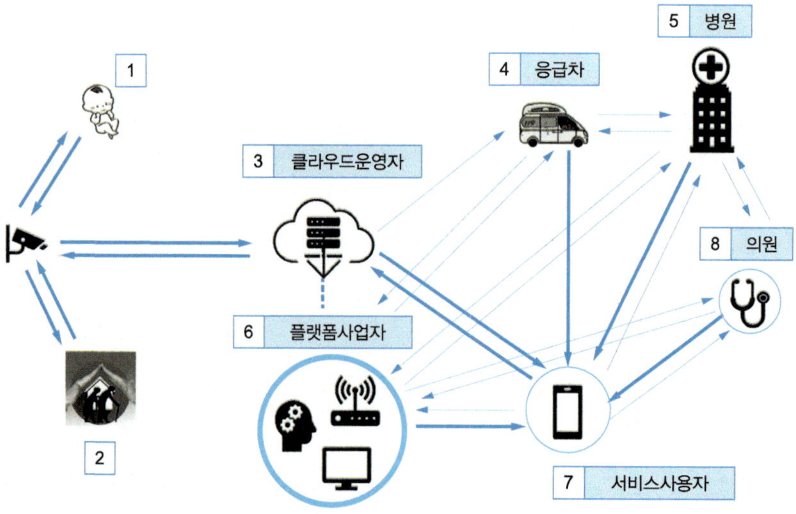

그림 4.61 서비스의 개념화

위의 그림 4.61에서 도시한 굵은 지시선은 사용자가 받을 수 있는 서비스를 의미하며 영유아 및 고령자의 실시간 모니터링은 물론 응급상황시 직접 상황 보고를 제공받고 평상시에는 축적된 건강 데이터를 제공받아 병의원과 상담할 수 있다.

3 경제성 평가

본 사업의 경제성 평가를 위해, 다음과 같은 전제 아래 평가 시나리오에 의해 작성한다.

전제:

① 재무자료는 한국은행경제통계시스템(http://ecos.bok.or.kr/) 제공의 기업경영분석 데이터에서 본 사업이 속하는 서비스 분야(C292)의 업종 평균값을 이용

② 경제성 평가는 NPV를 사용하되 그림 4.39의 사업 가치 평가 예시 및 그림 4.40의 할인율 결정 예시(비상장(중) 12.9%)를 따름

③ 비용은 투자금 7억, 수입(매출액)은 위 비즈니스 모델에서 제시한 기본단가 사용

④ 초기가입자수는 영유아케어 1000명, 노인케어 2000명 기준, 관련시장성장률 1~4차년도까지 16%, 5~7차년도 30% 적용

(1) 평균 재무비율 추정

위 기업경영분석에서 구한 10년(보통은 3년~5년)에 걸친 계정과목 데이터의 매출액 대비 평균값을 정리한다(표 4.21 참조).

표 4.21 평균 재무비율 추정

항목	비율
매출액	100.00%
매출원가	70.54%
판매비와 관리비	25.41%
감가상각비	1.31%
영업손익	4.05%
법인세비용	1.02%

(2) 시장규모 추정

전제조건에 따라 초기 가입자수를 영유아케어는 1000명, 노인케어는 2000명을 기준으로 시장 규모를 추정한다(표 4.22 참조).

표 4.22 시장규모 추정 (단위: 가입자수)

구분	D+1년	D+2년	D+3년	D+4년	D+5년	D+6년	D+7년	성장률(5) D+1년~D+4년	성장률(%) D+5년~D+7년
국내시장(1)	1,000	1,160	1,346	1,561	2,029	2,638	3,429	16.0%	30%
국내시장(2)	2,000	2,320	2,691	3,122	4,058	5,276	6,859	16.0%	30%
증가수(1)		160	186	215	468	609	791		
증가수(2)		320	371	431	937	1,217	1,583		
합계		480	557	646	1,405	1,826	2,374		

(1): 영유아케어 (2): 노인케어

(3) 매출액 추정

시장규모 추정에 따라 회비 및 케어시스템 판매가, 그리고 광고수익을 고려하여 다음과 같이 연도별 예상 매출액을 추정한다(표 4.23 참조).

표 4.23 매출액 추정

구분	D+1년	D+2년	D+3년	D+4년	D+5년	D+6년	D+7년	성장률(%)
국내시장(1)	1,080,000,000	1,252,800,000	1,453,248,000	1,685,767,680	2,191,497,984	2,848,947,379	3,703,631,593	
국내시장(2)	2,160,000,000	2,505,600,000	2,906,496,000	3,371,535,360	4,382,995,968	5,697,894,758	7,407,263,186	
케어(1)	120,000,000	19,200,000	22,272,000	25,835,520	56,192,256	73,049,933	94,964,913	
케어(2)	240,000,000	38,400,000	44,544,000	51,671,040	112,384,512	146,099,866	189,929,825	
동네의원가입	80,000,000	120,000,000	160,000,000	200,000,000	240,000,000	280,000,000	320,000,000	
광고수입	100,000,000	116,000,000	134,560,000	156,089,600	181,063,936	210,034,166	243,639,632	16%
예상매출액 합계	3,780,000,000	4,052,000,000	4,721,120,000	5,490,899,200	7,164,134,656	9,256,026,102	11,959,429,149	

(4) 추정손익계산서

위에서 추정된 예상매출액을 근거로 위 재무비율을 적용하여 계산하면 다음 표 4.24와 같다.

표 4.24 추정손익계산서

(단위: 원)

구분	D+1년	D+2년	D+3년	D+4년	D+5년	D+6년	D+7년	평균재무비율
매출액	3,780,000	4,052,000,000	4,721,120,000	5,490,899,200	7,164,134,656	9,256,026,102	11,959,429,149	100%
매출원가	2,666,596,623	2,858,478,708	3,330,508,637	3,873,548,483	5,053,930,497	6,529,652,896	8,438,765,445	71%
판관비	960,477,364	1,029,591,079	1,199,610,818	1,395,207,511	1,820,367,506	2,351,905,702	3,038,825,658	25%
영업이익	152,926,013	163,930,213	191,000,544	222,153,207	289,836,653	374,467,504	484,838,046	
법인세	1,563,757	1,676,281	1,953,091	2,271,543	2,963,747	3,829,147	4,947,524	1%
세후영업이익	151,362,256	162,253,931	189,047,453	219,871,664	286,872,905	370,638,357	478,890,522	

(5) 운전자본

디지털 플랫폼사업으로 재고자산은 없으므로 다음과 같은 운전자본 공식을 이용하여 연도별 운전자본을 계산한다. 다만, 초기 D+1 이후는 순 증가분만을 계산한다(표 4.25 참조).

○ 운전자본 = 매출채권−매입채무+재고자산

표 4.25 운전자본

(단위: 원)

구분	D+1년	D+2년	D+3년	D+4년	D+5년	D+6년	D+7년
운전자본	163,454,586	175,216,398	204,150,454	237,437,211	309,791,182	400,248,656	517,149,086
매출채권	439,790,576	471,436,882	549,286,795	638,848,074	833,523,520	1,076,908,214	1,391,440,273
재고자산	0	0	0	0	0	0	0
매입채무	276,335,989	296,220,484	345,136,340	401,410,863	523,732,338	676,659,559	874,291,187

(6) NPV 계산

$$순현가(NPV) = \sum_{t+1}^{N} \frac{C_t}{(1+r)^t} - C_0 \text{ 또는 } \sum_{t=0}^{N} \frac{C_t}{(1+r)^t} \quad \cdots (1)$$

t : 현금흐름의 기간(사업기간)

N : 투자 기간

C_t : t 연도의 순현금흐름

C_0 : 투자자본의 현재가치

r : 할인율

7년 기간의 사업 전제로 사업가치의 순현가를 계산하기 위해 다음의 표 4.26을 이용하는데 앞서 구한 세후영업이익과 감가상각비(위의 재무비율에 따르면 매출액의 1.31%) 그리고 운전자본을 적용하면 연도별 잉여현금흐름을 알아낼 수 있다. 이 현금흐름과 할인율을 위 식(1)에 적용하면 연도별 사업의 가치를 얻을 수 있다. 이를 모두 합하면 곧 7년간의 사업 가치를 최종적으로 구하게 된다.

표 4.26 예상 사업가치(7년간) (단위: 원)

구분	D+1년	D+2년	D+3년	D+4년	D+5년	D+6년	D+7년
세후 영업이익	151,362,256	162,253,931	189,047,453	219,871,664	286,872,905	370,638,357	478,890,522
감가상각비	49,420,367	52,976,541	61,724,730	71,788,955	93,665,122	121,014,868	156,359,622
운전자본증분(-)	163,454,586	11,761,812	28,934,056	33,286,757	72,353,971	90,457,474	116,900,430
운전자본회수(+)							517,149,086
FCF	37,328,036	203,468,661	221,838,127	258,373,862	308,184,057	401,457,474	1,035,498,800
할인율	12.90%						
할인계수	0.89	0.78	0.69	0.62	0.55	0.48	0.43
현재가지	33,062,919	159,628,210	154,153,846	159,027,712	168,012,060	193,728,125	442,886,056
현재가치 합계 (NPV)	1,310,498,927						

이에 대해 구체적인 수를 적용하여 확인하면,

$$
\begin{aligned}
\text{순현가}(NPV) &= \sum_{t=0}^{N} \frac{C_t}{(1+r)^t} \\
&= \frac{C_1}{(1+r)^1} + \frac{C_2}{(1+r)^2} + \cdots + \frac{C_7}{(1+r)^7} \\
&= \frac{37,328,036}{(1+0.129)} + \frac{203,468,661}{(1+0.129)^2} + \cdots + \frac{1,035,498,800}{(1+0.129)^7} \\
&= 33,062,919 + 159,628,210 + \cdots + 442,886,056 \\
&= 1,310,498,927
\end{aligned}
$$

결국, 순현가로 1,310,498,927원이 산출되며 여기서 투자금 7억원을 차감하면 610,498,927원이 얻을 수 있는 순수한 경제적 가치가 된다.

경제성 평가에서는 NPV>0이므로 본 사업은 사업타당성이 있는 것으로 확인되었다. 여기서는 기본적인 사항만을 다루어 계산하였으므로, 사업자의 추가적인 플랫폼 확대를 통해 그 이상의 경제적 가치를 확보할 수 있다.

4 기대 효과

플랫폼 사업의 최대의 장점은 네트워크 효과로서 기본적인 경제적 가치 이외에 부가적 관련 용품의 판매 대행이나 관련 정보의 유통 등 다양한 플랫폼 전략을 통해 효과적인 경제적 가치 창출이 가능하여 본 사업에 대한 투자전망은 매우 밝다고 할 수 있다.

3.6 기술마케팅의 이해

3.6.1 기술사업화와 기술마케팅

기술사업화는 R&D 활동을 통해 신기술이 획득되면, 그것이 제품화되어 시장을 통해 경제적 성과를 창출하는 일련의 과정을 말한다. 이 과정에서 기술마케팅은 신기술이 보유자로부터 수요자에게 이전되게 하는 하나의 수단이다.

1) 기술마케팅의 개념

그림 4.62와 같이 기업이 전략적인 관점에서 어떠한 기술이 필요하며, 이를 어떻게 획득하고 make or buy, 보유한 기술을 어떻게 활용 keep or sell할 것인가에 대한 의사결정 및 수행과정을 의미한다.

그림 4.62 개념적 기술마케팅

2) 기술마케팅과 하이테크 마케팅과의 차이점

그림 4.63에서와 같이 기술마케팅은 기술 자체가 거래대상이 되는 반면에, 하이테크 마케팅은 첨단기술이 체화(體化, 기술이 직접 경험을 통해 자체화)된 제품이 마케팅의 대상이 된다는 점에서 완전히 다른 의미이다.

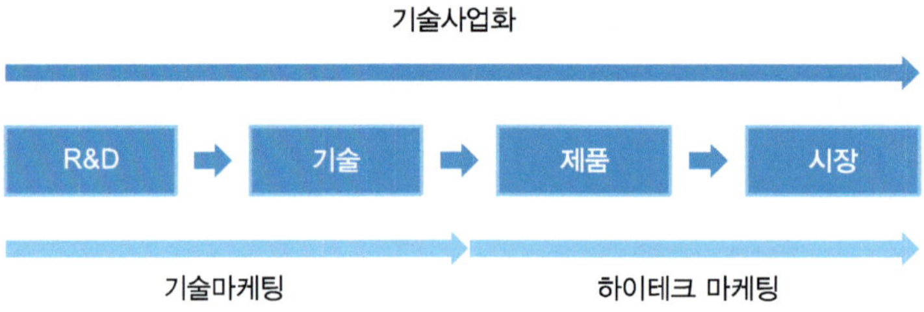

그림 4.63 기술마케팅과 하이테크 마케팅의 차이점

3) 전통적 마케팅과의 차이점

다음 표 4.27과 같이 마케팅 대상에 있어서 기술마케팅은 전통적 마케팅 대상인 제품이나 서비스 등에 반해 노하우, 특허 등이다.

표 4.27 전통적 마케팅과 기술마케팅의 차이점

기준	전통적 마케팅	기술마케팅
대상	제품, 서비스, 시스템	노하우, 특허, 프로토타입
전략	경쟁력 제고 자본수익률의 증대	기술잠재력의 최적화 제휴 및 네트워크의 구축
목표 그룹	제품 사용자	R&D전문가, 생산관리자, 기술공급자/수요자
시장관리 수단	광고, 판촉활동 등	전문가에 의한 평가
유통 채널	시장	시장 및 비시장 메커니즘 (특정상황에서의 기술이전 등)

3.6.2 기술마케팅의 개관

1) 전략적 기술마케팅

기술마케팅 전략은 기업의 기술적 잠재력을 실현하는 여러 가지 수단들 중의 하나로, 기술마케팅을 통해서 기업의 기술적 잠재력을 극대화 할 수 있으며 이를 통해서 기업의 수익 또한 극대화할 수 있다.

2) 기술마케팅의 절차

전략적 기술마케팅을 위해서는 다음 그림 4.64와 같은 과정이 필요하다. 이때 평가의 경우 기술가치 평가로 실시하는 경우가 많다. 또한, 여기서 실행은 기술이전을 의미한다.

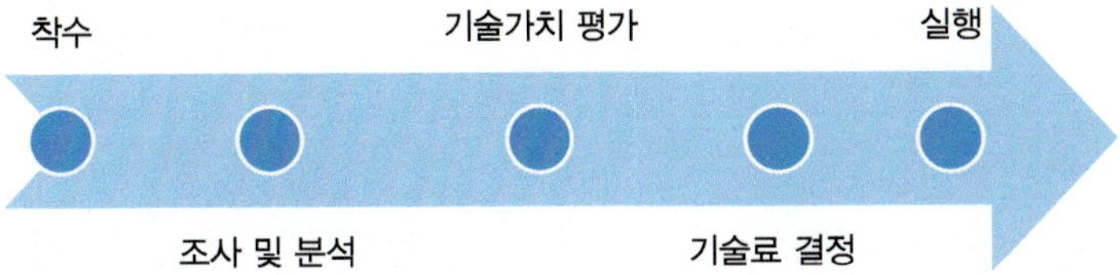

그림 4.64 기술마케팅의 과정

3) 기술획득 방법

기술은 크게 보면 자체 연구 개발에 의한 획득과 외부로부터의 아웃소싱, 즉 기술이전(도입)을 예로 들 수 있는데, 최근에는 오픈 이노베이션의 개념으로 아웃소싱을 많이 거론하기도 한다.

① 기술이전 대상

기술이전의 대상으로서 기술은 지식재산, 자본재, 노하우 등을 포함하는 포괄적인 개념(기술이전 및 사업화 촉진법 제2조)이다. 이는 개념상 특허법상의 발명과는 구별된다. 구체적으로 기술이전의 대상이 되는 것들은 특허, 실용신안, 디자인, 반도체 집적회로의 배치 설계 및 소프트웨어 등 지식재산을 비롯해서 지식재산이 집적된 자본재, 이러한 자본재에 관한 정보, 이전 및 사업화가 가능한 기술적, 과학적 또는 산업적 노하우를 예로 들 수 있다.

② 기술가격의 결정

기술판매자와 기술구매자 간 기술거래를 최종적으로 완결하기 위해서는 거래대상인 기술의 가격을 결정해야 하며, 이는 기본적으로 기술의 가치평가를 토대로 이루어진다. 이미 설명한 2장 2.2.2 기술가치 평가를 참고하기 바란다. 또한 로열티 산정 방식으로 결정하는 경우도 많은데 다음 그림 4.65와 같다.

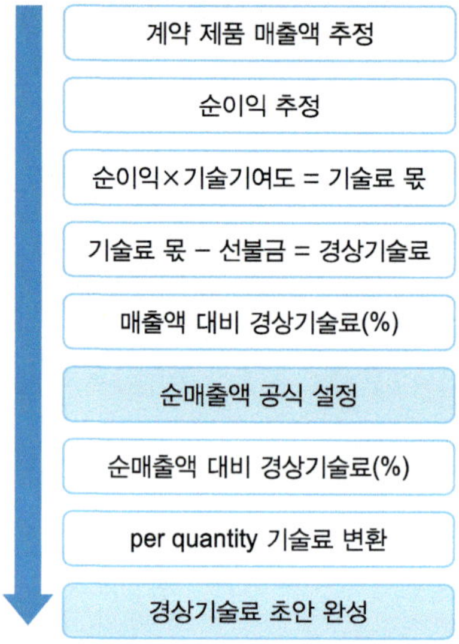

그림 4.65 경상기술료 초안 과정

4) 기술마케팅 사후관리

어떤 형태로든 기술거래 계약이 성립되고 거래가 이루어지면, 기술공급자는 기술거래 후에도 기술구매자가 필요로 하는 부가적인 서비스를 제공해야 한다. 기술마케팅의 사후 관리의 성공 사례를 보면 IBM을 예로 들 수 있는데, 특허출원 이전인 직무발명 단계부터 체계적인 기술평가를 통해 분사spin-off나 특허 라이선스의 가능성을 판단하며, 기본특허basic patents, 핵심특허core patents, 선도특허pacing patents, 출현특허emerging patents 등으로 구분하여 지식재산을 관리하고 특히, 자사의 제품 및 경영전략에 맞지 않아 잠들어 있는 휴면특허sleeping patents를 적극적으로 발굴하고 타사에 판매하거나 라이선스 공여 등의 수단을 동원하여 수익을 창출하고 있는 것으로 널리 알려져 있다.

3.6.3 기술마케팅의 활용

기술마케팅의 주요 목적으로서의 기술이전 등 기술거래를 활성화하기 위해 미리 유망 특허(기술)를 발굴하여 이를 수요자 입장에서 거래 의사 결정을 쉽게 할 수 있도록 근거있는 마케팅의 자료화가 필요한데, 그 중 하나로 보통 SMKSales Marketing Kit가 있다. 예를 들어, 다음 그림 4.66과 같은 특허포트폴리오 등을 통해 선정된 특허들을 기술성 분석, 시장성 분석, 사업성 분석 등을 위한 방법으로 표 4.28, 4.29 내지 표 4.30을 참고로 하여 그림 4.67과 같은 SMK를 작성할 수 있다.

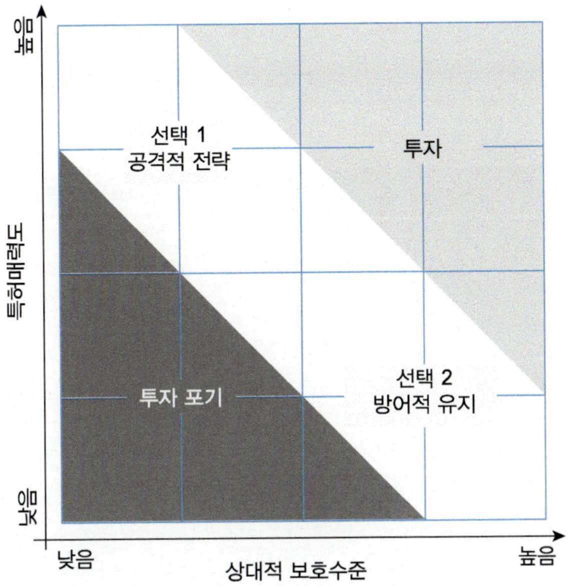

그림 4.66 기술기반의 특허포트폴리오

표 4.28 기술성 분석 방법

핵심변수	내용	기술성 분석 내용
기술의 경제적 수명	기술적 한계	기술의 발전 동향, TRM
	대체기술의 등장	유사/경쟁기술 분석
	규제/장려 법규	특허분쟁, 표준화, 기술육성책
기술기여도	법적인 대응력	권리분석
	권리범위와 특허유지의 타당성	청구항, 신규성/진보성/산업상 이용성
	권리의 안정성	선행특허 분석
	권리이전 가능성	특허상태
	기술 상용화 단계	기술수준
	기능적 우위성	
	기술의 적응력	
	유사기술 성공사례	

표 4.29 시장성 분석 방법

핵심변수	내용	시장성 분석 내용
기술의 경제적 수명	시장경쟁의 심화	경쟁업체의 수, 현황
	고객니즈의 변화	산업/시장의 특성(고객의 기대수준, 수요/공급의 특성), 수요전망
	규제/장려 법규	환경법규, 표준화 등
여유현금흐름	매출액 추정	시장규모, 점유율, 성장률, 수요전망
기술기여도	시장진입 용이성	산업/시장의 특성
	시장확보 가능성	산업특성, 경쟁구도

표 4.30 사업성 분석 방법

핵심변수	내용	사업성 분석 내용
기술의 경제적 수명	가격/원가 우위성	기술의 혁신성, 생산기술
	이익구조 우위성	투자자금, 회수가능성
	마케팅 환경성	사업주체의 역량

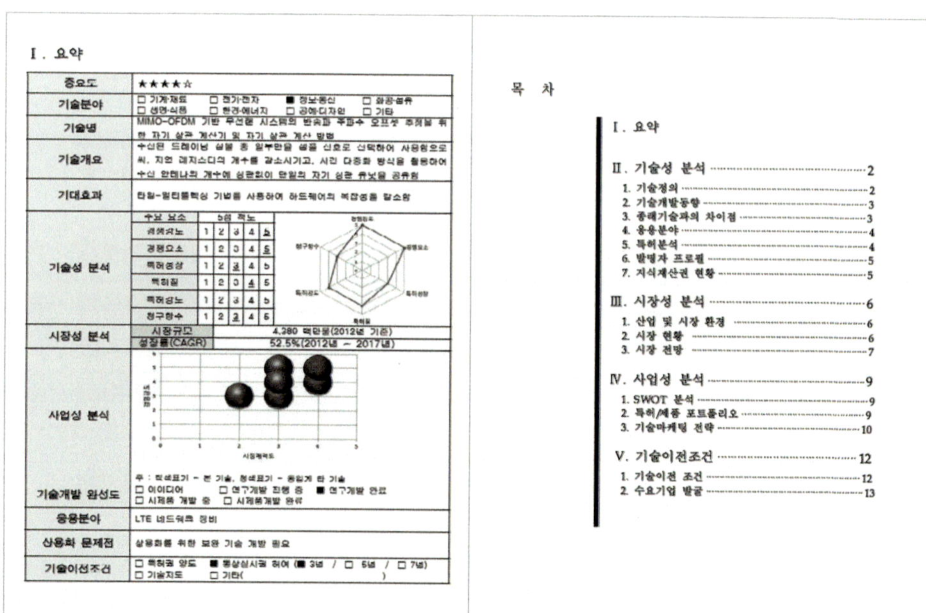

그림 4.67 SMK 작성 예시

참고문헌

권혁인, 『서비스모델』, 한경사, 2010

김광재 외, 『서비스사이언스』, 생능출판사, 2011

김성호, 『기술경영기반의 특허경영』, 한티미디어, 2013

김성호, "기술사업화의 성공전략", 기술경영(MOT) 고급과정 교육자료, 한국생산성 본부 · 농협은행, 2015

김성호, "기업분석을 위한 기술마케팅의 이해", 기술경영(MOT) 고급과정 교육자료, 한국생산성본부 · 농협은행, 2015

김성호, "기술료(로열티) 산출 및 지급", 기술자산(특허)관리 및 기술이전/사업화실무 과정 교육자료, 한국생산성본부, 2015

김성호, "기술가치평가 및 기술사업화실무" 과정 교육자료, 한국생산성본부, 2016

김성호 · 김지표, "QFD를 이용한 우수 특허선별에 관한 연구", 기술혁신연구, 2019

김성호 · 김지표, "주성분분석을 활용한 우리나라 주요 기업의 특허경쟁력 분석", 산업혁신연구, 2020

김승욱, 『디자인 씽킹과 서비스 경영』, 박영사, 2019

김승열. http://www.cnet.co.kr/view/19731, 2013. 08. 07.

김익성, "독일기업의 4차 산업혁명 성공사례 및 한국기업과 정부에 대한 시사점", 고려대학교 미래성장연구소, 2018

김익철, 『최적의 발명이론, 트리즈 발명특허의 정석』, 현실과 미래, 2001

김종세, "생산관리"(cfile211.uf.daum.net · attach)

김창욱, 아키텍처&거버넌스: "연결해 구축하고 스마트하게 배분하라." 『DBR Issue 2』 2012, No. 103, 82~89.

김창욱 · 강민형 · 박성민, "플랫폼전략의 이론과 실제", 『SERI 이슈 페이퍼』, 삼성경제연구소. 2012

구글(www.google.com) 인터넷 검색

노규성, 『e-business 모델과 전략』, 한국학술정보, 2008

노규성 · 조남재, 『경영정보시스템』, 사이텍미디어, 2010

노경섭, 제대로 알고 쓰는 논문 통계분석(SPSS & AMOS21), 한빛아카데미, 2016

네이버 백과사전: 신동희, "인간과 컴퓨터의 어울림", 2014

네이버 백과사전: 노규성, “플랫폼이란 무엇인가”, 2014

네이버 지식백과: 사물인터넷의 미래(2014)

류한석, 『모바일 플랫폼 비즈니스』. 한빛비즈, 2012

마셜 W. 밴 앨스타인(이현경 역), 『플랫폼 레볼루션』, 부키, 2017

매일경제, “창업은 네가지 함수…하나라도 빠지면 0”, A31, 2021. 06. 15.

박정규 외, “특허지표 분석을 통한 특허실사 방법론 고찰”, 한국기술혁신학회 추계학술대 논문집, 2005, pp637-646.

박재현, “서비스 플랫폼 관점에서 바라본 자동차의 미래”, 『zdnet korea』, 2010

블로터닷넷. http://www.bloter.net/archives/7518

산업통상자원부, “산업원천기술개발사업에 대한 TRL 자료”

윤상진, 『플랫폼이란 무엇인가?』, 한빛비즈, 2012

이국환 · 김성호 · 유치영 · 도한우, 『제품개발과 기술사업화전략』, 한티미디어, 2009

이국환, 『미래창조를 위한 창의성』, 카오스북, 2013

이국환, 『최신 제품설계(Advanced Product Design) - ICT 및 융복합 제품개발을 위한』, 기전연구사, 2017

이국환, “기술사업화를 위한 제품개발 플랫폼”, 한국생산성본부 기술사업화 교육자료, 2020.06

이국환, “기능분석법을 활용한 BM 창출”, 강원대 스타트업캠프 강연자료, 2018.12.

이국환 · 이승재 · 최문형, 『알파고시대, 신인류 인재육성 프로젝트』, 아마존의나비, 2017

이국환, 『스마트폰 개발전략(Development Strategy of Smart Phone)』, 기전연구사, 2020

이국환 · 이경원, “TRIZ를 활용한 유아 및 노약자를 위한 안전감지시스템 개발에 관한 연구”, 반도체및디스플레이장비학회지, 제7권, 제1호, pp.3165~3170, 2006

이국환, “다목적 지능형 매트 시스템”, 특허청 등록특허 제 10-0790000호, 2007

이예지, “디자인 특허공모 대상 본선 자료-Triple Spin 세탁기 제품 개념개발안”, 특허청, 2017

이성열 · 양주성, “플랫폼 비즈니스의 미래”, 리더스북, 2021

이수영, “결정트리 학습알고리즘을 이용한 우수특허 선별방법에 관한 연구”, 한국지식정보기술학회 논문지, 2012, 제7권 제2호, pp163-174

위키피디아(www.wikipedia.org)

조용호, 『플랫폼 전쟁』, 21세기북스, 2011

중소기업청, 『상생 비즈니스 플랫폼 전략』, 대한상공회의소 싱글 PPM 품질혁신본부 자료, 2012

최병삼, "성장의 화두, 플랫폼", 『SERI 경영노트』, 제80호. 삼성경제연구소, 2010

최병삼, "가치 창출 틀 플랫폼, 다원화혁명 이끈다", ≪DBR≫No. 103, 68~75, 2012

특허청, 『BM 특허 길라잡이』, 2020

황재영 · 이응봉, "DL-SQI 모형을 이용한 디지털도서관의 서비스 품질측정에 관한 연구", 2010

함유근 · 이정우, "적절한 개방으로 기업 차별화의 길 찾아라", 『DBR Issue 2』 2012, No. 103, 76~80.

황병선, 『스마트플랫폼 전략』, 한빛미디어, 2012

히라노 아쓰시 칼 · 안드레이 학주(천채정 역), 『플랫폼 전략』, 더숲, 2011

한국경제, "혁신의 조건...", A4, 2021. 07. 01.

Altshuller, G. S., 『Creativity as an Exact Science』, Gordon and Breach, 1988

Andreas Pfeiffer, "Service-oriented Business Model-Framework-die Entwicklung von Geschäftsmodellen in digital transformierenden Ökosystemen am Beispiel der Elektromobilität", Von der Fakultät für Wirtschaftswissenschaften der Rheinisch-Westfälischen Technischen Hochschule Aachen, 2018

Applegate, L.(Amazon.com): "The Brink of Bankruptcy", Harvard Business School Case, 2010

Genrich Altshuller & Lev Shulyak, 『40 Principles : TRIZ Key to Innovation』, Technical Innovation Center. Inc., 1997

Holger Ernst, "Patent information for strategic technology management", World Patent Information Vol. 25. 2003, pp 233-242

Karl T. Ulrich and Steven D. Eppinger, 『Product Design and Development』, McGraw Hill, 2008

MICHAEL V. SIVAK, Jr, 『GASTROENTEROLOGIC ENDOSCOPY Vol 1』, Saunders, 2000

Timmers, "Business Models for Electronic Markets", Electronic Markets, 8(2), 3~8, 1998

Victor Fey and Eugene Rivin, 『Innovation on Demand』, CAMBRIDGE UNIVERSITY PRESS, 2005

찾아보기

저자 소개

이국환(李國煥)

한양대학교 정밀기계공학과와 동대학원을 졸업한 후 한국산업기술대학교에서 기계시스템응용설계 관련 박사학위를 받았다. 35년 이상 대우자동차 연구소, LG전자 중앙연구소, 대학교에서 기계 · 시스템 및 부품 · 소재, 전자 · 정보통신, 환경 · 에너지, 의료기기 산업 등에서 아주 다양한 융 · 복합기술 분야의 첨단 R&D, 제품개발 및 프로젝트를 수행하였다.

주요 내역은 다음과 같다.

- LG전자 특허발명왕 2년(1992년~1993년) 연속 수상(회사 최초)
- LG그룹 연구개발 우수상 수상(1996년) - 국내 최초 및 세계 최소형 · 최경량 PDA(개인휴대정보단말기) 개발로 1996년 한국전자전시회 국무총리상 수상
- 문화관광부선정 과학기술분야 우수학술도서 저술상 3회 수상(1998년, 2001년, 2014년) - 국내 최다
- 2021년 제39회 한국과학기술도서상 출판대상 수상(과학기술정보통신부장관상) - "이국환 교수와 함께하는 스마트폰 개발과 설계기술" 시리즈 총 3권
- LG전자, 삼성전자, 에이스안테나, 만도 등 다수 기업(BM발굴, 개발 및 현업문제해결 컨설팅, 특강)과 현대 · 기아 차세대 자동차 연구소(창의적 문제해결 방법론 교육)
- 삼성전기에서 제품개발 및 설계 직무교육
- 정부출연연구기관, 한국산업단지공단, 중소기업진흥공단, 한국생산성본부, 지자체, 대학교 등에서 창의적 제품개발, 신사업발굴, R&D전략 및 기술사업화(R&BD), 창의적 문제해결 방법론 등 교육 및 강의
- 첨단 제품 및 시스템 관련 미국특허(2건), 중국특허(2건) 및 국내특허 30여개 보유

현재 한국산업기술대학교에서 기계시스템응용설계, 창의적 공학설계, ICT 제품설계 · 개발 등과 기술사업화 및 R&D전략, 특허기반의 제품 · 시스템개발 등을 가르치고 있으며, 정부 R&D 개발사업화 과제 선정 및 평가위원장 등 다수 역할을 수행하고 있다.

다음과 같은 전문 분야에서도 활발한 활동을 하고 있다.

- 창의성, 창의적 문제해결의 방법론 및 창의적 개념설계안의 도출 · 구체화
- 혁신적 · 창의적 개념설계(Concept design) R&D 및 연구과제 · 아이템 창출
- 선행 연구개발 및 창의적(Creative) 도전기획과제 발굴 및 창출
- 특허기술의 사업화(Open innovation), 특허분석 및 회피설계
- 제품개발과 기술사업화 전략, 사업아이템 발굴 및 BM(비즈니스 모델) 전략수립
- 제품 · 시스템설계 및 개발공학, 동시공학적 개발(CAD/CAE/CAM), 원가절감(VE) 및 생산성(Q.C.D) 향상
- 기술예측, R&D 평가 등

저서로는 〈스마트폰 해석과 개선설계〉, 〈스마트폰 개발전략(Development Strategy of Smart Phone)〉, 〈스마트폰 개발과 설계기술〉, 〈최신 제품설계(Advanced Product Design) - ICT 및 융 · 복합 제품개발을 위한〉, 〈제품설계 · 개발공학〉, 〈제품개발과 기술사업화 전략〉, 〈미래창조를 위한 창의성〉, 〈알파고 시대, 신인류 인재 육성 프로젝트〉, 〈수퍼 엔지니어링 플라스틱 및 응용〉 등 제품설계 및 개발, 소재, R&D, 기술사업화, CAD/CAE, 특허, 창의성, 창의적인 혁신제품의 개발전략 분야 등 상품기획, 제품설계 및 생산에 이르는 전분야 · 전주기에 걸친 총 70권의 관련 저서가 출간되어 있다.

저자 소개

김성호(金成鎬)

독일 베를린공과대학교 기계체정보공학(학부석사통합)을 거쳐 아주대 경영대학원에서 경영학석사(e-business전략)와 서울과학기술대학교에서 공학박사(산업 · 정보시스템 공학)를 받았다. 첫 직장을 김앤장 법률사무소 기계특허부에서 특허 엔지니어로 일을 시작한 이래 특허와의 인연은 아직도 각별하다. 그 동안 국내 최대 특허업계(김앤장법률사무소, 리인터내셔날특허사무소)를 거쳐 제조업체에서 R&D와 해외기술도입을 경험하고 기업지원기관(대구테크노파크, 부천산업진흥원, 용인시산업진흥원)에서 기술이전사업화, 기술창업 등 특허기반의 기술사업화/창업 관련 업무를 수행하였다. 이후 계명문화대 산학협력교수를 거쳐 현재 덕성여대 산학협력교수(중소기업협력센터장)로 재직중이다.

그간 기술관련 주요 업무 및 실적으로 독일권의 특허기술을 주로 다루었으며, 주된 취급 영역으로는

- 포르쉐(자동차 BODY, 부품류), 보쉬(자동차 섀시 분야, 자동제어시스템 분야), 폭스바겐(BODY, 섀시분야), 크노르 브렘제 시스템(Knorr Bremse System, 자동차 브레이크) 등 자동차분야 특허기술
- 알까텔(케이블), 힐티(공구류), KM 오이로파 메탈(케이블, 금속류)의 특허기술
- 혼다(자동차 섀시), 미국 몰렉스(커넥터), 캐논(광학) 특허기술
- 폭스바겐 자동차 부품 표준 테스트에 관한 스펙 분석 및 매뉴얼화 수행
- “현대 그랜저 XG 룸램프” 개발 프로젝트와 “VE기아” 원가 절감 프로젝트 수행, QS9000에 따른 APQP(사전품질계획) 추진
- 공공기관에서의 기술이전거래시스템 구축, 기술이전/거래 업무에 따른 기업컨설팅 및 기술이전, 기술평가 등

주요 관심 분야로는 특허경영, 특허가치평가, 기술이전사업화, 기술창업으로 한국정보통신진흥원 주관 기술사업화서비스포럼/기술사업 분과위원장을 역임한 이래로 한국산업기술평가관리원 정위원, 중소기업기술정보진흥원, 한국특허정보원, 테크노파크, 지역사업평가단 등 정부출연기관에서 평가위원으로 활동하고 있으며, 창업진흥원 등에서 지식서비스창업 관련 멘토로 오랜기간 참여하고 있다. 그밖에, 한국생산성본부 등에서 R&D위원으로 기술사업화 교육 등에 관여하고 있으며, 특히 기술거래사 및 기술평가사, 국제지식재산연수원의 지식재산 교수요원으로서 다음과 같은 자문 및 교육을 수행하고 있다.

- 기업자문: 특허경영전략수립, 특허맵을 통한 특허분석 및 경쟁사모니터링, 특허청구범위의 회피설계, IP기반의 R&D기획, R&D 성과분석, 특허(기술)가치평가, 특허포트폴리오 구축, 기술 도입/기술판매, 유망특허발굴/신규사업발굴, 기업/기술/제품인증, 기술금융
- 창업자문: 기술창업, 지식서비스창업(웹/앱비즈니스), 기술마케팅, 비즈니스모델수립, 사업타당성 분석, 클라우드펀딩
- 교 육 : IP기반의 기술창업, 기술경영기반의 특허경영, 특허(기술)가치평가, 로얄티 산정법

관련 논문으로 “특허지표를 활용한 특허경영성과에 관한 실증적 연구”, “QFD를 이용한 우수 특허 선별에 관한 연구”, “주성분분석을 활용한 우리나라 주요 기업의 특허경쟁력 분석” 등이 있으며, 대표 저서로는 「제품개발과 기술사업화전략」, 「기술경영기반의 특허경영」, e-book으로 기술거래사 교재중 하나인 「기술경영」이 있다. 또한 관련 연구실적으로 “4차산업혁명수요형 NCS활용 경력단절여성 교육과정개발”(여성가족부/구로여성인력개발센터), “국산 로봇보급 · 운용 활성화를 위한 사용자 측면 규제개선 및 이해관계자 의견 등을 반영한 제도 개선”(산업통상자원부/한국로봇사용자협회) 등을 수행한 바 있다.

제품·서비스 플랫폼 개발전략

발 행 일 • 2022년 6월 15일

저 자 • 이국환·김성호

발 행 자 • 최 봉 조

발 행 처 • 진샘미디어

주 소 • 서울시 은평구 연서로 5길 28 부호아파트 102동 상가5호

전 화 • 02)353-4421 / FAX 02)353-4431

홈페이지 • www.jinsaem.co.kr

신고번호 • 제311-2005-000025호

I S B N • 979-11-91419-22-1 93320

정가 22,000원